"博学而笃志，切问而近思。"
（《论语》）

博晓古今，可立一家之说；
学贯中西，或成经国之才。

复旦博学·复旦博学·复旦博学·复旦博学·复旦博学·复旦博学

主编简介

杨伟国，经济学博士，中国人民大学劳动人事学院教授，博士生导师。教学研究领域为：劳动经济理论与政策、人事管理经济学、战略人力资本审计、人力资源指数、劳动与雇佣法经济学。现任中国人民大学中国人力资本审计研究所所长、中国人民大学中国就业研究所副所长、德国劳工研究所（IZA）研究员、美国劳动力管理研究院（WFI）顾问委员会成员等，为美国管理学会、美国人力资源管理学会、美国职业开发学会等学术组织会员。先后任职于国家商务部（原外经贸部）、深圳海王集团、中国南光进出口总公司、南光捷克有限公司（布拉格）、中国光大银行、中国社会科学院等机构。1999-2000年德国法兰克福大学阿登纳基金会联合培养博士生，2005年美国国务院国际访问者项目（IVP）学者，2005-2006年中德DAAD-PPP项目（德国奥斯纳布吕克大学）学者，2010-2011年美国汉弗莱学者（HHFP，美国宾州州立大学）。

从事研究教学工作以来，主持或参与数十项国家社科重点、社科基金、教育部重大攻关、社科院、教育部、财政部、人社部、国家工商总局、北京市委、苏州工业园区等各类科研项目，发表论文逾百篇，著有《战略人力资源审计》（第1、2版）、《转型中的中国就业政策》、《劳动经济学》、《中国技能短缺治理》等（专著、合著、译著、教材）10多部。曾获北京市优秀人才资助计划、国家新世纪优秀人才计划、北京市哲学社会科学优秀成果一等奖、北京市教育教学成果奖（高等教育）一等奖、高等教育国家级教学成果奖二等奖、宝钢优秀教师奖等奖项。先后主持或参与信息与通信、金融、国际贸易、工贸、电力、石油天然气、农业、制造业、人才服务等多行业大型国有企业、民营企业、合资企业、上市公司以及政府部门等公共机构的战略人力资源咨询与培训项目近百项次。

联系方式：weiguoyang@ruc.edu.cn

唐鑛博士，中国人民大学教授，重庆工商大学客座教授。研究专长为人力资源管理、企业劳动关系管理、劳动争议处理等。职业经历如下：1993年，中国人民大学劳动人事学院研究生毕业后留校任教；1994-1995年，北京美星食品有限公司总经理;1995-2001年,北京高唐新文化发展有限公司总经理;1996-2001年,北京亚太央行金融研究中心主任;2001-2006年，中国人民大学劳动人事学院博士研究生；期间，两度赴德国Osnabrueck大学作人力资源管理的专题研究；2006-2007年，参加中组部和团中央组织的第七批博士服务团，在重庆工商大学挂职校长助理；2008-2009年,在美国乔治亚理工经济学院访学；2009年至今，任中国人民大学劳动人事学院党委副书记。

复旦博学·21世纪人力资源经济学前沿

人事管理经济学

杨伟国　唐鑛　主编

Personnel Economics

复旦大学出版社

内容提要

本书是大学人力资源管理、劳动经济学、社会保障及相关经济管理专业的基础课教材。本书是作者在长期教学及企业管理咨询实践的基础上，试图构建一个基于国内现实情况，体系相对完整的人事管理经济学教材。

全书共十章，包括人事管理经济学的发展与框架、组织与职位管理、招聘与甄选、培训与开发、晋升激励、薪酬与福利、绩效管理、团队、员工关系和人力资源管理的绩效。每一章都配有导读案例、延伸阅读、案例分析以及复习思考题，这是一本理论与实践紧密结合的教材。

作为"复旦博学·21世纪人力资源经济学前沿"丛书之一，本书适合大学人力资源管理、劳动经济学、社会保障专业及相关经济管理专业师生作为教材使用，也可作为政府相关部门及企业人力资源主管的培训用书。

丛书编辑委员会

主　　　任　曾湘泉
执行主任　杨伟国
委　　　员（按姓氏笔画顺序）
　　　　　代　懋　王子成　李丽林　刘子馨　杨　俊
　　　　　宋洪峰　陈玉杰　唐　鑛　唐　乐　徐惠平
总 策 划　杨伟国　宋朝阳

总 序

复旦博学·21世纪人力资源经济学丛书

像"人力资源经济学系列"这样国内第一个全新的系列最好应该有一个总序,以交代起因、编写原则、内容结构等事项,从而更好地帮助读者乃至于作者本人理解我们所做的工作。我们特别希望这个系列能够成为我国劳动与人力资源问题的经济学研究取得突破的标志,更希望它能为我国的劳动与人力资源事业的发展添砖加瓦。

本系列的起因有三:第一,学科。劳动与人力资源问题的研究发展到今天,也到了需要基于劳动经济学建立分支学科体系的时候了。到目前为止,经济学在劳动与人力资源的各个领域的研究都积累了大量的成果,但是这些成果还都散落于诸多的学术期刊之中。"综合集成"的努力已经开始,但还需要更大的努力,更需要更大的成效,这就是我们现在正在做的。我们沿着拉齐尔教授所开创的将经济学应用于人力资源领域分析的道路继续前行,并且走得更远、更好。我们的工作尝试为劳动与人力资源的经济学分析提供一个相对完善的学科体系,为人类知识的进步作出贡献。尽管我们的工作还存在着这样或那样的不足,但我们努力做得更好。这些努力也是对我国关于劳动与人力资源专业建设缺乏学科理论基础的争论的一个回应,这些争论极大地阻碍了劳动与人力资源领域研究的进一步深入和劳动与人力资源专业建设的进一步提升。

第二,现实。在西方发达国家,事关就业失业、劳动关系、薪酬收入、社会保障等劳动与人力资源的问题一直是社会舆论的焦点,也一直高居政府议事日程的重要位置,甚至直接关系到政府首脑的前途。在我国,这些问题自改革开放以来也日益得到社会和政府的高度关注。学术界对于这些问题多视角的探索和研究也取得了巨大进展。尽管如此,在我国,无论在政府宏观政策领域,还是在管理实践领域,甚至在学术研究领域,个人经验行为仍旧扮演着关键的角色,从而导致我们对劳动与人力资源问题的认识不够清晰,对这些问题的解决不够理想,对这些问题的宏观决策不够科学。我们的工作应该尝试为这些问题的思考提供一个具有针对性的学科基础,特别是需要基于经济学理论与分析工具的支持,而不是停留在描述性的水平上。

第三，人才。这是一个更大的问题，也是一个更为长远的问题。现代意义上的劳动与人力资源学科在中国还是很新的学科，但是我国在人才培养格局上却是发展很快，从高职到博士的不同层次的学历教育体系业已建立起来。现在的问题是，在培养的课程设置上，无论是广度还是深度都没有得到明确的规划。高职与本科的课程相同，本科与硕士的课程相似，乃至硕士与博士的课程相近。我们的工作尝试为学生们的广度与深度学习准备一个参照系，同时也能为劳动与人力资源界同仁的终身学习提供更多的选择。

基于上述考虑，我们为本系列的编撰确定了三项基本原则，这是我们对所有主编和作者的要求。第一，前沿导向。与当下国内教材最大的不同是，本系列力求做到关注前沿的实践问题，探索成熟的理论体系，反映最新的研究进展，聚焦关键的经典文献。我们基于大量的研究文献展开对劳动与人力资源实践前沿问题的探讨，关注学科的最新发展，试图通过这个方式来倡导学生对本领域理论体系和经典文献的学习和把握。第二，实践导向。我们一直坚持的一个理念就是，在本系列中经济学是为更好地分析劳动与人力资源问题服务的，所以这个系列不是"经济学导向的"，而是"管理实践导向的"。我们遵循这种导向，按照劳动与人力资源管理实践者熟悉的思路和框架构建本系列的分析框架，提供更清晰的经济学分析工具，这样有助于他们更好地在原有思考的基础上增加经济学的分析方法，深化他们对某个领域问题的理解。同样，对于即将走上工作岗位的劳动与人力资源专业的学生而言，他们也不会按照经济学的思路去进行管理，而且学校所学课程均以管理分析模式为主导，所以我们这种考虑也会让他们以最小的成本增强自己对管理的理解力。第三，思维导向。我们希望读者获得理论知识，但是我们更希望他们理解理论。我们似乎越来越不喜欢理论，大多数情况下，这是因为我们缺乏较好的理论训练，也是因为我们更倾向于习以为常的个人经验；我们没有也无法发现理论的价值。而思维能力的训练则非基于理论基础不可。在本系列中，我们关注了管理实践、理论模型、研究方法、研究综述、重点文献等每一个学习环节，旨在传授知识的过程中，潜移默化地借助于理论来培养良好的思维习惯。

本系列的策划准备历经5年时间。最早在2006年，我们试验性地在中国人民大学使用拉齐尔教授的《人事管理经济学》作为教材给本科生讲授人事管理经济学。但是，在教材使用的过程中，我们觉得可以编撰一本更适合中国学生的人事管理经济学教材。随之，我们发现经济学已经渗透到几乎每一个劳动与人力资源的分支领域（尽管非常分散）。我们开始着手收集整理文献，并循着这个思路，逐渐整理出八个相对清晰的领域，从而构成今天这个系列。它涵盖了人力资源管理、总报酬、劳动与雇用法、劳动关系、薪酬、职业发展、社会保险、人力资源治理等当今劳动与人力资源领域最重要的方面，具体包括《总报酬经济学》（曾湘泉、宋洪峰主编）、《劳动与雇用法经济学》（杨伟国、代懋主编）、《人事管理经济学》（杨伟国、唐鑛主编）、《薪酬经济学》（杨伟国、陈玉杰主编)、《劳动关系经济学》(李丽林主编)、《职业发展经济学》(杨伟国、王子成主编)、《社会保险经济学》(杨俊主编)、《人力资源治理经济学》(杨伟国、唐乐主编)。

我们每一位主编和作者都秉承严谨规范的态度,付出了艰辛的劳动和努力,但这个系列也是一项全新的、探索性的工程,我们的学术功底、专业理解与研究积累都还存在欠缺,其中必然还有许多不足甚至不对的地方,文责自负;特别是由于参与编写的作者较多,写作风格各有差异,内容层次定位不尽一致,虽经总编协调,也仍存有缺憾。我们期待着读者、学界及业界同行的批评指正,更祈望业内大家支持、扶持、参与、指导、主导这个学科的进一步发展,为我国劳动与人力资源实践提供更加科学的理论基础和分析框架。

我们特别感谢复旦大学出版社对这个系列的大力支持。复旦大学出版社与劳动人事学院合作多年,他们秉承"学术为先"的理念,克服市场压力,为我们学院的学者们创造了传播专业知识的大好机会,取得了卓越的成就。在这里,我们尤其要感谢复旦大学出版社的宋朝阳老师,他是真正的学术出版人。最后,我们特别感谢各位作者所付出的专业精神和全心投入。

中国人民大学劳动人事学院院长

中国劳动学会副会长、劳动科学教育分会会长

曾湘泉

中国人民大学劳动人事学院教授,博士生导师

中国人民大学中国人力资本审计研究所所长

中国人民大学中国就业研究所副所长

杨伟国

2011 年 10 月 28 日

前　言

人　事　管　理　经　济　学
Personnel　Economics

　　人事管理经济学创始人拉齐尔曾说："个人和他们的行动共同缔造了创新、更高的经济增长、更多的就业机会、更好的产品，而这一过程正是现代经济和企业发展的秘密所在。"[①]这既是人力资源管理实践日益受到关注的原因，也是经济学关注这个过程的原因——解释这个过程是经济学的必然使命。自20世纪80年代初开始，经济学家将目光投向企业内部的人力资源管理问题，并在商学院中开设了用经济学分析企业人事管理问题的相关课程。经过三十年的发展，人事管理经济作为劳动经济学研究领域中的一朵奇葩，以独特的视角、严谨的分析和丰硕的研究成果吸引了世人的注意，大量学者投身到该领域中来，为该学科的发展作出了巨大的贡献，这当中首推拉齐尔。

　　拉齐尔的《人事管理经济学》(Personnel Economics for Managers)一书，几乎囊括了人力资源管理的所有重要问题——雇员招募、报酬结构、人力资本、员工流动、信号、晋升激励、团队、福利、绩效考评、授权等，标志着这一领域已经初步建立起基本的理论体系，但是专题式的风格使得该书更像是研究论文的合集[②]。2009年，拉齐尔和吉布斯在该书的基础上又出版了第二版《实践中的人事管理经济学》(Personnel Economics in Practice)，建立了基于组织设计和人事管理的系统分析框架。全书包含四大部分：人员分类和雇员投资（确定雇用标准、招聘、技能投资、员工流动管理）；组织和职位设计（决策制定、组织结构、工作设计）；绩效薪酬（绩效评价、绩效奖励、基于职业生涯的激励、期权和高管薪酬）；其他（福利、员工关系等）。拉齐尔的这两部教材俨然已成为这一领域迄今为止最为权威的教材[③]。

　　最早萌生编写本教材的想法源于我们在中国人民大学劳动人事学院给本科生开

---

　　① Edward P. Lazear, Michael Gibbs, 2009, *Personnel Economics in Practice* (Second Edition), New York: John Wiley & Sons, Inc. p. ix.
　　② 〔美〕爱德华·拉齐尔：《人事管理经济学》，北京：生活·读书·新知三联书店、北京大学出版社，2000年，第8—65页。
　　③ Edward P. Lazear, Michael Gibbs, 2009, *Personnel Economics in Practice* (Second Edition), New York: John Wiley & Sons, Inc.

设的人事管理经济学课程,学生对该课程表现出了强烈的兴趣,他们在课堂上的积极反应和好评使我备受鼓舞。另外,尽管国内已经有很多学者投身于人事管理经济学的研究,但是迄今为止并没有一本既能结合国内企业现实,又有完整体系的人事管理经济学教材。大部分教材对人力资源管理问题的探讨,无论是在分析方法还是内容上都是基于管理学的。因此,在编写2010年东北财经大学出版社出版的《劳动经济学》一书时,我们已将人事管理经济学中讨论的重点问题作为劳动力需求部分的精细化与扩展纳入传统的劳动经济学分析框架,试图为国内传统的劳动经济学教学注入一丝活力,揭开国内人事管理经济学研究的新的一页[1]。但是,由于该书中对人事管理经济学问题的探讨是从劳动经济学最新学科发展的角度引入的,所以在分析框架和内容的完整性方面还略显单薄。

　　基于对上述问题的考虑,我们尝试编写一本基于国内现实情况,体系相对完整的人事管理经济学教材。这本教材从逻辑结构上分为四部分。第一部分具有导言性质(第1章),关心人事管理经济学的发展、人事管理经济学的学科边界及人事管理经济学的分析框架。第二部分试图采取高度简洁的方式来解释人力资源基础结构(Human Resource Infrastructure)——组织与职位管理(第2章)。第三部分历来是人力资源管理的重点——人力资源管理功能。我们尊重这样的定位,先后探讨招聘与甄选(第3章)、培训与开发(第4章)、晋升激励(第5章)、薪酬与福利(第6章)、绩效管理(第7章)、团队(第8章)以及员工关系(第9章)等问题。第四部分则是整个人力资源管理的核心及其价值所在——人力资源管理的绩效(第10章)。每章均以一则案例切入对具体问题的分析讨论,通过章末小结对重要知识点进行提炼,利用复习思考题和案例分析题加深学生对具体内容的理解和掌握,学有余力的学生则可以借助推荐阅读资料和网上资料拓宽视野。这样的章节安排和基于人力资源管理实践活动的经济学分析便于学生理解。教材中所引用的参考文献都是认真挑选的,可以作为文献选读练习的材料,对学生有极大的好处。

　　在本书的大纲设计和编写过程中,我们力争实现三个方面的创新。第一,关注学科的最新发展。与当下国内其他教材最大的不同是,本书在力求体系完整的同时,基于大量的研究文献引入了对管理实践前沿问题的探讨,关注学科的最新发展。第二,建立人力资源管理的经济学分析框架。早期的人事管理经济学,其经济学的色彩非常浓厚;而在本书中,我们试图强化人力资源管理的色彩,拉齐尔的新书也体现了这种努力。在我们看来,人事管理经济学更多地是为人力资源管理者提供分析工具,因为这个领域传统上并没有坚实的学科基础,缺乏科学的分析手段,因此,我们尝试提供一个经济学的工具,使得每一位读者都能够深入领会各个理论要点和各项管理技术的经济

---

[1] 杨伟国:《劳动经济学》,大连:东北财经大学出版社,2010年。

含义及应用,旨在通过经济学来透视人力资源管理并为人力资源管理提供决策建议。第三,侧重对学生思维方式的锻炼。我们在介绍是什么、怎么做的同时,更倾向于向读者解释为什么这么做,这么做会产生什么样的影响。我们关注所有主要论题的实践操作、核心理论、基本研究工具,以及理论的未来发展方向和实证应用领域的启示,在向学生传授知识的同时,培养其良好的思维习惯。总而言之,本教材试图更好地呈现人事管理经济学的最新发展、更深入地揭示人力资源管理的经济学基础、更侧重学生思维方式的锻炼。

遵循以往我们编写教材的惯例,在本书的写作过程中也研究了国内外许多相关教材(含不同版次)。最后,我们以拉齐尔《人事管理经济学》(第一、二版)为基本原型,特别考虑人力资源管理的体系结构,并结合本科生的学习需求,最终确定写作大纲。本书初稿写作安排如下:杨伟国、陈玉杰撰写前言与第1章,曲海慧、唐鑛、陈玉杰撰写第2章,陈玉杰、张成刚撰写第3章,杨珂、唐鑛撰写第4章,罗西撰写第5章,陈玉杰、王隋强撰写第6章,毛吾慰、唐鑛撰写第7章,文彦蕊撰写第8章,史珍珍、唐鑛撰写第9章,毛吾慰、唐鑛撰写第10章。部分章节的人力资源管理原理部分基于作者们在《发电企业人力资源管理理论与实践》中的成果而作了进一步更新完善。主编在审阅初稿后提出详细修改意见,并直接提供相关文献要求作者修改完善。随后,陈玉杰博士对全书作了独立统稿,主要任务是统一格式规范、章节衔接、语言文字等,并根据章节情况适当增加最新研究文献,大部分章节修改至第七稿。最后,杨伟国再次修稿、统稿、定稿。全书历经八稿而最终定稿。

尽管秉承严谨规范的态度并付出了辛苦的劳动,但是由于编者学术功底、专业理解与研究积累上的欠缺,本教材必定还存在着许多不足、不当乃至不对的地方,编者理当承担一切责任。特别是由于参与编写的作者较多,写作风格各有差异,内容层次定位不尽一致,虽经主编较大篇幅调整,仍存有缺憾。我们祈望读者和学界同仁批评指正,共同促进国内人事管理经济学的发展,为我国人力资源管理实践提供更加科学的理论基础和分析框架。最后,作为主编,我们特别感谢各位作者的专业精神以及复旦大学出版社岑品杰老师的大力支持。

杨伟国　唐　鑛

2011年10月10日

目　录

人 事 管 理 经 济 学
Personnel Economics

第 1 章　人事管理经济学的发展与框架 001

学习目标 001
引例 001

1.1　人事管理经济学的发展与价值 003

1.2　人事管理经济学的边界 005
　　1.2.1　劳动经济学与人事管理经济学 005
　　1.2.2　人事管理经济学与人力资源管理 007

1.3　人事管理经济学的框架 008

本章小结 010
复习思考题 011
案例分析 011
推荐阅读资料 013
网上资料 013

第 2 章　组织与职位管理 014

学习目标 014
引例 014

2.1 组织架构	015
2.1.1 组织架构的类型	016
2.1.2 组织架构的决定因素及影响	018
2.1.3 组织内的相互依存及组织架构的变动	019
2.1.4 经营环境对组织架构的影响	021
2.2 职位管理	023
2.2.1 职位流量	023
2.2.2 职位空缺	024
2.2.3 职位定价	026
2.3 最优组织架构下的人力资源管理	028
2.3.1 最优组织架构的判断标准	028
2.3.2 基于职位还是能力的人力资源管理	029
本章小结	030
复习思考题	031
案例分析	031
推荐阅读资料	032
网上资料	032

第3章 招聘与甄选　　033

学习目标	033
引例	033
3.1 员工招聘渠道	034
3.1.1 招聘渠道类别	035
3.1.2 招聘渠道的选择	038
3.1.3 互联网招聘	041
3.2 任职资格的确定与员工甄选	044
3.2.1 任职资格：技能选择	044
3.2.2 任职资格：风险选择	045

3.2.3　员工甄选　047

3.3　雇用歧视　050
　3.3.1　雇用歧视的个人偏见模型　050
　3.3.2　雇用歧视的统计性歧视模型　052
　3.3.3　雇用歧视的非竞争歧视模型　053
　3.3.4　职业性别隔离　055

本章小结　058
复习思考题　059
案例分析　059
推荐阅读资料　060
网上资料　061

第4章　培训与开发　062

学习目标　062
引例　062

4.1　在职培训　063
　4.1.1　在职培训的成本和收益　064
　4.1.2　在职培训的分类及影响因素　064

4.2　一般在职培训　066
　4.2.1　一般培训的理论解释　067
　4.2.2　影响一般在职培训投资决策的因素　069
　4.2.3　一般培训与福利的关系　071

4.3　特殊在职培训　072
　4.3.1　特殊在职培训的成本与收益　072
　4.3.2　特殊培训与一般培训之间的博弈　073

本章小结　075
复习思考题　076
案例分析　076

| 推荐阅读资料 | 078 |
| 网上资料 | 078 |

第 5 章　晋升激励　　079

| 学习目标 | 079 |
| 引例 | 079 |

5.1　为什么要晋升	080
5.1.1　晋升体系	081
5.1.2　晋升过程	082

5.2　晋升方法	084
5.2.1　排序锦标赛模型	085
5.2.2　工资结构对激励的影响	087
5.2.3　不确定性因素对激励的影响	089

5.3　晋升还是空降	090
5.3.1　为什么需要空降	091
5.3.2　晋升和空降的利弊比较	092

本章小结	095
复习思考题	095
案例分析	096
推荐阅读资料	097
网上资料	097

第 6 章　薪酬与福利　　098

| 学习目标 | 098 |
| 引例 | 098 |

6.1　资历薪酬	100
6.1.1　陡峭的年龄—薪酬曲线	101
6.1.2　资历薪酬评价	103

6.2 绩效薪酬 105
  6.2.1 基于个体层面的绩效薪酬计划 106
  6.2.2 基于群体层面的绩效薪酬计划 107
  6.2.3 绩效薪酬计划的评价 109

6.3 高管薪酬 111
  6.3.1 高管人员的薪酬组成 112
  6.3.2 高管薪酬影响因素的实证结论 115

6.4 福利 117
  6.4.1 福利的基本概念及内容 118
  6.4.2 薪酬与福利的关系：无差异曲线 119
  6.4.3 企业提供福利的经济学分析 120

本章小结 122
复习思考题 123
案例分析 123
推荐阅读资料 125
网上资料 125

第7章 绩效管理 126

学习目标 126
引例 126

7.1 绩效考核的主体 127
  7.1.1 绩效考核的不同主体 128
  7.1.2 不同考核主体的选择 129
  7.1.3 360度绩效反馈技术 130

7.2 绩效考核的规则 131
  7.2.1 绩效考核的频率与标准 131
  7.2.2 绩效考核规则的委托代理框架 133
  7.2.3 绩效考核是否能起作用 134

7.2.4	简单客观指标的无效性	135
7.2.5	绩效标准的棘轮效应	137

7.3 绩效考核的产业政治学　　137
　　7.3.1　影响绩效考核效果的政治因素　　137
　　7.3.2　被评价者的政治行为　　138
　　7.3.3　绩效考评导致的合作问题　　140
　　7.3.4　产业政治的经济学分析　　140
　　7.3.5　相对绩效评价中的产业政治学　　142

本章小结　　143
复习思考题　　143
案例分析　　144
推荐阅读资料　　145
网上资料　　145

第8章　团队　　146

学习目标　　146
引例　　146

8.1 团队的收益与成本　　148
　　8.1.1　团队的互补性收益　　148
　　8.1.2　团队的专业化收益　　149
　　8.1.3　团队的知识传授收益　　150
　　8.1.4　团队的成本　　151

8.2 团队经济学　　152
　　8.2.1　简单博弈论　　153
　　8.2.2　公共物品论　　154
　　8.2.3　数学推导法　　155

8.3 成员选择　　155
　　8.3.1　定期轮换　　156
　　8.3.2　轮流选人　　157

8.3.3 竞价选人	158

8.4 团队外在激励	159
8.4.1 团队奖金	159
8.4.2 显性的利润分享	160
8.4.3 隐性的利润分享	161
8.4.4 利润分享的有效性	162

8.5 团队内在激励	163
8.5.1 团队文化	163
8.5.2 团队的群体规范	164

本章小结	165
复习思考题	166
案例分析	166
推荐阅读资料	168
网上资料	168

第9章 员工关系　　169

学习目标	169
引例	169

9.1 集体谈判	171

9.2 纪律	172

9.3 工伤风险与补偿	176
9.3.1 国家制定行业作业标准角度	177
9.3.2 用人单位对安全的投资角度	177
9.3.3 生命价值的角度	177

9.4 买断与解雇	178
9.4.1 买断	178
9.4.2 解雇	179

9.5 退休	181
9.5.1 养老金与退休年龄相关联的理论模型	181
9.5.2 收益激励模型	182
9.5.3 家庭成员的退休模型	183
9.5.4 个人储蓄	183
本章小结	185
复习思考题	185
案例分析	186
推荐阅读资料	187
网上资料	187

第 10 章　人力资源管理的绩效　　188

学习目标	188
引例	188
10.1 人力资源管理与员工绩效	190
10.1.1 早期经典研究	190
10.1.2 近年来的发展	191
10.2 高绩效管理系统	192
10.2.1 高绩效管理系统的定义与结构	192
10.2.2 高绩效工作体系与员工绩效	195
10.3 人力资源管理与组织绩效	200
本章小结	203
复习思考题	204
案例分析	204
推荐阅读资料	206
网上资料	206

第 1 章

人事管理经济学的发展与框架

学习目标

一个经济学分支学科的产生、成长、繁荣,与社会政治经济背景的发展、经济学基础理论的推陈出新、研究技术的不断进步有着密切的联系。通过本章的学习,了解人事管理经济学的产生、发展及其价值;掌握劳动经济学与人事管理经济学、人力资源管理的联系与区别;掌握人事管理经济学的基本分析框架。

引 例

我们为何(不应该)憎恨人力资源部

我在2005年《快速公司》杂志(Fast Company)上发表了一篇文章。这篇以"我们为何憎恨人力资源部"(Why We Hate HR)为题的文章旨在激发大家展开讨论,并产生了长远的影响。如今,这篇富有争议性的文章发表已接近五周年,也许该是改变讨论话题的时候了。我认为,真正的问题并非像我在原文中提出的那些观点一样——不是人力资源高管在财务上不够精明,不是他们对项目交付的关注甚于价值提升,也不是他们无法像传统的强权领导人那样行事。真正的问题是,对于企业中的人力资源因素,大多数组织并不像他们对待财务、营销和研发那样严格、精细、富有创造性。

这是我从那些在艰难经济形势下成为大赢家的各种公司中多次领悟到的启示。除非你能在工作场所创造出某些独一无二、与众不同、令人信服的东西,否则你就无法在市场上做到独一无二、与众不同和令人信服。你的战略就是你的文化;

你的文化就是你的战略。公司最重要的商业决策并不是推出哪些新产品或进入哪些新市场；真正重要的是吸纳了哪些新人才，以及如何营造一种环境，让组织中的每个人都能分享创意、解决问题，并在心理和情感上与企业融为一体。

例如，商业战略家们都极力推崇太阳马戏团（Cirque du Soleil）和它那些重塑马戏行业、开创全新娱乐类别的创意。太阳马戏团重视自己的演员，正如它对待表演的逻辑那样一丝不苟。在招聘和评估新人才方面，它开创了一套我所见过的最富创意、最严格的方法，并极力确保新人才能理解并接受它的工作方式。它在自己吸引的人才和交付的产品之间，以及经营方式和招聘对象之间，都建立了明确的联系。

"大多数公司最终都会认识到，人才是公司最重要的财富。"在皮克斯大学担任了12年系主任的兰迪·纳尔逊（Randy Nelson）说："公司能汇聚一批顶级天才固然是好事，但关键在于，你要让这些天才通过合作创造出成果，这才是真正的难点。"他总结说，在皮克斯，最紧迫的问题就是："你如何将艺术变成一种团队行为？"

肾透析服务供应商DaVita的经验也值得我们借鉴。该公司之所以能创造扭亏为盈的奇迹，几乎完全得益于它重视人在商业活动中所起的作用，并据此作出相应的改变。"除非你能弄清员工在工作中应该表现出哪些行为，并为强化这种行为建立一套语言、仪式和制度，否则你永远也不会实现目标。"西里对我说，"在DaVita，我们付出大量的努力，提醒大家尽管他们每天都要承担大量繁重的工作，但我们希望以不同的方式对待彼此。我们希望全体员工都能互相关爱，就像我们关爱患者一样。"

因此，也许你是一名普通员工，对人力资源部心怀不满，也许你是一位人力资源高管，对自己在公司中的角色备感沮丧，那么下一次当你生出这些情绪时，不要再斤斤计较那些鸡毛蒜皮的小事，而是要提出一些更重要的问题：那些优秀人才当初为何愿意成为组织中的一员？当你看到某个优秀人才时，是否能认识到他的优秀？你是否善于将组织的运营方式和成功法则传授给大家？你所在组织的运营方式是否与其竞争方式一样，是独一无二的？如果你的公司及其领导人能回答上述问题，那么你的组织就有能力获得成功——人力资源部也会成为人见人爱的部门。

资料来源：根据比尔·泰勒："我们为何（不应该）憎恨人力资源部"整理，原载于商业评论网，2010年6月30日，http://www.ebusinessreview.cn/c/oversea_article-layoutId-26-id-7106.html。

正如案例中所描述的那样，人力资源才是企业的核心竞争力，是企业价值创造的源泉。对于企业的长远发展来说，有效的人力资源管理实践犹如船舰上的风帆，支撑和推动企业的成功发展。而什么是有效的人力资源管理实践，人力资源管理的有效性如何实现,正是人事管理经济学所要讨论的问题。

1.1 人事管理经济学的发展与价值

自20世纪80年代后期以来,一门被称为"新人事经济学"的学科从芝加哥大学开始迅速扩展,甚至"威胁"到劳动经济学课程在商科教育中的地位。这个学科公认的创始人拉齐尔(Edward Lazear)给人事管理经济学下的定义是:人事管理经济学是运用经济学来理解公司内部运作方式的一门学科,它既包括薪酬、离职以及激励等固有的经济学话题,也将那些开始看似非经济学的问题纳入视野,如规范、团队工作、员工授权和同僚关系等[①]。

人事管理经济学是劳动经济学的一个崭新的分支学科。20世纪70年代末80年代初,开始有经济学家将目光投向企业内部的人事管理问题并在商学院中开设用经济学分析企业人事管理问题的相关课程。1979年,拉齐尔的第一篇用经济学的视角分析人事管理问题的文章发表。此后,不断有经济学家进入这一领域,运用经济学的工具进行企业内部人力资源管理问题的研究。1987年,《劳动经济学杂志》(*The Journal of Labor Economics*)第一次出版了人事管理经济学专刊(Jean-Louis Rullière,Marie-Claire Villeval,2003),标志着人事管理经济学作为一门崭新学科的诞生。

作为这一学科领域开创者及领军人物的拉齐尔在总结人事管理经济学产生的背景时表示:商学院开设课程的动力、经济学分析方法的系统性以及经济学技术的发展是催生人事管理经济学的三点动因。第一,传统的劳动经济学对于商学院的学生来说开始显得吸引力不足。早在芝加哥大学商学院任教时,拉齐尔就发现,学院的MBA学员对传统劳动经济学的主题,如劳动力供需、工会、失业等,既没有兴趣,又斥之为无用。而在他看来,该学科恰恰为商学院的学生提供了在未来的职业中可以借鉴的理论和方法。第二,经济学家开始对人力资源专家研究的问题产生了兴趣,但非经济的方法似乎并不令人满意,这些方法松散、缺乏焦点,特别是缺乏经济学家们所熟知的一般的、严格的分析框架。经济学提供了严格的、在许多情况下比社会学和心理学方法更好的思考人力资源问题的方法,尤其是在人事管理制度设计上。第三,经济学的技术变革。博弈论、信息经济学、不完全合同等前沿理论的重大突破,为经济学家提供了非常好的分析工具。信息技术的提升使得企业层面的数据出现有了可能。以往主要从

[①] Edward P. Lazear, 1999, "Personnel Economics: Past Lessons and Future Directions", *Journal of Labor Economics*, Vol. 17, No. 2, pp. 199-236; Edward P. Lazear, 2000, "The Future of Personnel Economics", *The Economic Journal*, Vol. 110, No. 467, pp. F611-F639.

理论角度进行探讨的人事管理经济学开始向更加实务的方向转变①。而经济学方法论的发展,如实验经济学(experimental economics)的出现,使得可以根据问题来产生数据②。

拉齐尔运用经济学方法来理解企业内部的运作管理,不仅拓展了经济学的研究领域,也深化了管理学的直觉与描述。目前,人事管理经济学方面的学术论文数量已经占据了劳动经济学学术论文总数量的一大部分;在《经济学文献杂志》(*Journal of Economic Literature*)的分类体系中,人事管理经济学有自己的编码;在美国国家经济研究局(NBER)中也有人事管理经济学的专门研究团队。在人事管理经济学发展的初期阶段,学者们的精力主要集中在理论研究和模型构建上,包括延期支付理论、锦标赛理论、计时工资与计件工资、报酬压缩、人力资本投资、规范与同僚压力理论等,对企业内部管理实践给出了精确而符合实际的解释。近年来,由于企业微观数据的可获得性,该领域的研究开始转向实证研究检验理论的阶段。但是我们不能以数学的精确态度来对待这个阶段的划分,学科发展的交错性特征非常明显,一个典型阶段中通常已经孕育了甚至同时表现出下一个阶段的主流特征。2004年,拉齐尔编著了两卷本的人事管理经济学论文集,收录了这一领域的大量优秀成果。第一卷中所收录的文献侧重于理论层面;为解释一些既定事实,就内部劳动力市场的特定方面构建了一些模型。第二卷中收录的文献多为实证研究,是对上述理论模型的检验③。2007年,拉齐尔对人事管理经济学的发展进行了最新的综述,从组织内部激励、公司和员工匹配、薪酬、技能发展和有组织的工作五大方面总结了该领域的实证和规范研究的成果④。

但是目前学术界对人事管理经济学也存在一些批判,很多学者对用经济学分析人事问题表示怀疑。但这些批评意见通常可以适用到所有的经济学研究,如理性行为的假设,对个人特征的粗略假定和群体心理效用⑤,对复杂现象所采用的过于简单的分析模型⑥。但是拉齐尔认为这种简单和抽象恰恰是人事管理经济学的一大特点⑦。其对人力资源管理问题的分析,通常不采用复杂的案例分析或其他诸如此类的方式,而是

---

① Edward P. Lazear, 2000, "The Future of Personnel Economics", *The Economic Journal*, Vol. 110, No. 467, pp. F611 – F639.
② Jean-Louis Rullière, Marie-Claire Villeval, 2003, "Introduction Personnel Economics: Theoretical Perspectives and Empirical Evidence", *International Journal of Manpower*, Vol. 24, No. 7, pp. 743 – 749.
③ Edward P. Lazear and Robert McNabb(eds.), *Personnel Economics*, London: Edward Elgar, 2004.
④ Lazear, E. P. and P. Oyer, 2007, "Personnel Economics", National Bureau of Economic Research Working Paper Series No. 13480.
⑤ Kaufman, Bruce E., 1999, "Expending the Behavioral Foundations of Labor Economics", *Industrial Relations Review*, Vol. 52, No. 3, pp. 361 – 392.
⑥ Hirsch, Paul, Stuart Michaels & Ray Friedman, 1987, "'Dirty Hands' Versus 'Clean Models': Is Sociology in Danger of Being Seduced by Economics?", *Theory and Society*, Vol. 16, No. 3, pp. 317 – 336.
⑦ Edward P. Lazear, 2000, "The Future of Personnel Economics", *The Economic Journal*, Vol. 110, No. 467, pp. F611 – F639.

寻找和解释人力资源管理问题背后所隐藏的基本关系。

人事管理经济学不仅是前景光明的研究领域，同时对于人力资源管理实践也具有重要的指导意义。它之所以重要，根本即在于其能够对现实世界中的行为进行精准的描述。它不仅给出了可靠的原则、预测，对于人力资源管理中的问题也给出了相应的解决办法。拉齐尔声称："(在人事管理经济学领域)取得显著突破的潜力非常大。我相信研究人事管理经济学领域新问题的回报远比研究传统劳动经济学领域的问题的回报大得多。这不是说那些老问题不再像过去那么重要，而是说，在研究了三四十年的领域里，比之一个新领域，更难以在知识上取得显著的进步。"①

1.2 人事管理经济学的边界

人事管理经济学以经济学的假设、概念及分析框架来研究企业内部劳动力市场问题，即人力资源管理问题。它是劳动经济学的一个崭新的分支学科，实际上主要是劳动经济学中的"劳动力需求管理经济学"。如同经济学的其他分支领域一样，人事管理经济学与其他社会科学也有所不同。人事管理经济学假设工人和企业均是理性的、追求效用或利润最大化的个体，该领域的经验分析也都是建立在这个行为基础上的。本节只简洁地探讨一下人事管理经济学与它的两个最近学科——劳动经济学与人力资源管理——的关系。

1.2.1 劳动经济学与人事管理经济学

传统的劳动经济学家关注的主要是劳动力的供给和需求，以及工作所存在的外部市场，劳动经济学家的研究视野止步于企业的大门口。人事管理经济学通过分析内部劳动力市场，补充了传统劳动经济学的这一不足。根据劳动经济学分析框架 DARE 模型(见图 1.1)，我们可以清晰地看出劳动经济学和人事管理经济学在研究领域上的不同。这个分析框架遵循基本假设、劳动力市场决策、劳动力市场行为、劳动力市场微观结果、劳动力市场宏观结果、劳动力市场与宏观经济的关系以及非市场因素的作用这样的思路来展开；简单而言，由劳动力市场决策与行为(Decision and Action)、劳动力市场结果(Result)及劳动力市场的宏观效应(Effect)等三部分构成。②

---

① Edward P. Lazear, 1999, "Personnel Economics: Past Lessons and Future Directions", *Journal of Labor Economics*, Vol. 17, No. 2, pp. 199-236.
② 杨伟国：《劳动经济学》，大连：东北财经大学出版社，2010 年，第 23 页。

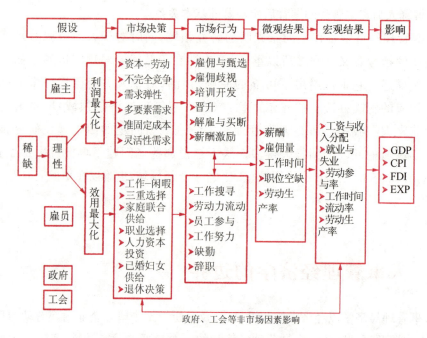

图1.1 劳动经济学分析框架：DARE模型

资料来源：杨伟国：《劳动经济学》，大连：东北财经大学出版社，2010年，第23页。

  人事管理经济学实际上主要是劳动经济学中的"劳动力需求管理经济学"，即将经济分析方法运用于企业如何管理劳动者在工作场所内的供给行为——人力资源管理范畴。而劳动经济学的宏观结果，如收入分配、就业与失业等并不是人事管理经济学讨论的范畴，尽管这些宏观结果都来自微观结果的加总或是累积。人事管理经济学关心劳动力需求决策如何最优实现的问题。劳动力需求行为主要包括以下领域：(1)雇用、甄选与歧视：劳动力需求决策部分假定雇员是同质的，但实际上企业必须确定招用什么样的雇员（年龄、学历、经验等），到什么地方才能更有效地找到这样的候选人，采用什么方法才能甄别出哪些候选人满足任职要求以及为什么他们会偏爱一种人而不喜欢另一种人。这个领域包括工作流动与职位空缺、雇用标准（技能选择、风险选择）、招聘渠道选择与甄选、雇用歧视等内容。(2)培训、晋升与解雇：雇主为什么要投资于员工培训，如何通过晋升机制设计来让员工作出最大努力，会面临哪些问题；如何实施解雇与买断等。这些问题集中在以下部分解决：培训决策、锦标赛与晋升激励、解雇与买断。(3)薪酬与激励：薪酬是最重要的劳动力需求管理行为，是采用固定工资还是浮动工资、为什么需要实施股票期权等长期激励措施、如何激励一个团队、福利设计如何最优化等都是企业最关心的领域。(4)绩效考核：绩效考核本身可以看作是对员工的一种监督和激励，企业根据考核结果作出工作安置、培训、晋升或相关的薪酬决策。(5)员工关系等。

  另外，在对员工的劳动供给行为进行分析时，人事管理经济学与传统的劳动经济学在关注点上有所不同。传统劳动经济学中的劳动力供给理论强调的是工作时间和劳动力人数,而人事管理经济学更关心员工的努力程度[①]。

1.2.2 人事管理经济学与人力资源管理

人事管理经济学是以经济学的研究方法研究人力资源管理实践的学科,其目的是为人力资源管理实践提供理论基础和分析框架。简而言之,人力资源管理是人事管理经济学的研究对象,因此,这两者之间的关系不言而喻。它们之间的巨大区别也是不言而喻的。这种不同在很大程度上源于经济学与管理学对行为主体的假定,其中最重要的是对人性的假设。

经济学假定人是经济人(Economic Man)、理性人(Rational Man)。个人的行为决策从自己的经济利益出发,通过收益与成本的比较使其净收益最大化。因此,经济学的行为就是理性的行为,理性的行为就是追求利益最大化的行为。而管理学以激励人的积极性、提高组织效率为目标,对人性的假设比较复杂,包括"经济人"假设、"社会人"假设、"自我实现人"假设、"管理人"假设、"文化人"假设、"复杂人"假设和"学习人"假设等。正是由于两者对行为主体假定的不同,导致经济学和管理学在研究视角、研究方法上有很大的不同。经济人假设简单明了、便于分析,经济学以此为核心形成了系统的方法、原理;而社会人、管理人等假设内涵丰富、复杂,难以形成标准体系。

因此,拉齐尔(Lazear)认为人事管理经济学与人力资源管理的区别主要体现在三个方面:第一,经济学的语言允许分析者利用相对简单、抽象的话语来表达复杂的思想,因此,最大化的假设使人事管理经济学避免复杂化。相反,人力资源管理在一般标准上则是缺失的,在很多书中都避免给出一般性的结论,认为应该视情况而定。第二,人事管理经济学强调均衡,以博弈的视角分析人与人之间的行为,假设每个人的行为决策都会考虑到其他人的行为。第三,人事管理经济学的基本原则是效率,个人在追求自身利益最大化的同时,公司实现利润最大化,最终达到双方效用的改进[②]。

资源配置和激励问题是经济学的核心问题,人事管理经济学只是将这些问题扩展到对人力资源配置与激励等人力资源管理问题的分析上来。但是,将经济学作为分析的基础并不意味着忽略人文的因素,也并没有剥夺人力资源经理和总经理的同情心。本能的直觉、常识和多年的工作经验积累的智慧是非常宝贵的,但是对这些问题及其背后的利益关系的深刻理解会让我们变得更加高效。汪丁丁在评论拉齐尔教授的《人事管理经济学》时把它称为关于"劳动"的制度经济学。在他看来,拉齐尔研究的企业

---

①② Edward P. Lazear, 2000, "The Future of Personnel Economics", *The Economic Journal*, Vol. 110, No. 467, pp. F611-F639.

内部"人事"管理制度应当算是生产的诸种制度结构里面最为核心的制度,因为越是现代生产,生产者的主动性就越占据核心的位置。拉齐尔的叙事把经济学理论贯彻到了人事管理这样一个新领域当中[①]。这或许能让我们体会到它对于人力资源管理实践所具有的重要指导意义。贝克斯-盖尔纳(Backes-Gellner)认为,人事管理经济学在培训策略、甄选过程、职业生涯激励、团队问题以及企业家问题上给予了人力资源管理者极大的指导和借鉴[②]。

1.3 人事管理经济学的框架

经过三十多年的发展,人事管理经济作为劳动经济学研究领域中的一朵奇葩,以独特的视角、严谨的分析和丰硕的研究成果吸引了世人的注意,大量学者投身到该领域中来,为该学科的发展作出了巨大的贡献,这当中首推拉齐尔。拉齐尔的《人事管理经济学》(*Personnel Economics for Managers*)一书,几乎囊括了人力资源管理的所有重要问题——雇员招募、报酬结构、人力资本、员工流动、信号、晋升激励、团队、福利、绩效考评、授权等,标志着这一领域已经建立起基本的理论体系,成为这一领域迄今为止最为权威的教材。

早期的人事管理经济学,正如拉齐尔所言,其经济学的色彩非常浓厚,或者严格地说是对人事管理问题的经济学分析。而在本书中,我们试图强化人力资源管理的色彩,也就是说更加关注经济学的"客户导向"。这也是拉齐尔《实践中的人事管理经济学》一书所作的尝试和努力。在我们看来,人事管理经济学更多地是为人力资源管理者提供分析工具的,因为这个领域传统上并没有坚实的学科基础,缺乏科学的分析手段,因此,我们尝试提供一个经济学的工具,但是这不代表没有其他的工具可选择,也不代表其他工具不重要。例如,心理学在人力资源管理中就有着非常重要的价值。我们必须遵循"客户导向",按照人力资源管理者熟悉的思路和框架构建我们人事管理经济学的分析框架,这样有助于他们更好地在原有思考的基础上增加经济学的分析方法,深化他们对某个领域问题的理解。同样,对于即将走上工作岗位的管理专业的学生而言,他们也不会按照经济学的思路去进行管理,而且学校所学课程均以管理分析模式为主导,所以我们这种考虑会让他们以最小的成本增加自己对管理的理解力,具有巨大的边际收益。

基于经济学的分析假设,我们可以将人事管理经济学的分析框架归纳为IFP模型

---

① 汪丁丁,关于"劳动"的制度经济学——介绍拉齐尔的《人事管理经济学》,《新民晚报》,2000年3月26日。
② Uschi Backes-Gellner, 2004, "Personnel Economics: An Economic Approach to Human Resource Management", *Management Revue*, Vol. 15, No. 2, pp. 215 – 227.

(见图1.2),也即人事管理经济学的使命是分析一个组织的人力资源基础结构(Human Resource Infrastructure)、人力资源管理功能(Human Resource Function)以及人力资源管理绩效(Human Resource Performance)。本书在第1章介绍人事管理经济学的价值和发展、人事管理经济学的边界,以及提出人事管理经济学分析框架之后,全书按照"结构—功能—绩效"(IFP)结构来逐步展开对人力资源管理的分析,但是鉴于篇幅限制和学生需求导向,我们并没有把所有的内容收入进来,而是选择了其中最关键的部分。

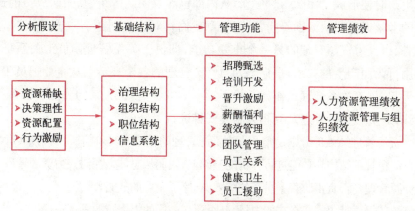

图1.2 人事管理经济学分析框架:IFP模型

人力资源基础结构部分只包含"组织与职位管理"(第2章)。我们试图采取高度简洁的方式来解释人力资源基础结构,而忽略了对人力资源治理结构和人力资源信息系统结构的经济学分析。

人力资源功能部分历来是人力资源管理的重点。我们同样尊重这样的定位,先后探讨招聘与甄选(第3章)、培训与开发(第4章)、晋升激励(第5章)、薪酬与福利(第6章)、绩效管理(第7章)、团队(第8章)以及员工关系(第9章)等问题。人力资源是企业的核心竞争力,人力资源的获取对企业来说至关重要,企业员工招募渠道的选择、雇用标准的确定以及雇用过程中可能出现的歧视问题正是我们在第3章中所重点讨论的。除了招聘合适的员工之外,对企业来说保持长期竞争优势的另一重要途径是对员工各项技能的培训与开发,只有员工技能的提升以及经验的不断积累才能为企业带来更多的收益。因此,在第4章我们以人力资本投资理论为基础,重点阐述了一般培训和特殊培训的基本理论、一般培训与特殊培训的博弈关系以及培训投资决策的影响因素。

第5、第6章本质上都在谈论激励问题。对员工进行激励的方法有很多种,即使是依赖劳动报酬这种较为直接的方法,在形式上也可以说多种多样的:可以展开"竞赛",使得表现最为优异的员工获得奖金;支付给员工的工资可以是以某些产量指标为依据的,也可以是以某些努力程度指标为基础的;可以通过陡峭的年龄—薪酬曲线的设计实现对员工职业生涯的长期激励;也可以采用股票期权等长期激励方式,使得员工特别是企业高级管理人员在企业经营状况良好时获得一定的受益;此外,还能采取非物质报酬,即福利的方式给员工提供保障,增强员工的满足感,提高员工的效用。

与激励问题有关的还有绩效考核问题。作为约束、激励员工的手段,绩效考核不仅仅是为企业对员工的晋升、解雇、发放奖金等管理行为提供依据,更重要的是能够切实起到提升员工绩效的作用。因此,我们在第7章对绩效考核的主体、考核的频率、考核的标准确定以及考核过程中的产业政治学问题等进行了分析。当众多员工合作共同组织生产时便形成了团队,在一个团队内部也涉及团队的组建、团队成员的选拔、团队绩效的考核以及团队激励等问题,第8章我们将对这些问题一一进行分析。在第9章,我们探讨人力资源管理的另一个重要功能,即员工关系管理。员工关系是组织中由于雇用行为而产生的关系,贯穿于人力资源管理的各个环节。从企业把员工招进来的第一天起,员工关系管理工作就开始了。本章沿着"员工关系的建立—维系—中断"这一主线,对员工关系管理及其相关制度安排进行了分析。

人力资源管理绩效部分则是整个人力资源管理的核心及其价值所在(第10章)。在以上对人力资源管理结构和功能进行分析的基础上,我们从总体上探讨人力资源管理的绩效,即人力资源管理是否真正改善了员工的绩效、支撑了企业的战略,是否为企业在市场竞争中优势地位的获得贡献了实实在在的力量,是否存在最优的人力资源管理理论等。

本 章 小 结

人事管理经济学是运用经济学来理解公司内部运作方式的一门学科,它既包括薪酬、离职以及激励等固有的经济学话题,也将那些开始看似非经济学的问题纳入视野,如规范、团队工作、员工授权和同僚关系等。商学院开设课程的动力、经济学分析方法的系统性以及经济学技术的发展是催生人事管理经济学的三点动因。

人事管理经济学以人力资源管理实践为研究对象,是劳动经济学的一个崭新的分支学科,实际上主要是劳动经济学中的"劳动力需求管理经济学"。如同经济学的其他分支领域一样,人事管理经济学与其他社会科学也有所不同。人事管理经济学假设工人和企业均是理性的、追求效用或利润最大化的个体,该领域的经验分析也都是建立在这个行为基础上的。

本书遵循"客户导向",按照人力资源管理者熟悉的思路和框架构建人事管理经济学的分析框架——"结构—功能—绩效"(IFP)模型,这有助于读者更好地在原有思考的基础上增加经济学的分析方法,深化对人力资源管理问题的理解。

复习思考题

1. 分析人事管理经济学产生和快速发展的原因。
2. 简述人事管理经济学与劳动经济学、人力资源管理之间的联系与区别。
3. 简述你对人事管理经济学分析框架和主要研究内容的理解。

案例分析

人事管理经济学展望：未来需要研究的问题

随着理论研究的进展以及公司微观数据的可获得性，人事管理经济学提出了一些以往被忽视的问题，包括公司内部流动、高管薪酬、重新定价期权（re-pricing options）、跨国比较等。

1. 企业内流动

公司内部微观数据的获得可以帮助我们分析员工之间的关系和相互影响，例如可以解释个人的工资增长是受个人特征还是公司特征的影响；可以解释特殊人力资本问题等。例如，绝大多数个体的工资增长仅仅是由于个人原因，还是与影响企业总体的因素息息相关？人们也许会把这个问题说成："工资是由外部竞争性的劳动力市场决定的吗？还是仅仅水涨船高？"现在，有大量的数据允许我们来分析这个问题，检验我们的假设。

2. 高管薪酬是否太高

人事管理经济学中未解释的很多问题都与工资支付是否合理有关。目前无论是在理论还是实践界，很多人认为高管薪酬过高。但是我们必须首先定义什么是"过高"，因为根据锦标赛理论，高管薪酬本身是不需要与其生产率相联系的。

过去20年来对美国高管薪酬的经验分析显示，高管薪酬有了较大幅度的增长。问题是这种增长趋势是不是反映了劳动力市场力量的作用，或者是高管把股东及员工权益转化为自己所得的能力有所提高。可是，为什么这种增长趋势会出现？为什么与过去相比，现在高管能更好地实现他们自己的利益？了解高管薪酬的差异，特别是其国别差异是非常有趣的。

3. 重新定价期权

股票期权是一种以行权价格 K 买入或卖出股票的权利。如果 K 被定为 0，那么股票的价值就始终高于行权价格，期权的所有者也就始终可以通过执行期权获益。通常,在股票价格以较大幅度跌落时,高管的期权就处于贬值状态,这时就有必要对期权重新定价。也就是说,降低高管手中期权的行权价格,使其具有实在的价值。期权重新定价的逻辑在于使得高管手中的期权恢复激励作用,如下面对于风险中性者的简化模型所示。

考虑一个只能在未来的某一天执行的期权。假设股票的价值为 V,其行权价格为 K,而 ε 是表示现期价格与执行价格之间变化的随机变量。我们把折现率设定为 0。那么股票期权的预期价值为

$$Z = \int (V+\varepsilon-K) f(\varepsilon) \mathrm{d}\varepsilon \tag{1}$$

这是因为股票期权只有在 $V+\varepsilon>K$,也就是 $\varepsilon>V-K$ 的时候执行。对于一个特定的股票,当其企业股票价值 V 增加时,行权对管理者来说是获益的。即

$$\frac{\partial Z}{\partial V} = (V+K-K-V) f(K-V) + 1 - F(K-V) \tag{2}$$

或

$$\frac{\partial Z}{\partial V} = 1 - F(K-V) \tag{3}$$

显然大于 0。以上的观点正是隐含在期权重新定价背后的逻辑。当管理者的期权不具有价值时,期权的激励作用很小。当管理者越具有增加股票价值 V 的激励时,行权可能获得的收益就越大。

尽管我们为期权重新定价提供了理论基础,但重新定价确实产生了其他激励问题。如果管理者知道期权会被重新定价,他从一开始就不会付出很多的努力。至今为止,人事管理经济学始终不能解释在具有大量搭便车者的情况下,股票和期权依然被作为重要激励手段的原因。

4. 国际比较

人事管理经济学过去的研究缺乏对于不同国家之间高管薪酬的比较。相对于其他国家而言,美国高管薪酬之高引起了广泛的关注。如前所述,这一部分现象在某种意义上仅仅是薪酬支付时间的问题,因为采用事前支付还是事后支付会有所不同。美国高管薪酬相对于产出水平的系数 β 比其他国家高管薪酬的 β 值要高。因为考虑到薪酬合约的属性,美国高管的薪酬相对于亚洲和欧洲的高管而言,更具有随市场情况变化的特点。一个重要的问题是:"为什么会出现这种情况?"尽管前人在人事管理经济学领域的研究已经为我们奠定了基础,但我们并没有很好的理论来解释管理层薪酬的特定构成情况。尽管已有的理论已经给了我们一些解释,但是该领域仍然是一个有待开发的研究领域。

资料来源：摘译自 Edward P. Lazear, 2000, "The Future of Personnel Economics", *The Economic Journal*, Vol. 110, No. 467, pp. F611–F639.

请结合本章及本案例的内容，查阅相关文献，谈谈你对人事管理经济学未来发展方向的理解。

推荐阅读资料

1. 〔美〕罗纳德·G·伊兰伯格、罗伯特·S·史密斯：《现代劳动经济学：理论与公共政策》（第八版），北京：中国人民大学出版社，2007年。
2. 〔美〕爱德华·拉齐尔：《人事管理经济学》，北京：生活·读书·新知三联书店、北京大学出版社，2000年，第8—65页。
3. 杨伟国：《劳动经济学》，大连：东北财经大学出版社，2010年。
4. Edward P. Lazear, Michael Gibbs, 2009, *Personnel Economics in Practice (Second Edition)*, New York: John Wiley & Sons, Inc.
5. Neilson, William S., 2007, *Personnel Economics: Incentives and Information in the Workplace*, New Jersey: Pearson Education, Inc.

网 上 资 料

1. 中国人力资源学习网：http://www.hrlearner.com/
2. 美国劳动经济学会2009年年会：http://client.norc.org/jole/SOLEweb/2009Program-F.html
3. 美国国民经济研究局人事管理经济学工作小组：http://www.nber.org/workinggroups/per/per.html
4. 拉齐尔个人主页：http://faculty-gsb.stanford.edu/lazear/index.html

第 2 章

组织与职位管理

学习目标

组织设计和职位管理是公司治理结构中的核心问题之一,也是人力资源管理工作的重点和难点。在本章的学习中,我们将基于经济学的视角,讨论组织设计的基本原理;掌握如何优化组织流程设计,从而建立最有竞争力的组织结构;了解职位流量、职位空缺以及职位定价的基本理论,学习如何解读基于职位和能力相结合的人力资源管理系统。

引 例

在某国有企业做人力资源咨询时,曾遇到这样的问题:该公司有几个分公司,分公司的职能完全一样,组织结构也完全一样,职位设置也几乎相同,但是同样工作内容的职位的名称却大不一样。同样是一线销售人员,有的分公司叫业务员,有的叫业务代表,有的叫销售代表。除了几个总经理、部门经理的名称相同以外,其他相同工作内容的职位的名称大多数都不相同。所以初看到他们的职位表,顾问还以为这几个公司的业务和职能不一样。实际上,这种情况非常普遍,不论是国有企业还是民营企业都存在着这种职位管理混乱的现象:工作职责相同的职位名称不统一;设置职位、删减职位、调整职位都不经过人力资源部和总经理审核;人力资源部和总经理不知道公司有多少个职位,不知道各部门到底有什么职位;职位职责不明确,相互交叉等。

对职位的管理是组织管理和人力资源管理的基础,一个公司出现相同职位名称不同的情况,说明这个公司的组织管理和人力资源管理水平是低下的,公司的组织化和正规化程度不高。产生这种现象有几个原因,主要是公司缺乏与职位管理相关的制度和流程,人力资源部门缺乏职位管理的意识和技能,公司没有进行过职位分析和梳理等。

即使在规模最庞大、管理最完善的企业当中,每天也会发生好几百起后果更为严重的组织乱象。究其原因,全都出在未能明确谁该做什么,谁有何职权,以及谁该向谁汇报。因此,造成一团混乱且冲突不断,其后果就是重复、自费力气、延误、挫折、口不择言,或是漫不经心,把工作全推给别人。

整个公司上下,无数的混乱与冲突结合起来,结果就是绩效不彰、成本居高不下、竞争优势丧失、士气低落、利润下降,以及丧失培养管理人才的契机。整个经济体系中这种现象不断累积,即成为全国资源惊人的浪费。

资料来源:某企业职位管理案例,http://cuizisan.ask123.net/info/news_center.shtml? p=doPrint & id=200706270314022810。

从上述案例可以看出,组织架构不完备及不健全所产生的后果,破坏力极大,因此,管理的意志必须包括组织的意志。建立组织架构本身即为一种管理程序,是任何有效的管理制度中绝对不可或缺的一环。企业的组织架构就是一种决策权的划分体系以及各部门的分工协作体系。组织架构需要根据企业总目标,把企业管理要素配置在一定的方位上,确定其活动条件,规定其活动范围,形成相对稳定的科学的管理体系。没有组织架构的企业将是一盘散沙,组织架构不合理会严重阻碍企业的正常运作,甚至导致企业经营的彻底失败。相反,适宜、高效的组织架构能够最大限度地释放企业的能量,使组织更好地发挥协同效应,达到"1+1>2"的合理运营状态。

2.1 组织架构

在经济学看来,组织就是特定人员之间的一系列合约安排。组织架构是否合理,直接影响到企业组织的效益,一个运行良好的组织也就意味着它的合约安排有效地解决了组织内部的激励冲突问题。组织的合约安排一般有以规章制度为代表的显性合约和以组织文化为代表的隐性合约两种,我们通常所说的组织架构就是组织的一种正式合约安排,一般是由组织中的领导和权威制定的。

组织架构是企业中各种资源的组织形式,是组织为了保证其目标有效实现而建立起来的组织内部各构成部分相对稳定的职任、权力、利益相互关系。组织架构是管理学当中一个古老的问题。19世纪末,以科学管理理论为基础,泰罗在组织理论上提出设计计划部门、实行职能制、实行例外原则等重要主张;法约尔提出在组织架构方面采取金字塔形的等级系列、设置参谋机构等。德国的组织理论学家马克斯·韦伯对组织形态进行了区分。他认为"合理化—法律化"这种组织形态是以官僚组织的形式出现的;"精确性、工作的速度、任务的明确性、对文件的熟悉程度、活动的连续性、权限的划分、指挥的统一、严格的上下级关系、人员摩擦的控制,以及在物质和人员方面的成本的减少,这一切在严格的官僚机构中将达到最佳的状态"。

2.1.1 组织架构的类型

组织架构类型包括以职能为基础的、以产品或服务为基础的、以地理区域为基础的以及其他机构为基础的结构。

(1) 职能式组织架构。职能式组织架构是按企业各单位所执行的工作性质来构造的。对大多数企业来说,有市场营销、生产、财务、研究与开发、人事管理等职能。当外界环境稳定,技术比较常规,而不同职能部门间的协调相对不复杂时,这种结构最能发挥其作用。组织的目标在于内部的效率和技术专门化。在职能式组织中,纵向控制大于横向协调,正式的权力和影响来自职能部门的高层管理者。

职能式组织架构的主要优点是职能内部的专业化,鼓励职能部门的规模经济。这就简化了对管理人员和作业人员的培训过程,提高了工作效率。一般来说,职能式组织架构有利于使决策掌握在最高管理层手中。此外,当执行的是"例行公事"的重复工作时,这种结构很有效。不过,不管按职能来构建组织架构的优点如何,它也存在缺点。主要劣势是对外界环境变化的反应太慢,而这种反应又需要跨部门的协调。职能部门的成员可能会养成专心一意地忠于职守的态度和行为方式,往往更重视所在部门的目标而不是整个企业的目标。这往往引起职能部门之间的矛盾,如不谨慎处理,可能对整个企业产生消极作用。此外,职能式组织架构中最高管理层的决策通常是比较缓慢的,在企业发展壮大以及竞争条件不断变化的情况下,它可能导致过多的管理层次,使相互协调和内部信息的沟通变得困难。负责全面管理职务的是总经理或执行副总经理,而各职能部门经理的大部分时间都是在一个职能部门内学习和工作,因此职能式组织架构的公司难以培养未来的高层管理者。

(2) 事业部式组织架构。所谓事业部式组织架构,即产品或服务型组织架构,就是将生产和销售某类产品或服务所必需的所有活动,都集中于一个单位或事业部内。只要产品是多样和互不相关的,则企业拥有的事业部数目没有限制。

事业部式结构与职能式结构不同之处在于,事业部组织将各业务环节以产品、地区或客户为中心重新组合,每个事业部都有独立的生产、研发、销售等职能,在事业部内部,跨职能的协调增强了。而且因为每个单元变得更小,因此事业部式结构更能适应环境的变化。当环境不稳定,技术又非常规,需要部门间相互依存及协调,组织需要或追求外部有效性和适应性时,事业部式结构是合适的。

事业部式组织架构有许多优点。首先,按产品或服务来划分部门,有利于使用专用设备,使得协调比较容易,并允许最大限度地利用个人的技能和专业化知识。同时,把每类产品或服务作为一个利润中心来管理,可以使该事业部门得以扩展和实行同心多样化战略。此外,由于企业中的每个人都与特定的产品或服务相联系,有助于培养和发挥团队精神。最后,这种结构使部门经理人员能经历广泛的职能活动,为训练高层管理者提供机会。同样,事业部式组织架构也有缺点,主要表现为:各事业部之间可能出现竞争,有损于整个企业的利益;容易出现设备和设施的重复购置、人员配备过多、不同事业部的方针不一致等。此外,由于各事业部的经理在很大程度上相当于一家单一产品或服务公司的总经理,因而使维护上层管理(总部)的控制问题显得特别重要。

事业部式结构经常被大规模的组织采用。例如:GE公司在全球由16个事业部组成;惠普公司由测量系统、计算机产品和计算机系统三个事业部组成,中央职能部门为财务和行政管理部门。很多中国企业,为了将成本分摊得更加清晰,将本来不大的公司分成事业部,各事业部独立核算,但事业部内管理、业务运营、销售等各个环节与总部又无法完全独立,这样实际上失去了事业部式组织结构的优势,并导致产品技术水平和质量控制无法统一。

(3) 区域式组织架构。在区域式组织架构中,生产产品或提供服务所需要的全部活动都基于地理位置而集中在一起。区域式组织架构也可按照销售区或行政区来建立。一方面,区域式组织架构有许多优点:它拥有较大的灵活性,能适应各地区的竞争情况;能使各利润中心得到发展,并有利于把权利和责任授予下级管理层次;增进一个地区内市场营销、生产和财务等活动的协调,节约费用并提高工作效率;同时为培养经理人员提供了良好的机会。另一方面,区域式组织架构也有缺点:增加了保持全公司方针目标一致性的困难;可能需要更多的管理人员;由于某些参谋职能的重复设置,增加了开支。根据区域式组织架构的特点,它所适应的战略条件可概括为:各区域顾客需求处于变化中的不确定性环境;各区域的制造技术是常规的、独立性不强的技术;企业规模较大;公司重视地区效用、灵活性和区域内部组织效率。

(4) 矩阵式组织架构。矩阵式结构的出现是企业管理水平的一次飞跃。当环境一方面要求专业技术知识,另一方面又要求每个产品线能快速作出变化时,就需要矩阵式结构的管理。职能式结构强调纵向的信息沟通,事业部式结构强调横向的信息流动,而矩阵式就是将这两种信息流动在企业内部同时实现。

矩阵式组织架构是将职能管理人员沿纵向排列,同时将负责产品或独立经营单位的管理人员按横向排列,这样形成一个矩阵式的组织架构。矩阵式组织架构集中了职能型和产品或服务型两种组织架构的特点。在矩阵式组织架构中,经营单位或产品经理与职能部门经理都有独立的职权。例如,负责新产品开发的经营单位(或产品)的管理人员可能是研究开发部经理下属的技术人员。研究与开发经理负责录用、培训和管理本部门的技术人员。这样,作业人员就负有双重责任,既对职能经理负责,又对经营单位(或产品)负责。

矩阵式组织架构的优点是灵活机动性和适应性较强。它按照产品、经营单位或者某项目的要求,将具有各种专长的有关系人员调集在一起,便于沟通意见、集思广益、接受新观念和新方法,有助于解决一些问题。同时,由于所有成员都了解整个小组的任务和问题,因而便于把自己的工作同整体工作联系起来。它还有利于把管理中的垂直联系与水平联系更好地结合起来,加强各职能部门之间、职能部门同各经营单位之间的协作。

矩阵式组织架构的主要缺点是职能经理和经营单位(或产品)经理具有重叠的(而且经常是矛盾的)权利和责任,这就使得成员接受双重领导。当两个部门意见不一致时,就会使他们无所适从。因此,在实践中,应该注意规定两类经理的决策权限,一旦出现争执,总经理应出面解决。

在实际操作中,这种矩阵式的双重管理结构建立和维持起来都很困难,因为有权力的一方常常占据支配地位。因此,比较成熟的矩阵式管理模式为带有项目/产品小组性质的职能型组织。职能部门照常行使着管理职能,但公司的业务活动是以项目的形式存在的。项目由项目经理全权负责,他向职能经理索要适合的人力资源,在项目期间,这些员工归项目经理管理,而职能经理的责任是保证人力资源合理有效的利用。波音公司和美国航空航天局采用过此类型的组织架构,根据彼得斯和沃特曼两人的调查研究,除了项目管理型的企业(如波音公司)以外,优秀公司没有一家采用矩阵式的组织架构。在采用矩阵式组织架构时,要以某一个方面为主,或者是产品,或者是地域,或者是职能,哪一个占有优先地位要非常清楚,避免平均看待。

(5)特别式组织结构。在某些组织内部,没有任何的权力和等级结构,这样的组织称为特别式组织。通常,这样的组织生存周期很短,一般是组织随项目的诞生而诞生,随项目的结束而结束。在组织内部的人员都是在某一方面的专家,他们在这个方面拥有绝对的职权,岗位之间没有汇报与管理的关系,任何决策都在一个层面上作出。

组织内部的协作是通过一系列会议和争论完成的。保证组织稳定性的根本因素是组织成员的共同目的,因此,激励机制在这样的组织中非常重要,每个组织成员都享有不同程度的回报。从这个角度上讲,特别式组织是一个任务团队。典型的特别式组织是电影摄制组。

2.1.2 组织架构的决定因素及影响

委托代理理论是经济学研究组织架构的经典视角,该理论的两个前提假设分别是：(1)高层管理者与员工的个人利益是不一致的,在组织合约制定过程中,始终存在利益冲突;(2)高层管理者与员工之间的信息是不对称的,甚至经常出现负责制定合约的管理者处于信息劣势的局面。正是基于这两个假设的真实性与广泛性,机制设计与代理问题就成了解释组织合约管理非常有用的思路和工具,合约各方都有动力以最低的成本来解决代理问题。

对任何经济组织而言,在进行架构设计的时候所要考虑的第一个问题就是:组织的规模到底应该有多大?也就是说,在进行组织架构设计的时候,要考虑如何进行部门设置、人员配备、业务流程等问题。评估和解决这些问题的关键就是交易费用,即比较这些问题通过市场架构解决和通过组织架构解决的交易费用孰高孰低。

决定组织架构的因素很多,归结起来不外乎经营环境和经营战略两个方面,其逻辑关系就是经营环境决定经营战略,经营战略决定组织架构,组织架构服务于组织战略。

不同的组织处于不同的环境之下,环境的复杂程度和环境的变迁速度都对组织设计提出了不同的要求。对任何组织而言,有可能对组织战略产生重大影响的经营环境包括三个方面:(1)影响产品需求、生产方法以及信息系统的技术;(2)市场架构(竞争者、顾客以及供应商);(3)政府对组织活动的管理约束。

组织战略包括组织的基本目标(包括财务目标与非财务目标)、企业竞争优势的源泉、企业对行业、产品和服务的选择、企业的目标顾客以及定价决策。除了战略会影响组织架构之外,组织架构也可能反过来影响战略,一个公司可能决定进入某个新的市场,部分原因是其决策和控制系统特别适合于这个新的市场。

组织架构对于绩效有十分重要的影响,正如在政府机构或其他领域一样,企业中的杰出人才根本不愿从事职权不足或不明的工作。对于能力高超的人而言,从担任第一份工作开始,直到退休为止,他所表现出来的效率、从工作中得到的满足感,以及对工作所怀抱的激情,全都深深受到其工作时所面临组织架构的影响。而无论是偶发性的混乱,或是正式计划的产物,组织中总是会有某种形式的架构存在。

组织规划的成果反映为组织架构图中那些代表职权的方格或直线,但是组织规划真正处理的是行动、企图心、情绪以及个人效率等问题。组织架构图上的方格与直线象征各项计划,这些计划是管理制度的一环,其目的在于要求并激发出果断且具有生产力的决策与行动。

2.1.3 组织内的相互依存及组织架构的变动

组织架构的构成要素包括决策权力分配、业绩评估系统、报酬和奖励系统,这三个要素之间存在高度的相互依存关系(见图2.1)。组织中合适的控制系统取决于决策权力的分配情况,反之亦然。例如,如果决策权力是分散的,控制系统能够提供有效的激励,使雇员的决策有利于组织价值的增加,就是非常重要的。组织架构设计也需要建立业绩评估与奖励系统,以保证雇员按照业绩表现得到报酬。类似地,如果一个组织采用了一种薪酬计划来激励成员,重要的是给成员相应的决策权力,从而,他们可以按照相应的激励因素采取行动。从这个意义上讲,组织架构的构成要素就像是一条凳子的三条腿,要保持凳子的平衡和功能,三条腿的设计都是十分重要的。改变一条腿而不考虑另外两条腿的情况,通常会犯错误。

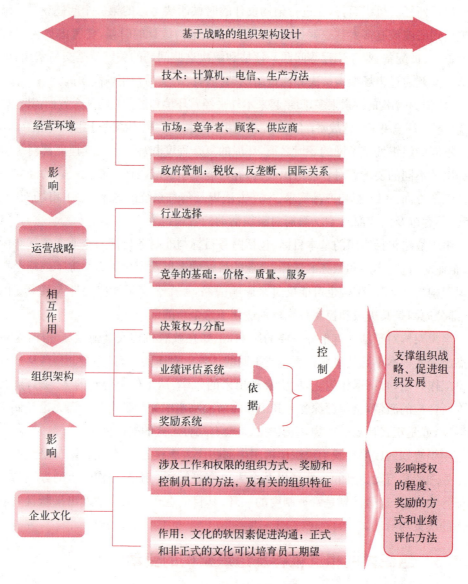

图2.1　组织架构的三要素

资料来源:根据詹姆斯·布里克利、克雷佛·史密斯、杰诺斯·施泽曼著,张志强、王春香译:《管理经济学与组织架构》(第三版),北京:人民邮电出版社,2005年,第222、226、227页整理。

组织架构设计构成组织内部一系列相互关联的政策和系统。比如,对下层经理的激励性薪酬计划通常以其所在单位的财务业绩为依据。因此,要改变这种单位的架构和相应的薪酬计划,需要组织的会计系统作出相应的改变。类似地,按照分公司股票市场的业绩来付给分公司管理者报酬可能会是有效的。但是,要采用这一政策,相应的分公司的股票必须上市交易。因此,在公司的组织架构和公司的融资政策之间就存在依存关系。

虽然市场条件、技术以及政府管制的变化都会影响组织架构的设计,然而,组织变化并不是一个无代价的过程。在评估组织重组方案时,重要的是不要忘记在获得有关好处的同时,也会发生难以避免的成本。只有当预期的增量收入大于预期的增量成本时,组织的变动才是可行的。

首先,存在直接成本。新的组织架构需要经过设计,并且要传达给全组织的所有成员。而且,组织架构的变化通常都要求组织的会计及信息系统作出相应的改变,这些改变都需要花费成本。有时,看起来是业绩评估系统的改变,但实际上是公司数据处理及会计部门的重大改变,这种改变也是要付出代价的。通常,为改变会计和信息系统,上百台计算机的程序都要作出调整。

其次,也许更为重要的,是间接成本。组织架构的变化对一些雇员的影响会是积极的(比如,增强了他们的责任感,也增加了他们获得奖励的可能性),而对另一些雇员的影响可能是消极的。因此,不同的雇员对于组织变化的态度会有所差别。在实施组织变动时,又有各种激励问题需要处理,往往要付出高昂代价。而且,经常性的组织架构变动会引起事与愿违的效果,雇员未来任务变动的可能性增加,这将不利于雇员在学习做好现有的工作、改善生产操作效率以及与同事搞好关系等方面进行投入。频繁的组织调整带来工作任务的不确定性,还将引起对于短期利益的追逐,而不考虑长期投资。

2.1.4 经营环境对组织架构的影响

经营环境对组织架构有重要影响。不同的企业处于不同的环境下,对组织设计将提出不同要求。环境对组织的影响可以从环境的复杂性和环境的变迁速度两个维度来描述。

环境的复杂性衡量的是与组织经营有关的外部因素的差异性和相似性。组织所处的环境不同,显著影响组织的因素就会有显著差别。环境的变迁速度衡量组织的经营环境是否稳定。稳定是一个相对的概念,变化才是组织经营环境的常态,只不过我们往往用关键时间点和关键事件来对经营环境的变化过程进行阶段性的划分。

我们可以用环境的复杂性和稳定性来衡量经营环境的不确定性,由此,我们可以建立如图 2.2 所示的理解环境不确定性的框架示意图。

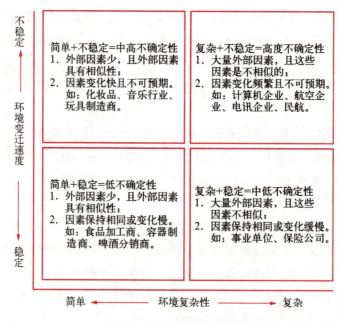

图 2.2 环境不确定性框架

资料来源:董志强:《人员管理的经济方法》,北京:中国经济出版社,2004年,第274页。

相比于稳定性环境,组织面对复杂多变的经营环境的常规应对措施就是增加组织设置,这在一定程度上将提高企业经营成本,组织的管理实践表明这些成本对于应对各种不确定性风险来说可能是值得的。具体说来,面对各种不确定性风险,组织的应对措施主要有以下四点:第一,增加组织部门和职位。组织中的部门和职位往往随着外部环境复杂性的增加而增加,更多的分工协作将被牵涉进来,这反过来又导致组织内部管理的复杂性。第二,组织分权与授权。组织经营环境高度的不确定性要求组织通过高度的分权和授权来保证组织决策的灵活性和及时性。但是,企业组织作为一个统一整体,更为复杂的经营环境也要求组织更为及时和更高质量的决策,所以组织的集权以及组织对于决策控制权的把握和监督也非常重要。第三,组织差别和组织整合。组织差别是指职能部门之间组织正式结构的不同、部门管理者之间的认知差异以及部门管理者之间情绪导向的不同。组织外部环境越复杂、越不稳定,就越迫使组织各个部门变得越发专业化,各个部门在复杂多变的经营环境中要想取得成功,就必须要求专门的知识技能和精细分工。职能部门之间的高度差别化导致部门之间的协作将变得非常困难,这反过来又会诱发组织进行整合的冲动,组织整合就是强调部门之间的协调与配合。第四,强化计划和组织预测。当组织环境相对稳定、变化很小很慢的时候,由于未来环境跟现在差不多,组织就没有必要进行长期的计划和预测,只需要按部就班地持续运转就可以了。但是,当环境的不确定性增加,企业组织重视组织计划和组织预测就变得越来越有必要,这是因为组织计划的确能够有效防御组织环境变化的负面冲击,这也是很多企业组织通常都会组建独立计划部门的经济学原因。

2.2 职位管理

职位管理要回答的核心问题是职位是如何产生的,职位空缺是如何形成的,以及组织内的职位应该如何定价。随着全球经济体制的不断转型、企业经营模式的不断调整以及科学技术的飞速发展,劳动力市场一直处于动态的变革之中,大批的工作岗位逐渐衰落甚至消失,新生的工作岗位不断涌现。当企业创建或破产时,当企业规模扩大或缩小时,当旧的技术被淘汰而新的技术出现时,总会产生工作岗位的创造或消亡,进而形成职位空缺。在这个过程中,职位价格也潮起潮落。职位流量的规模、职位空缺的规模及其持续时间以及职位定价,对一个组织的人力资源管理乃至整个劳动力市场产生了重要的影响。

2.2.1 职位流量

职位流量(Job Flow)可以定义为由于种种原因所导致的工作岗位的产生和消灭现象。职位流量研究关心各种因素对职位流量发生的影响,以及它能对整个劳动力市场起到的作用[1]。一般来说,这些研究大多是从经济理论、劳动经济、产业经济相结合的角度来认识问题,构建了严谨而规范的理论模型,并积累了丰富的事实和数据。目前,这一方面的研究已经自成体系,对整个学科产生了甚为重要的影响,并出现了一些学科带头人,如斯蒂温·戴维斯(Steven J. Davis)、约翰·豪特威尔(John Haltiwanger)等。

职位流量研究领域内的概念都建立在如下假设之上:特定行业里工作岗位的变化可以用雇用量的变化反映出来。该领域的相关概念包括职位流量、工作创造、工作消亡、工作再配置、超额再配置等,它们构成了整个职位流量理论的基础。其中,职位流量是最为宏观的概念,指由于种种原因所导致的工作岗位的产生和消亡现象。工作创造和工作消亡是从量的方面衡量职位流量的大小和方向,两者描述的是两种方向相逆的运动;而工作再配置和超额再配置则是从质的层面综合分析了员工、工作、生产资料在不同雇主间的重新分配,它们是衡量不同企业之间雇用量变化差异的有效途径之一。已有研究不约而同地表明,职位流量现象在不同的国家和地区广泛存在[2],同时工作创造和工作消亡的速度是相当快的。

对职位流量进行解释的理论之一是异质性理论,该理论假设职位流量在一定程度

---

[1] Simon Burgess, Julia Lane and David Stevens, 2000, "Job Flow, Worker Flow and Churning", *Journal of Labor Economics*, Vol. 18, No. 3, pp. 473-502.

[2] 现有相关研究已经覆盖了包括美国、法国、俄罗斯、芬兰、西班牙、中国台湾、意大利、加拿大、以色列、波兰、斯洛文尼亚等在内的诸多国家和地区。

上受到若干特质因素的影响;当这些因素表现出不同时,雇主所经历的职位流量的规模和强度是存在很大差异的。主要表现在三个方面:雇主层面的异质性、企业经营层面的异质性、行业或国家层面的异质性。

第一,雇主层面的异质性。一般认为,雇主的很多特征都会影响到其所面临的职位流量的规模与性质。这些因素包括:雇主所在的行业、产业、地域、经营规模、经营年限、产品细分程度等。通常情况下,在其他因素都保持恒定时,企业经营规模越大,业绩增长越快,工作再配置的规模和强度就会越大;同时,工作岗位的超额再配置频率随雇主雇用规模和经营年限的增加而增加,随员工薪酬水平的上升而下降。哈尔特瓦戈和弗多皮维克(John Haltiwanger & Milan Vodopivec)研究发现斯洛文尼亚的工作流动率较高,特别是在新兴企业、小型企业、私营或外资企业中[①]。

第二,企业经营层面的异质性。企业经营层面上的一些特质因素同样影响了职位流量的规模和性质,包括:新产品或新的生产技术的开发、推广、应用、营销以及管理规范上的不确定性;厂方的经营和管理能力;对生存环境的学习和适应能力;工厂、公司独特的环境分布;有关技术、推广渠道、营销渠道、消费者品位等信息的获得;资本的收益等。米凯拉奇和洛佩兹-萨利多(Claudio Michelacci & David Lopez-Salido)采用了一个商业周期一般均衡模型对技术冲击与工作流动的关系进行了研究,发现技术冲击会产生两种截然相反的力量影响到工作的消亡,可能导致就业的扩张或收缩[②]。

第三,行业或国家层面的异质性。对于行业因素与职位流量之间关系进行的研究表明,不同的行业有不同的产品细分程度,这会影响工作再配置的密度和规模;行业之间引起再配置的外力的作用强度是不同的(行业不同,其所面临的技术变化的速度、旧产品被淘汰的速度是不同的)。一般而言,行业的生产率增长越快,它的工作再配置比例就越高。而针对国别因素进行的经验研究表明,不同国家之间,"指导职位流量的政策因素不同是带来国别差别的决定性因素"[③]。麦西纳和瓦伦蒂(Julián Messina & Giovanna Vallanti)对欧洲14个国家制造业和非制造业的数据研究发现,严格的解雇法律会使工作消亡陷入恶性循环,从而对就业起到反作用[④]。

2.2.2 职位空缺

工作的创造或消亡都有可能引起职位空缺(Job Vacancy),职位空缺来源于雇

[①] John Haltiwanger and Milan Vodopivec, 2003, "Worker Flows, Job Flows and Firm Wage Policies: An Analysis of Slovenia", *Economics of Transition*, Vol. 11, No. 2, pp. 253–290.

[②] Claudio Michelacci and David Lopez-Salido, 2007, "Technology Shocks and Job Flows", *Review of Economic Studies*, Vol. 74, No. 4, pp. 1195–1227.

[③] Orley C. Ashenfelter, Richard Layard (eds.), 1997, *Handbook of Labor Economics*, Vol. 14, North Holland, p. 2753.

[④] Julián Messina and Giovanna Vallanti, 2007, "Job Flow Dynamics and Firing Restrictions: Evidence from Europe", *Economic Journal*, Vol. 117, No. 521, pp. 279–301.

主的劳动力需求，雇主通过雇用行为满足其劳动力需求，因此对职位空缺的直观定义为："若企业正在寻找员工来填补已存在的空缺岗位，这个企业就存在着职位空缺。"但是该定义只关注了雇主的搜寻行为，并没有注意到企业的搜寻行为可能基于当前的职位需求，也可能是为了满足未来会产生的需求。由于员工的招募、甄选和培训都需要花费一定的时间，为避免这种时滞性，企业通常会提前展开招募雇用行为。因此，对职位空缺更为准确的表述应该是："如果企业正在寻找员工，那么就认为该企业存在职位空缺。"① 或者说，职位空缺是新创造的职位、现有的未被填补的职位或将来可能发生的空缺职位的统称，且雇主为满足这些岗位需求采取积极的行动寻找合适的员工②。

实际上，职位空缺可以分为两类：正处在招聘过程，但能获得满足的职位空缺和未被填补的职位空缺。法姆（Ante Farm）称正处在招聘过程，但能获得满足的职位空缺为"职位空置"（Job Opening），这一过程从企业进行招募活动开始，到找到合适的员工或者招聘活动因其他原因而取消为止③。由于通常情况下企业并不能成功、及时地找到合适的工人，于是便产生了未被填补的职位空缺。未被填补的职位空缺可能是由很多原因造成的，如结构性失衡、市场摩擦等，因此它也是研究者们关注的重点。法姆给出了未被填补的职位空缺的三种定义：传统定义、国际劳工组织定义和经典定义。其中，传统定义主要是衡量当期需要的、未被满足的工作空缺，该定义不包括有员工在岗的工作空置和以后能满足的工作空置④。国际劳工组织定义是霍夫曼（Eivind Hoffmann）仿照国际劳工组织对失业的定义作出的，该定义包含以下三个方面：(1) 如果有合格的劳动者，雇主将会雇用他从事某项工作；(2) 不会因此解雇任何人；(3) 在最近一段时间内企业都在寻找合适的求职者，或正在甄选求职者，或等待求职者接受该职位，或等待接受该职位的求职者开始工作⑤。经典定义将未填补的职位空缺定义为未满足的劳动力需求，用雇用量表示已满足了的劳动力需求，那么职位空缺数就是总劳动力需求与雇用量的差。

职位空缺另外一个重要概念是空缺持续时间，指从企业招聘开始到新员工被雇用为止或者是因特殊情况导致招聘活动取消为止的时间段。与失业的平均持续时间不同的是：失业的平均持续时间与失业人数成正比，与职位空缺数目成反比，而职位空缺

---

① Kenneth Burdett and Elizabeth J. Cunningham, 1998, "Toward a Theory of Vacancies", *Journal of Labor Economics*, Vol. 16, Issue 3, pp. 445–478.
② 来源于 Babylon 词典，http://dictionary.babylon.com/Job%20vacancies.
③ Ante Farm, 2003, Defining and Measuring Unmet Labor Demand, Swedish Institute for Social Research (SOFI), Stockholm University and Statistics Sweden, JEL-Code: J63.
④ 如果企业要为一个职位招聘一名新工人，但是这个职位在招聘期间被即将退休的工人或者其他临时工占据，则称此为有员工在岗的职位空缺。在传统定义下，这不属于职位空缺的范畴。
⑤ Eivind Hoffmann, 1999, "Collecting Statistics on Imbalances in the Demand for Labor", *Statistical Journal of the United Nations ECE*, Vol. 16, No. 2–3, pp. 105–121.

持续时间与职位空缺数成正比,与失业人数成反比。冯·阿沃斯(J. C. van Ours)对新西兰的职位空缺持续时间的决定因素进行了研究,发现职位所需的教育水平、职业类型和雇主的规模对职位空缺持续时间有重要影响。职位所需要的教育水平越高,职位空缺持续时间越长;服务业的职位空缺持续时间比其他行业短;雇主的企业规模越大,空缺持续时间越长①。但是,冯·阿沃斯和里德尔(Jan van Ours & Geert Ridder)对荷兰所有雇员大于10人的单位进行了5%的抽样调查,获得1 913个样本,研究发现几乎所有的空缺职位都能在空缺发布之后很短的时间内建立起求职者库,因此他们认为空缺持续期应该被解释为筛选期而不是搜寻求职者的时间②。

职位空缺数据是反映经济景气情况变化的重要指标,对职位空缺数据的分析有助于我们对结构性失业和摩擦性失业的把握。法姆(Ante Farm)指出,职位空缺的统计数据能够衡量在就业匹配过程中摩擦性作用的影响③。工作流动、工作创造必然会造成职位空缺,职位空缺会形成企业的劳动力需求,引起企业的雇用和甄选行为。

2.2.3 职位定价

职位定价有两个基本组成部分:内部定价和外部定价。内部定价就是确定职位在组织内部的相对价值,主要是通过职位评价技术来实现的。组织最常见的职位评价技术包括以下四种:强制排序法、职位分类法、因素比较法和点值要素法。强制排序法是指由经过培训的有经验的测评人员,依据对职位所承担责任、困难程度等基本情况的了解,通过比较每两个职位之间的级别关系(重要程度),来确定所有职位价值序列的一种方法。职位分类法是指通过建立明确的职位等级标准,将各个职位划入相应等级的一种方法。其前提是不同等级的职位对技能和责任要求不同,在这一显著特点的基础上,对职位划分出一套等级系统。因素比较法是指根据职位的通用的工作特征,定义职位的评价要素等级,并以此评价关键职位,由于关键职位应得报酬是可知的,那么在评价其他职位时,只要与关键职位的各个要素进行比较,就可以得出各评价要素应得的货币价值。点值要素法是指通过对特定职位特征的分析,选择和定义一组通用性评价指标并详细定义其等级作为衡量一般职位的标尺,将所评价职位依据各个指标打分、评级后,汇总得出职位总分,以这种标准来衡量职位的相对价值。

职位评价的基本技术可以从两个维度划分,根据所使用的分析方法可以分为定量的方法和定性的方法两类。其中,定性方法分为强制排序法和职位分类法,主要是针

---

① J. C. van Ours, 1989, "Durations of Dutch Job Vacancies", *De Economist*, Vol. 137, No. 3, pp. 309-327.

② Jan van Ours and Geert Ridder, 1992, "Vacancies and the Recruitment of New Employees", *Journal of Labor Economics*, Vol. 10, No. 2, pp. 138-155.

③ Ante Farm, 2009, A Theory of Vacancy Statistics, Swedish Institute for Social Research (SOFI), Stockholm University, JEL-Code: J63, J64.

对工作间的比较,而不考虑具体的职位特征。定量法分为因素比较法和点值要素法,主要侧重于对职位特征的分析,详尽阐明职位评价要素及其等级定义,可以确定每个职位的评价分值,以此进行比较,属于定量的研究方法[1]。

在职位评价实践中,为适合组织的特定需要,职位评价技术也并非完全按照经典方法使用,而是要进行适当的调整改进,其中,三个显著的发展值得关注。第一个发展是技术的精练化。例如,点值要素法已经有一维、二维和三维技术[2]。第二个发展是不同技术的组合使用,例如,职位分类发与点值要素法的结合使用以及点值要素法的一维、二维和三维技术的组合使用等,最终导致职位评价技术的改进。第三个发展是组织战略要素的引入,提出战略职位评价技术,以反映日益动态的外部环境的变化与组织内部战略的相应调整。战略职位评价技术的主要特点在于四个方面:第一,战略决定。职位职责的履行对公司战略实现的影响程度具有决定性的价值。第二,功能平衡。职位的战略价值主要通过其所在的功能领域来体现,而不是职位所属的类别。如有可能,应进行二阶式评价,以确保职位评价的科学性。第三,动态调整。从理论上说,职位价值时刻在变,但从管理的成本收益角度考虑,不可能每天都进行职位评价,因此,有必要建立定期(半年或一年)的功能价值重新评估机制,并确定不同功能职位的战略调整系数。第四,市场微调。中国的市场化日益深入,职位评价必须关注市场面的影响,但目前总体上还不足以作为决定性参数(除个别职位外)。

内部定价实际上解决的是内部价格公平的问题,但是要将内部公平转换成员工赖以生存的薪酬则需要外部定价技术的使用,主要是通过薪酬调查将外部职位价格与内部相对价格相结合,形成一个组织独特的职位价格水平与结构。

薪酬调查可以是正式的,也可以是非正式的,可以根据需要自己开展调查,也可以请专业的咨询公司为本企业进行专门的薪酬调查,还可以直接从专业的薪酬调查机构(比如咨询公司、网站等)购买薪酬数据库或者调查报告。雇主通常可以运用调查得来的薪酬数据给标杆职位(benchmark jobs)定价,然后基于其他职位相对于标杆职位对于组织的相对价值给其他非标杆职位定价。或者直接调查与自己具有可比性的企业支付给可比性职位的薪资状况,然后在这种市场薪资水平的基础上,直接确定以市场平均水平的一定百分比(比如120%)。公司的薪酬策略会依据公司战略决定公司的职位价值处在市场领先水平还是一般水平,或者是拖后水平,从而形成一条工资政策线。如IBM公司在确定员工工资水平之前,会对同行业的相关企业进行调查,掌握市场上的平均工资水平,选择高于市场前10名企业薪酬平均水平的薪酬制度。

在构建好反映市场工资率和公司薪酬水平定位的工资政策线后,接下来的工作就

---

[1] 杨伟国:《战略人力资源审计》(第2版),上海:复旦大学出版社,2009年。
[2] 关于职位评价点值要素法的技术比较,可参见:达君、维薇,"美世国际职位评估体系";裴力,"翰威特灵点职位评估法",《21世纪人才报》,2003年6月19日。

是设计组织的薪酬结构(Pay Structure)。薪酬结构包括职位等级划分(Grade)和确定薪酬区间(Range),国际上通行的工资结构包括传统的职位等级结构和宽带薪酬结构。职位等级的划分依赖职位评价的职位评价点值,需要将某一职位评价点值范围的职位划分到同一职位等级。划分时必须在内部公平性和管理效率之间取得平衡,所以必须考虑企业总体的职位数量、企业文化、企业的管理倾向(组织内部管理层级的影响)以及薪酬管理上的便利(等级越少则管理成本越低)。

在确定了企业应当分多少等级以及每个等级应当涵盖哪些职位后,还应给每个等级设定一个合理的薪酬区间,以反映同一职位等级的不同雇员获得的不同的工资范围。首先,应通过市场的薪酬水平和公司的薪酬策略共同决定薪酬区间的中点;其次,考虑各方面影响薪酬区间制定的因素,判断每个薪等的浮动幅度。薪等的浮动幅度主要由以下四个方面因素决定:首先是价值差异性,往往职位等级的价值差异越大,薪等的浮动幅度也就越大;其次是绩效变动幅度,职位等级所包含的职位的绩效变动幅度越大,薪等的浮动幅度也就越大;再则是晋升通道,员工在职业阶梯上端无法获得晋升的机会时,就要加大薪酬的浮动幅度,以增加他们报酬增长的机会,满足他们的个人需要;最后是企业的文化,企业文化中的平均主义越强烈,薪等的浮动幅度越小,若是企业文化鼓励或者接受收入差距,那么薪等的浮动幅度越大。

2.3 最优组织架构下的人力资源管理

在一个快速变化的市场环境中,优良的组织架构设计应当有利于企业采用最优的人力资源管理方式。企业的组织架构对人力资源管理起着决定性的作用。这就如同一栋房子,不同的设计结构,其承重的部位是不同的。因此,需要对最优组织架构的判断标准和基于职位还是能力的人力资源管理予以分析。

2.3.1 最优组织架构的判断标准

追求完美组织架构的管理者必须牢记:任何一个组织都不可能完美,只要信息不完全,最优的制度设计和最优的激励监督合约是不可能达到的。即使是完美无缺的组织架构也无法完全压制人性的各种弱点,但是充满缺陷的组织架构,绝对会诱发出人性最恶劣的一面,并给组织带来浩劫。企业也像其他各种组织一样,分裂为各式各样的阵营与派系。这些人性黑暗面,常常起源于充满缺陷的组织架构,至少,这类问题重重的组织架构会刺激并加剧内斗。

经济学视角判断组织架构优劣的标准只有一个,那就是看这个组织的架构设计是否能够满足市场竞争的需要,管理者的选择没有最优,只能在次优选择中不断追求组织在市场中的长期生存能力和竞争能力。

在市场竞争中,组织结构不合理、不能适应市场变化的企业最终会消失,市场选择的最终结果必然是低成本运行的组织才能生存,市场竞争是组织追求完美治理结构和改善管理绩效的真正动力。在市场选择机制的作用下,成功存活的组织其治理结构必定是适宜的,组织架构也是相对最优的。在经济学家眼中,判断组织架构的优劣,除了市场检验之外,没有任何其他的标准。

一个得到各方面肯定的组织架构,不一定能在市场中取得成功,但不合理的架构设计则肯定会在市场中遭到失败。可见良好的组织架构设计只是组织成功的必要条件,在市场的自然选择过程中,那些能够长期生存下来的组织架构必然就是相对较为优秀的,即使个别看起来问题重重的组织,如果它能够长期生存,并且看不见衰亡的迹象,那么我们就不能简单地否定现有的组织架构和它的管理流程。

检验组织架构优劣的唯一标准就是组织在市场中的生存能力,如果组织遇到生存问题不能存活和延续,那么组织架构就需要进行调整和变革。常见的调整手段包括:调换或解聘经理、组织架构的诊断和再设计、转移转换公司的控制权、并购或重组、破产。

2.3.2 基于职位还是能力的人力资源管理

随着新经济时代的来临,很多企业的人力资源经理在实践中都面临着同样的困惑:人力资源管理是以员工的能力为核心,还是像以前一样以职位为核心?产生这种困惑的原因是由于现代企业组织与人之间的关系变得比以往任何时候更不确定,更加复杂。这种复杂性体现在以下四个方面。

第一,信息的非对称性。组织与人之间信息的复杂性比以往任何时候都更突出。过去在生产作业现场,每个员工的行为用一台监视器就可以一目了然,现在很多企业员工从事智力性的劳动,因而人与组织之间信息的非对称性更明显。在这样一种条件下,人力资源管理除了对人与职位要深刻认识外,还要基于信息化要求,建立知识管理系统标准,这就是为什么知识管理成为人力资源管理很重要内容的原因。如何利用知识管理系统来提高员工能力,这是一个亟待解决的问题。

第二,组织建立与职位的动态性。现在的组织不断在变化,组织一变员工职位就可能消失。在这样一种条件下,人们对职位的认识也发生了变化,过去对职位的认识是点的认识,现在要从传统的对职位点的认识过渡到对区间的认识。虽然职位总在变化,但是能够保持相对稳定的是职类职种。因此从人力资源角度讲,要从简单的认识每一个点状的职位过渡到开始关注职类职种。

第三,人的需求的复杂性。组织要满足人的需求,人要满足组织的需求,都变得很难实现,尤其是人自身的需求,要求组织能够提供差异化的人力资源管理服务。这就对整个人力资源管理提出了新的要求，企业要能用差异化的人力资源管理服务来提升企业人力资源差异化的竞争力。

第四，组织达到一定量级以后，提升它内在的力量需要靠结构。中国企业在发展到一定规模后，要解决的一个很深层的问题是结构性失衡问题。如何通过结构性的调整与优化去提高一个组织本身的人力资源的整体效率？在组织结构调整优化的过程中就面临着人才退出的问题，面临着组织内部人才和外部整个劳动力市场对接、内外循环的问题。

为了解决以上这些问题，人力资源管理确实要从传统的职位格局中分离出来；并不是要抛弃职位，职位仍然是基础，但能力变得越来越重要。整个人力资源管理必须要构建在对人本身的认识上，职位不再是简单的单一的问题。组织要做到从业务结构体系到组织结构体系到职类职种再到职位评估；从人才角度来说，一个企业的核心能力到核心人才到核心技能再到素质模型，必须完成系统整合与系统构建。

本 章 小 结

在经济学看来，组织就是特定人员之间的一系列合约安排。组织架构是否合理，直接影响到企业组织的效益，一个运行良好的组织也就意味着它的合约安排有效地解决了组织内部的激励冲突问题。组织的合约安排一般有以规章制度为代表的显性合约和以组织文化为代表的隐性合约两种，我们通常所说的组织架构就是组织的一种正式合约安排，一般是由组织中的领导和权威制定的。几十年的管理实践已经总结设计出若干个可行的组织架构类型，组织在进行架构设计的时候必须考虑组织规模、决策信息以及激励因素三个基本问题。组织架构由经营环境和经营战略所决定，并对绩效和生产力有重要的影响。组织架构的变动存在直接和间接的成本。

职位管理要回答的核心问题是职位是如何产生的，职位空缺是如何形成的，以及组织内的职位应该如何定价。随着全球经济体制的不断转型、企业经营模式的不断调整以及科学技术的飞速发展，劳动力市场一直处于动态的变革之中，大批的工作岗位逐渐衰落甚至消失，新生的工作岗位不断涌现。当企业创建或破产时，当企业规模扩大或缩小时，当旧的技术被淘汰而新的技术出现时，总会产生工作岗位的创造或消亡，进而形成职位空缺。在这个过程中，职位价格也潮起潮落。职位流量的规模、职位空缺的规模及其持续时间以及职位定价，对一个组织的人力资源管理乃至整个劳动力市场产生了重要的影响。

检验组织架构优劣的唯一标准就是组织在市场中的生存能力,如果组织遇到生存问题不能存活和延续,那么组织架构就需要进行调整和变革。常见的调整手段包括:调换或解聘经理、组织架构的诊断和再设计、转移转换公司的控制权、并购或重组、破产。随着新经济时代的来临,很多企业在人力资源管理实践中都面临着同样的困惑:人力资源管理是以员工的能力为核心,还是像以前一样以职位为核心?现代企业组织与人之间的关系变得比以往任何时候更不确定,更加复杂。

复习思考题

1. 对于一些常具有涉及面广的、临时性的、复杂的重大工程项目或管理改革任务的企业,以及以开发与实验为主的单位,应当使用哪种形式的组织架构?为什么?
2. IBM、海尔等国内外知名企业的组织架构均采用矩阵式,讨论矩阵式组织架构的优缺点。
3. 什么是职位流量、职位空缺与职位定价?
4. 在西方国家,经过几十年甚至上百年的工业经济的发展,它们的企业已经处于一个比较成熟的时期,企业内部结构及运营、企业外部的市场环境都相对稳定而成熟。根据实际情况,讨论这种基于职位管理思想的人力资源管理体系在中国企业的适用性。

案例分析

美国劳动力市场的数据显示,2009年1月企业裁员人数共计24万人,是7年来的最高数字。中国国内的情况也不容乐观。出口贸易大幅缩减,导致中国南部地区很多生产玩具、鞋类产品的低附加值工厂关门倒闭,这是造成2008年全中国近2 000万名外出务工人员失业的主要原因。

2009年2月初,为预防企业大幅裁员,国务院发布通知,要求当企业裁员人数达到20人或占员工总人数的10%时,必须事先向当地有关部门提交裁员报告。一些法律专家表示,规定中的含糊表述将使得很多案例由政府视情况而定。结果是,各大央企均未裁员,而各跨国企业在中国的运营机构仍主要听从其海外总部的指示。在全国范围内为5 000余家外企提供服务的上海外服公司(FESCO)在2009年2月中旬对来自各行业的356名客户公司进行了调查,结果显示中国已有

> 27%的跨国公司开始裁员。
>
> 其中有些跨国企业将裁员作为全球业务重组行动的一部分。世界航运和物流巨头马士基集团(Maersk Group)已撤销中国内地总部并重组中国内地业务,使之由马士基香港总部直接管理。据其上海机构的员工透露,上海地区已经辞退了近20%的员工,并且业务重组仍在继续,而其深圳办事处也于2009年年初发出内部通告,要求"年底之前,全体员工能够自愿接受22天的无薪休假"。

资料来源:如何减轻裁员之痛,http://www.ebusinessreview.cn/c/articlesingle-layoutId-52-id-4270.html,哈佛商业评论,2010年4月15日。

请从职位流量理论的视角思考是哪些因素导致了这样的结果?

推荐阅读资料

1. 董志强:《人员管理的经济方法》,北京:中国经济出版社,2004年。
2. 杨伟国:《劳动经济学》,大连:东北财经大学出版社,2010年。
3. James L. Price, 2001, "Reflection on the Determinants of Voluntary Turnover", *International Journal of Manpower*, Vol. 22, No. 7, pp. 600–624.
4. William H. Mobley, 1982, "Some Unanswered Questions in Turnover and Withdrawal Research", *Academy of Management Review*, Vol. 7, No. 1, pp. 111–116.
5. Rocki-Lee Dewitt, 1998, "Firm, Industry, and Strategy Influences on Choice of Downsizing Approach", *Strategic Management Journal*, Vol. 19, No. 1, pp. 59–79.
6. Holt, C. C. and David, M. H., 1966, "The Concept of Job Vacancies in a Dynamic Theory of the Labor Market", in NBER (ed.), *The Measurement and Interpretation of Job Vacancies*, Colombia University Press.

网上资料

1. 中国人力资源学习网,http://www.hrlearner.com/
2. 什么是组织管理,http://www.ebusinessreview.cn/c/oversea_article-layoutId-26-id-1399.html,2008-09-23,哈佛商业评论
3. 破译矩阵式组织的密码,http://www.ebusinessreview.cn/c/library_article-layoutId-22-id-5359.html,2010-02-01,哈佛商业评论

第 3 章

招聘与甄选

学习目标

劳动者的工作搜寻行为和雇主的雇用甄选行为是实现劳动力供给、需求结合的主要途径。在法律的约束条件下,采用合适的招聘渠道,基于岗位的任职资格确定雇用标准,吸引、选拔合格的求职者,对企业吸引人才、填补职位空缺至关重要。学习本章应了解各种员工招募渠道的优缺点及适用范围;掌握企业的雇用标准;掌握企业进行员工筛选的机制;理解劳动力市场歧视的类型,掌握其各自的经济学意义。

引 例

如何有效实施互联网招聘

互联网招聘的第一步就是发布招聘信息。招聘信息的发布直接关系到企业招聘的效果,如何根据企业的实际情况,选择适当的信息发布渠道就显得尤为重要。主要有委托人才网站、登招聘广告、利用 BBS 发布、在公司主页发布招聘信息等方式。

委托人才网站是用人单位采用得最为广泛的一种招聘方式,企业通过这种形式,可以在人才网站上发布招聘信息,收集求职者简历,查找适用的人才信息。由于人才网站上资料库大,日访问量高,加上人才网站收费相对较低,所以很多公司往往会同时在几家网站注册。

另外,一些用人单位选择了在大型网站上登招聘广告这种方式,一般他们都是选择那些相关专业的大型网站,或者是本地的综合门户网站。由于专业网站能聚集某一行业的专门人才,在这样的网站发布招聘信息,对吸收某一特定专业的人才效果良好。而在知名网站上发布招聘广告,由于这类网站的浏览量很大,所以招聘广告不仅会有很大的信息反馈量,而且也会对公司产生一定的广告作用。

BBS是英语"Bulletin Board System"的缩写,中文称为电子布告栏,它是Internet上热门的服务项目之一,你只要通过远端登录的方式,就可享有在远端主机上张贴布告、网上交谈、传送信息等功能。这种方式发布信息的成本几乎为零,但影响力有限,也不利于体现公司的形象,一般适用于小型的公司。

如果单位有实力,可以自己建一个网站,这样公司可以在自己的网站上发布招聘信息,同时将企业文化、人力资源政策以及更多能让求职者了解的信息发布在主页上,这样既可达到宣传的目的,又能吸引来访问的求职人员在了解企业的实际状况后,有针对性地选择应聘岗位,所以招聘人员的质量比较高。公司还可以将在线填简历应用其中,这样就可以很方便地建立自己的人才储备库,方便查询。

事实上,企业不仅可以利用互联网向外发布招聘信息,还可以利用企业内部的局域网对内发布空缺的职位。这不仅最大限度地节约了成本,还有利于提高员工的满意度、工作热情。这种通过局域网的招聘方式对一些跨地区的企业更为有利,通过内部的网络可以在第一时间掌握企业的人力资源状况,合理配置人力资源,从而促进组织的发展。

资料来源:根据牛津管理评论"如何有效实施网络招聘"整理,http://oxford.icxo.com/htmlnews/2009/02/01/1355303_0.htm,2010年3月6日。

案例中提及的互联网招聘是被企业和求职者广泛采用的一种招聘和求职渠道,除此之外,员工招聘渠道还有很多种。招聘渠道的选择是否合适直接影响企业能否吸引到合适的候选人,成功的人员招聘和甄选对于构建和维持一个健全的企业组织体系是至关重要的。那么,用人单位应该采取什么样的渠道去寻找合适的求职者?应该怎样对求职者进行筛选?筛选标准会产生对其他群体的歧视吗?通过本章的学习,我们将找到这些问题的答案。

3.1 员工招聘渠道

从广义而言,人员招聘包括招募、甄选、录用和评估几个紧密相连的环节。在人力资源管理的实际操作中,招聘是指组织确定工作需要,根据需要吸引候选人来填补工作空缺的活动,主要是指根据人力资源规划和工作分析提出的人员要求数据与任职资格要求,通过需求信息的发布来寻找、吸引那些既有能力、又有兴趣到本企业任职的人。人员甄选是指运用各种科学的方法和手段,系统客观地测量、评价和判断候选人与工作相关的知识和技能、能力水平及倾向、个性特点和行为特征、职业发展取向及工作经验等,根据既定的标准对申请人进行选择,从而作出录用决策的过程①。

在人员招聘的实施阶段需要考虑很多问题,如招聘的内外部环境、招聘的备选方案、招聘渠道的选择等。由于招聘过程中职位申请者和用人单位都发出了关于建立雇用关系的信号,所以企业招聘信号在有效劳动力市场上的准确、恰当传递对吸引有价值的候选人极其重要,招聘渠道的选择是否恰当在很大程度上影响了招聘的质量。本节首先介绍在企业的人力资源管理工作中常用的招聘渠道,然后对特殊招聘渠道的有效性进行分析。

3.1.1 招聘渠道类别

根据候选人的来源,可以把招聘渠道分为两大类:内部招聘和外部招聘。内部招聘和外部招聘没有优劣之分,选择哪一种取决于企业战略、人力资源政策、企业所在地的劳动力市场状况、企业在劳动力市场中所处的地位,以及拟招聘岗位的性质、层次和类型等。

目前,很多组织通过提升那些接近提升线的人员或平级调动来填补企业的岗位空缺。最常用的内部招聘的途径主要有内部提升、调动、工作轮换、返聘和员工推荐等。其中,内部提升能提高员工的士气和对组织的忠诚度,但是当员工没有被提升时,也容易产生挫败感。

内部招聘的有效手段包括员工数据库、职位公告、推荐法等。员工数据库是企业人力资源信息系统的一部分,通过数据库可以了解员工的详细信息,包括能力、以往工作业绩、学历、性格特征等,依托该数据库能发现合适的候选人。职位公告(Job Posting)是指通过各种内部媒介,将内部空缺职位信息公开发布,吸引符合条件的内部工作人员应聘,然后通过层层考试选拔合适的人员录用。推荐法主要是指上级主管向人力资源部门推荐其熟悉的可以胜任某项工作的候选人,通过对候选人的审核考察,最后确定该职位的最佳人选。乌尔曼(Ulmann)研究发现,经员工推荐或自荐招聘的员工,其离职率与经其他渠道(如报纸、人才中介等)招聘的员工相比较低②。卡兰等(Kiran, Farley & Geisinger)也发现"推荐"这种非正式渠道的应征者有较高的素质,

---

① 斯蒂芬·P·罗宾斯:《管理学》,北京:中国人民大学出版社,2004年。
② Ulmann, J. C., 1966, "Employee Referrals: A Prime Tool for Recruiting Workers", *Personnel Psychology*, Vol. 43, pp. 30–35.

录取率也较高①。

内部招聘是企业满足人员需求的一种方式,但是更为常见的是不断从外部寻找员工,特别是需要大量扩充其劳动力时。当企业面临以下情况时可以考虑外部招聘渠道:补充初级岗位;获得现有人员不具备的技术;获得能够提供新思想并具有不同背景的员工等。特别是当企业处于初创期、快速成长期,或者企业需要变革时,一般会选用外部招聘渠道获得合适的人才。常用的外部招聘渠道主要有招聘广告、职业介绍机构、人才交流会、互联网招聘、校园招聘及猎头公司等。

招聘广告是指通过广播、报纸、电视和行业出版物等媒介向公众传送公司的就业需求信息(利用网络做广告将在网络招聘中详细讨论)。由于广告的传播范围相对大,具有树立企业形象的功能,所以被很多企业采用,但是广告传递信息时不是面对面的,有可能造成信息失真,而且广告费用的支出一般较大,因此在借助广告进行招聘时必须考虑两个因素:广告媒体的选择和广告形式及内容的设计。广告媒体主要包括报纸、杂志、广播、电视等,这些媒体各有利弊,有其适用的对象,在选择招聘媒体时,首要考虑的是媒体本身承载信息传播的能力。比如,报纸招聘的适用范围一般是某一个小区域或可能的求职者聚集在某一区域时。当候选人为专业人员,且时间、地点限制不太重要时,则可以考虑在本专业领域内的声望较高的杂志期刊上刊登招聘信息。除广告媒体的选择以外,招聘广告构思也很重要。好的广告形式有利于吸引更多的求职者的关注,设计精良的招聘广告具有一定的形象效应,有利于树立企业公共形象②。阿沃莱达斯等(Arboledas et al.)研究发现,在传统的招聘渠道中,利用报纸发布广告是使用最频繁的方式③。

据统计,截至 2006 年年底,全国共有各类人才服务机构 6 629 家,从业人员 51 095 人,从构成类别上看,各级政府人事行政部门所属人才服务机构 3 500 家(其中省属 70 家,地属 559 家,县属 2 871 家),从业人员 20 790 人;行业主管部门所属人才服务机构 633 家,从业人员 6 417 人;民营人才服务机构 2 427 家,从业人员 21 582 人;中外合资人才中介机构 69 家,从业人员 2 306 人。截至 2006 年年底,全国共建立各类人才市场网站 3 171 个④。职业介绍机构的作用是帮助雇主选拔人员,节省雇主的时间,可以借助职业介绍机构求职者资源广且能提供专业咨询和服务的优势。借助职业介绍机构的不利因素是需求者与供给者之间存在一定的信息不对称,而组织的信息一旦被中介

---

① Kiran, J. P., Farley, J. A. & Geisinger, K. F., 1989, "The Relationship between Recruiting Source, Applicant Quality, and Hire Performance: An Analysis by Sex, Ethnicity, and Age", *Personnel Psychology*, Vol. 42, No. 2, pp. 293-308.

② 根据加里·德斯勒、曾湘泉主编:《人力资源管理》(第十版·中国版),北京:中国人民大学出版社,2006 年,第 129—130 页整理。

③ Arboledas, J. R., Ferrero, M. L. and Vidal-Ribas, I. S., 2001, *Internet Recruiting Power: Opportunities and Effectiveness*, University of Navarra, Spain.

④ 人事部:《关于 2006 年人才流动与人才市场基本情况的通报》(国人厅发[2007]54 号)。

机构误解或是理解得不充分,就容易造成人职不匹配,因此即便该方法的速度较快、费用较低,但是一般只适合于对初级、中级人才或急需工、临时性用工的招聘。

外部机构组织的人才交流会通常也是组织与求职者双向交流的场所。通过参加人才交流会,企业可以直接获取大量应聘者的相关信息,既节省了费用,又缩短了招聘周期,并可以在信息公开、竞争公平的条件下,公开考核、择优录取。人才交流会可分为专场交流会和非专场交流会。在选择人才交流会时应注意以下三点:首先,要选择对自己有价值的人才交流会。应综合考虑交流会的档次、面对的对象、交流会的组织者、招聘信息的宣传等各个因素。其次,要做好交流会的准备工作。在交流会之前必须做好一切准备工作,布置有吸引力的展位,准备好所用的资料和器材设备,与有关的协作方沟通联系等。另外,还要注意在交流会上的表现。招聘人员要保持良好的招聘风貌,体现出职业化、专业化水准。招聘会结束后应尽快整理、分类简历,对于公司相当满意的求职者应尽快通知他们参加面试;对不合适的应聘者应给予回复。但是由于人才交流会上应聘者较多,筛选的工作量和难度较大,该方法同样只适合于初级或中级人才以及急需工的招聘。

互联网招聘也称网络招聘或电子招聘(E-Recruiting),是指利用互联网技术进行的招聘活动,包括招聘信息和求职信息的发布、人才简历的搜集整理、电子面试以及在线测评等。互联网招聘的媒体是一般的专业招聘网站和企业的网站或主页。公司网站是一个提供企业各方面信息,包括人力资源信息的虚拟媒介。公司的主页是网站的初始页,组织利用主页向访问者介绍企业的基本情况。随着电子化、信息化的发展,互联网招聘突破了传统招聘手段时间、地点等的限制,在人们的求职中扮演着越来越重要的角色。据调查反映,有23.0%的被调查者获得现有工作信息是通过互联网招聘实现的(徐芳、孙媛媛、沙伟影,2007)[1]。互联网招聘作为一种新型的招聘方式,以其固有的优势给传统的招聘方式带来了很大的冲击。卡佩里(Capelli)指出,互联网在劳动力市场中的角色远远超出了一般工具的价值,它塑造了一种全新的文化[2]。

校园招聘是指直接到高等院校招聘应届毕业生,近年来受到很多企业的追捧。由于学校各类人才聚集较多、素质较高,因此许多有晋升潜力的工作候选人最初都是企业通过校园招聘雇用来的。一般使用该渠道招聘最多的职位是生产操作人员、专业技术人员、营销人员、行政后勤人员(徐芳、孙媛媛、沙伟影,2007)。采用校园招聘途径,首先要根据人力资源规划确定需求,根据岗位说明书确定所需人员的素质及专业技能要求;其次要确定进行校园招聘的学校,并组织进行前期的宣传工作以扩大影响;然后

---

[1] 徐芳、孙媛媛、沙伟影:《中介组织网络招聘能力提升策略——网络招聘与就业促进研究》,《劳动力市场中介与就业促进》,北京:中国人民大学出版社,2007年。

[2] Capelli P. 2001, "Making the Most of Online Recruiting", *Harvard Business Review*, Vol. 79, No. 3, pp. 139–146.

是举办招聘宣讲会,求职者现场或通过网络申请该职位;最后是组织笔试和面试,获得合格的员工。

猎头公司是近年来发展起来的,为企业寻找高层管理人员和高级技术人员的服务机构。目前国内的猎头公司主要集中在人才需求旺盛、人才密集的北京、上海、广州等大城市。据调查发现,有78.9%的经理人愿意使用猎头公司作为其转换职业或单位的渠道(周禹、贾金玉,2008)[1]。猎头公司已成为高端人才实现职业转换和发展的重要中介渠道。猎头发挥着双重推销的中介匹配功能,既要找到合适的人选推荐给用人单位,同时也将用人单位推荐给个人,从而完成将组织和个人进行匹配的过程[2]。一般来说,通过猎头公司招聘人才的费用相对较高,大致为所推荐人才年薪的25%—40%,但是这些人才占据着公司几乎最关键的管理和技术岗位,对组织具有较大的战略意义。这些人才一般来说很难通过公开市场招聘获得,因此从成本收益角度考虑,这种做法还是值得的。

合适的招聘渠道既能最大限度地吸引到符合条件的求职者,又能通过招聘活动宣传、提升企业形象,而且满足经济性原则,即在招聘到合适人员的情况下花费的成本最小。一次大规模的人才招聘会消耗企业很多的时间和财力,适当的招聘渠道能使企业节省各个环节的支出,使人均招聘成本降到最低,提高招聘的效率。

3.1.2 招聘渠道的选择

企业劳动力需求得以满足的一个主要途径就是企业对求职者的招聘行为,在上一小节中我们已经提到企业进行员工招聘的渠道有很多种,除在内部劳动力市场寻找合适的员工之外,还可以通过发布招聘广告、职业介绍所、人才交流会、校园招聘、网络招聘等途径在外部劳动力市场进行员工招聘。事实上,企业的招聘行为也是企业的员工搜寻行为。在劳动力短缺的情况下,在不完全竞争的劳动力市场中的雇主将更为积极地开展员工搜寻活动,这也为求职者提供了大量的关于合适的工作及工资的信息,帮助求职者调整自己的期望;在劳动力供给过剩的情况下,雇主的招聘搜寻活动相对减少,同时提供给求职者的信息流也减少,加剧了求职者的不确定性[3]。

安德鲁斯(Martyn J. Andrews)等人估计了雇主搜寻持续期的决定因素,定义持续期为截止到填补空缺职位或终止搜寻行为的时间。研究得出:失业增多会使持续期延长,因为每一个空缺职位的申请者增多,使得雇主花费更长的筛选时间;工资对雇主

---

[1] 周禹、贾金玉:《中国猎头匹配实践的有效性研究》,曾湘泉:《劳动力市场中介与就业促进》,北京:中国人民大学出版社,2007年。

[2] William Finlay, James E. Coverdill, 2002, *Headhunters: Matchmaking in the Labor Market*, Cornell University Press.

[3] J. Walter Elliott and Keith R. Sherony, 1986, "Employer Search Activities and Short-Run Aggregate Labor Supply", *Southern Economic Journal*, Vol. 52, No. 3, pp. 693–705.

的搜寻持续期没有影响①。另外,还有很多因素影响企业的员工搜寻行为,研究发现,规模大的雇主进行的搜寻活动也多,企业规模每增加10%,员工搜寻方面的支出增加1.7%②。这里,我们简要介绍公共和私人就业机构搜寻、猎头公司和校园招聘三种,互联网搜寻将在下一节详细阐述。

当企业存在现实的职位空缺或预计未来可能产生职位空缺时,会进行员工搜寻活动。公共和私人就业机构作为企业和求职者之间的桥梁,与企业相比,它掌握更多的求职者信息,面对着更为广泛和多样的求职者群体,因此从某种程度上看,中介机构进行搜寻具有某种成本上的优势。目前,企业已经将公共和私人就业机构及猎头公司等劳动力市场中介组织作为员工搜寻的主要渠道之一,劳动力市场中介组织在劳动力流动和就业过程中也发挥着越来越重要的作用。工作搜寻和匹配理论是劳动力市场中介的主流理论,该理论认为劳动力市场中介能够在信息收集和处理上实现规模经济,从而产生较高的匹配效率。

本纳(Benner)认为,劳动力市场中介可以缩短搜寻过程,通过信息规模优势实现交易成本的减小③。施维策(Schweinzer)利用Rothschild-Stiglitz-Spence模型研究了大量异质性的劳动者与未被充分描述的工作之间的匹配问题,认为公司在寻找求职者时,通过中介机构能实现成本的降低④。雅瓦斯(Abdullah Yavas)构建了搜寻外部性和匹配不确定性显著特征下的双向工作搜寻模型,并以此解释了劳动力市场中介存在的原因,认为中介能够通过减少不确定性和将外部性内部化来取得交易剩余。他认为在搜寻市场中存在两种显著特征:一是不确定性,即搜寻方的搜寻不一定带来匹配。二是匹配的外部性,即一方的搜寻努力程度影响另一方的搜寻结果。一方的搜寻努力的增加会提高匹配的效率,而使另一方获益⑤。

马斯登和卡勒伯格(Peter V. Marsden & Arne L. Kalleberg)结合企业经营过程中日益增加的社会化外包行为,对企业使用劳动力市场中介的决定因素进行了研究,发现规模较小的私营企业更偏向于使用劳动力市场中介⑥。在公共就业组织和私人就业

---

① Martyn J. Andrews, Steve Bradley, David N. Stott, Richard Upward, 2008, "Successful Employer Search? An Empirical Analysis of Vacancy Duration Using Micro Data", *Economica*, Vol. 75, Issue 299, pp. 455 - 480.

② John M. Barron, Dan A. Black, Mark A. Loewenstein, 1987, "Employer Size: The Implications for Search, Training, Capital Investment, Starting Wages, and Wage Growth", *Journal of Labor Economics*, Vol. 5, No. 1, pp. 76 - 89.

③ Chris Benner, 2003, "Labour Flexibility and Regional Development: The Role of Labour Market Intermediaries", *Regional Studies*, Vol. 37, No. 6 - 7, pp. 621 - 633.

④ Paul Schweinzer, 2008, "Labour Market Recruiting with Intermediaries", *Review of Economic Design*, Vol. 12, No. 2, pp. 119 - 127.

⑤ Abdullah Yavas, 1994, "Middlemen in Bilateral Search Markets", *Journal of Labor Economics*, Vol. 12, No. 3, pp. 406 - 429.

⑥ Marsden, Peter V. and Kalleberg, Arne L., 2005, "Externalizing Organizational Activities: Where and How US Establishments Use Employment Intermediaries", *Socio-Economic Review*, Vol. 3, Issue 3, pp. 389 - 416.

组织的关系方面,坎彭斯和唐古(Etienne Campens & Solenne Tanguy)指出,企业可以免费在公共就业中介登记职位空缺或者选择在私人就业中介机构登记(如果职位被填充,则需要向私人中介机构支付酬金),两者之间并没有冲突,且两者共存有利于提高再就业率,但是私人就业中介的效率越高,失业率下降越快[①]。

　　猎头公司进行员工搜寻的优点主要体现在专业化服务和第三方优势等方面。首先,猎头公司的人员素质一般较高,能以更专业的眼光寻访并猎取到最适合的中高级精英人才和稀缺、骨干人才。而且猎头公司一般具有广泛的关系网络和丰富的人才库,可以在相对较短的时间为企业解决因长期无法寻觅到适合的精英而蒙受损失的问题。除此之外,独特的背景调查和评估体系使企业更加透明、全面地了解其雇用的精英人才的实力及其工作背景,提高匹配的成功率。其次,从某种程度上说,市场上的企业和人才之间存在着信息不对称,拉凯许·库拉纳(Rakesh Khurana)的研究指出,在经理人市场特征下(买卖双方数量小、参与者高风险、双方存在制度性风险),猎头公司作为第三方实现匹配是有效率的,猎头公司在促成匹配的过程中获得利益也是在交易成本最小化原则下的合理状态[②]。芬利和考瓦第尔(William Finlay & James E. Coverdill)也指出,由于高级人才市场资源的稀缺,真正需要的高端人才一般不会主动寻找工作,而主动来寻找工作的人往往不是对企业最有价值的,而猎头的中介匹配功能能够规避逆向选择风险[③]。而且,通过猎头公司招聘可以帮助用人单位避免直接从外部挖取人才时可能面临的威胁和风险[④]。除此之外,当组织处于变革时期,或者企业内部对晋升人选有较大分歧,极大影响组织凝聚力时,选择从外部"空降"似乎是很好的方法。

　　但是,猎头公司招聘也存在一些缺点。首先是招聘成本比较高,一方面是招聘的费用高,另一方面是由于所招职位本身处于企业内比较核心的位置,一旦招聘过来的人不合适,则会造成企业很大的损失(不合适包括两种情况:一是所猎人才不能很好地融入企业;二是能力不足,不能胜任工作)。除成本高之外,在招聘过程中猎头公司可能仅从自身利益出发,产生道德风险问题。目前猎头公司的操作流程基本上是:与委托公司签合同,了解需求及所需人员特征—寻找候选人—

---

　　① Etienne Campens & Solenne Tanguy, 2005, The Market for Job Placement: A Model of Head-hunters, Cahiers de la Maison des Sciences Economiques v06027, Université Panthéon-Sorbonne (Paris 1).
　　② Rakesh Khurana, 2000, "Three-party Exchanges: The Case of Executive Search Firms and the Search", Harvard University, Harvard Business School Working Paper.
　　③ William Finlay and James E. Coverdill, 2002, *Headhunters: Matchmaking in the Labor Market*, Cornell University Press.
　　④ Pfeffer, Jefferey, 1988, "A Resource Dependence Perspective on Intercorporate Relations", in *Intercorporate Relations: The Structural Analysis of Business*, edited by Mark S Mizruchi and Micheal Schwartz, Cambridge: Cambridge University Press, pp. 25–55.

合格的候选人库—推荐给委托公司—候选人的面试—雇用①。在这一过程中,由于委托人对猎头公司的控制有限,信息不完全,猎头公司有可能为了获得利润,并没有真正地去寻找和选择合格的候选人,仅仅是把候选人"推销"给企业;也就是说,他们更感兴趣的可能是说服企业雇用某一候选人。这就要求企业在选择猎头公司时要十分谨慎。

校园招聘是指直接到高等院校招聘应届毕业生,近年来受到很多企业的追捧,这是由于校园招聘本身有很多优点,可以为企业创造价值。首先,大学生的可塑性较强。由于接触社会和企业较少,没有受过其他文化的熏染,职业化行为、核心职业理念等尚未形成,具有较强的可塑性。其次,应聘者综合素质较高,发展潜力大,接受能力强且善于接受新事物,工作有激情,而且思维活跃、有创造力,能为企业带来新的思想和理念,帮助组织实现创新。除此之外,校园招聘还可以为企业带来宣传形象的机会,从众多竞争者中间脱颖而出。校园招聘的缺点主要是招聘成本高、培训成本高、需要对大学生进行额外的心理期望引导等。应届毕业生由于缺乏实际工作经验,理论和实践存在一定差距,所以在上岗前要进行培训才能适应工作,与通过其他途径招聘的有工作经验的人相比,需要花费更多的培训成本。而且,由于没有进入社会,大学生一般对工作的期望很高,对自身的能力又有过高的估计。工作一段时间以后就会产生心理落差,影响工作效率和工作满意度,所以需要不断地对新入职的大学生进行心理期望上的引导,培养其准确的个人定位能力。

3.1.3 互联网招聘

互联网招聘也称网络招聘或电子招聘(E-Recruiting)。在众多的招聘渠道中,互联网招聘作为一种新型的员工搜寻方式,以其固有的优势给传统的工作搜寻方式带来了很大的冲击。互联网招聘的出现,突破了传统的"一对一"或者"一对多"的工作搜寻模式,使得"一对N"的模式成为新的潮流——企业不再局限于面对市场某个或某一部分求职者,而是几乎在整个市场范围内进行员工搜寻。麦戈文(McGovern)指出,互联网招聘使得招聘活动更快速、更容易、更有效和更经济②。布拉德·卡尔松(Brad Carlson)指出,在美国有75%的求职者会通过网络寻找工作③。

艾瑞咨询(iResearch)的监测数据显示,以运营商营收总和计算,2009年中国网络招聘市场规模将达12.0亿元人民币,相比2008年的11.0亿元人民币年增长9.2%。

---

① Thomas Beam, 2006, "Recruiting with Ease", *Business Leader*, Vol. 17, Iss. 9, p. 12.
② McGovern, R., 1999, The Evolution to E-recruiting, The Guide to Effective E-recruiting, http://www.careerbuilder.com.
③ Brad Carlson, 2007, "Online Job Searches More Popular, But Issues Remain", *The Idaho Business Review*, Oct. 29.

该公司推出的《2009—2010年中国网络招聘行业发展报告》显示，2010年中国网络招聘市场规模将超过15亿元，中国网络招聘市场长期发展趋势乐观。其原因在于：(1) 中国拥有庞大的求职队伍和招聘企业，对求职和招聘服务的市场需求巨大；(2) 网络招聘经过十几年的发展，日益获得求职者和雇主的认可和接受。艾瑞预计2013年网络招聘市场将达到28.5亿元，年度增长率在20%以上[①]。2008年中国网络招聘市场规模占整个招聘市场规模的比重达到11.5%，2009年这一比重达到11.7%，中国网络招聘市场规模增速快于中国招聘市场整体增速（见图3.1）。企业雇主对网络招聘的接受程度提升及网络招聘成本低的特点，促使更多雇主认可网络招聘形式；与此同时，雇主数量的增加，网络招聘信息的增多，使得网络求职者数量也稳步增长。另外，我国劳动力市场供过于求、大学生就业难的问题，使得求职者在求职过程中更为积极，使用网络招聘的热情更高。

Source：综合上市公司财报、企业及专家访谈，根据艾瑞统计模型核算及预估数据。

图3.1　2006—2013年中国网络招聘占整个招聘市场规模比重及变化趋势

资料来源：iResearch-2009年中国互联网市场年度总结报告，http://www.iresearch.com.cn/coredata/2009q4.asp，2010年3月10日下载。

众所周知，信息对劳动力市场非常重要，信息的不完善将导致劳动力市场搜寻摩擦的存在，而互联网改变了传统的信息传播途径。企业通过互联网进行员工

---

① 艾瑞咨询集团网站，http://www.iresearch.com.cn/，2010年3月10日下载。

搜寻,可以降低搜寻过程所需要的时间成本①,布斯勒和戴维斯(Bussler & Davis)研究发现可以使雇用时间降低 2/3②。它能够降低职位空缺被填补之前所产生的损失③,减少人力资源部门的工作量,使得人力资源部门能够有更多的时间来关注一些战略④。相对于传统的招聘渠道,互联网招聘的成本低、周期短、覆盖面广、反馈质量高、时效性好,企业使用网络搜寻的收益很大。另外,互联网招聘还可以突破地域限制,能获得更多的求职候选人,进而有利于企业甄选出更合适的人才。

虽然与传统的招聘渠道相比,互联网招聘具有众多的优势,突破了信息传播和地域范围的限制,但是对于人力资源从业者来说,仅仅依靠互联网招聘的做法是不明智的。首先,互联网求职者的数量多但质量不高,网上必须审查的简历数量很多,但匹配效果不好,影响了组织的效率⑤。其次,缺少适合高级职位的候选人。麦克道加尔(McDougall)指出,招聘网站虽然能够储备初级和中级职位的求职者,但是难以产生适合高级职位的人选,而且信息的保密性不好。克罗夫特和波普(Kory Kroft & Devin G. Pope)利用 Craigslist 网站的数据进行研究,发现该网站降低了刊登工作广告的成本,但是对失业率没有影响⑥。除此之外,由于互联网招聘与网络硬件、信息技术密切相关,在一些欠发达地区,缺乏足够的生存空间。而且很多学者也指出,互联网招聘事实上造成了对不用互联网的人的歧视⑦。

也有学者认为,互联网招聘并不会取代传统的招聘渠道,但是一个好的互联网招聘战略可以使招聘活动更加成功⑧。皮尔斯和图顿(Pearce & Tuten)指出,尽管目前几乎所有的雇主都意识到了互联网招聘的优点,但是他们仍然在使用一些传统的招聘

---

① McDougall, B., 2001, "Cyber-recruitment — The Rise of the E-labour Market and Its Implications for the Federal Public Service", Labor Market Analysis Unit, Public Service Commission, Canada, http: www. hrma-agrh. gc. ca/research/labour-market/e-recruitment_e. pdf.

② Bussler, L. & Davis, E., 2001, "Information Systems: The Quiet Revolution in Human Resource Management", *Journal of Computer Information Systems*, Vol. 42, No. 2, pp. 17 - 20.

③ Williams & Klau B., 1997, "10 Easy Tips for Recruiting Online", *Workforce*, Vol. 76, No. 8, pp. 13 - 17; CIPD, 1999, "Recruitment on the Internet", IPD Information Note, http://www. cipd. co. uk/Infosource/Recruitment And Selection/Recruiment on the Internet. asp.

④ Galanaki E., 2002, "The Decision to Recruit Online: A Descriptive Study", *Career Development International*, Vol. 7, No. 4, pp. 243 - 251.

⑤ Pearce, C. G. & Tuten, T. L., 2001, "Internet Recruiting in the Banking Industry", *Business Communication Quarterly*, Vol. 64, No. 1, pp. 9 - 18.

⑥ Kory Kroft and Devin G. Pope, 2008, "Does Online Search Crowd Out Traditional Search and Improve Matching Efficiency? Evidence from Craigslis", under review.

⑦ Flynn, G. 2000, "Internet Recruitment Limits Demographic Scope", *Workforce*, Vol. 79, No. 4, p. 85; Hogler, R. L., Henle, C. & Bemus, C., 1998, "Internetrecruiting and Employment Discrimination: A Legal Perspective", *Human Resource Management Review*, Vol. 8, No. 2, pp. 149 - 164.

⑧ Borck, J. R., 2000, "Recruiting Systems Control Resume Chaos", *InfoWorld*, Vol. 22, No. 30, pp. 47 - 48.

方式,如报纸、员工推荐、中介机构等,互联网招聘只是一种重要的辅助工具[①]。总的来说,该方法方便、快捷,突破了时间、地点的限制,极大缩短了搜寻过程所需时间,降低了招聘成本,但是由于技术模式不是很成熟,企业筛选简历的工作量较为繁重。因此,互联网招聘一般也只适合于初级或中级人才的招聘。

3.2 任职资格的确定与员工甄选

任职资格是指从事某一种职位功能的任职者所必须具备的知识、技能、受教育情况、经验与素质的总和。知识是指胜任某任职角色所必须掌握的知识结构和知识水平,包括基础知识和专业知识两部分。基础知识包括本岗位类别所在专业的相关法律法规政策、国家规定,本企业所在行业的相关政策、条例,本企业的企业文化、企业结构、业务流程和规章制度,基础的英语和计算机知识;专业知识指本岗位类别所在专业的相关知识。技能指胜任某任职角色所必须掌握的具体的操作活动。对于管理类岗位倾向于强调一些管理技能,而对于技术类岗位或操作类岗位,更多地强调应知应会能力。受教育情况指胜任某任职角色所必须达到的教育水平。经验指胜任某任职角色所必须达到的相关专业工作的时间或参与过的专业项目。素质是人的行为的内在本源,指那些直接影响活动的效率,使人的活动任务得以顺利完成的心理条件和心理特征的总和,如思维能力、成就导向、团队合作等。

3.2.1 任职资格:技能选择

任职资格为企业人力资源工作提供了基本依据。在企业的工作分析过程中,任职资格为工作说明书的编写提供了依据。在企业的招聘工作中,任职资格提供了招聘和甄选员工的标准,有利于企业招聘到合适的员工。任职资格的确定是保证企业招聘到合格候选人的基础条件,所以任职资格的确定非常重要。这里仅就两个问题进行详细的分析。本节讨论在生产率确定的条件下企业雇用的技能标准选择,是选择成本高的高技能员工,还是选择成本相对较低的低技能员工(以大学毕业生和高中毕业生为例)。下一节讨论当生产率未知时,企业在风险工人和非风险工人之间的选择。

企业在雇用过程中到底是应该雇用高学历的员工还是低学历的员工?仅单方面考虑员工的生产率或人工成本是正确的吗?从经济学角度考虑,企业是一个追求利润最大化的经济体,其一切活动应遵循的准则是单位产量的成本最低,雇用过程也不例

---

① Pearce, C. G. & Tuten, T. L., 2001, "Internet Recruiting in the Banking Industry", *Business Communication Quarterly*, Vol. 64, No. 1, pp. 9–18.

外,对劳动力这种投入要素的选择应取决于劳动者的成本和产量的比率,成本效益最好的劳动力是那种工资和产量之间的比率最低的劳动力。

一家企业在特定的工作岗位上是雇用高中毕业生还是雇用大学毕业生,取决于这两类工人的工资和产量之比。在确定企业的雇用标准时不能单纯地考虑绩效或成本,应将两者结合起来考虑,高生产率的劳动力不一定是能使企业利润最大化的劳动力,便宜的劳动力也不一定是使企业成本最小的劳动力。一般性原则是考虑单位产量的成本。假定 Q_C 是大学毕业生的平均产量,Q_H 是高中毕业生在同一时期的平均产量,W_C 是大学毕业生的平均工资,W_H 是高中毕业生在同一时期的平均工资。则雇用标准如图 3.2 所示:

$$\frac{W_H}{Q_H} < \frac{W_C}{Q_C} \Longrightarrow 雇用高中毕业生$$

$$\frac{W_H}{Q_H} > \frac{W_C}{Q_C} \Longrightarrow 雇用大学毕业生$$

$$\frac{W_H}{Q_H} = \frac{W_C}{Q_C} \Longrightarrow 雇用大学毕业生和雇用高中毕业生无差别$$

图 3.2 雇用标准

资料来源:根据〔美〕爱德华·拉齐尔:《人事管理经济学》,北京:生活·读书·新知三联书店、北京大学出版社,2000 年,第 13—15 页整理。

对于这个一般性原则还有另外一种表述,即:如果企业雇用大学毕业生所带来的产量增加不能弥补因雇用他们所带来的成本的上升,那么企业就应当雇用高中毕业生;反之,如果企业雇用大学生所带来的产量增加远远超过雇用大学毕业生带来的成本上升,则企业应当雇用大学毕业生。对上述不等式进行变换可得雇用大学毕业生的条件为 $\frac{Q_C}{Q_H} > \frac{W_C}{W_H}$。不等式左边表示雇用大学毕业生所带来的产量的增加比率,右边则表示雇用大学毕业生所带来的成本增加比率,如果雇用大学毕业生所带来的产量增加比率大于成本上升比率,那么就应当雇用大学毕业生。

确定最优技能水平的一般原则是用比率条件加以描述的,而不是绝对差距,对水平进行考察只能得出雇用大学毕业生是否能够带来较高的产量。问题的关键不在于"大学毕业生是否值得雇用",而是与高中毕业生相比他们是否值得雇用。如果企业能以较低的成本获得较高的收益,那么其经营状况也能因此得到改善。

3.2.2 任职资格:风险选择

在对技能进行考虑时我们假设劳动者的生产率都是已知确定的,但事实上很多时候,企业在雇用过程中对某些求职者的生产率并不十分清楚,需要一个甄别期来判断求职者的生产率高低。那么,到底是应该雇用生产率确定的求职者,还是应该雇用生产率比较难预测的风险工人呢?这一选择取决于雇用风险工人和非风险工人的预期收益,企业的最优雇用决策应该是雇用预期收益最高的一个。

假设有甲、乙两工人,甲的生产率是确定的,其年度产量为 $Q_甲$;乙的生产率不确定,有可能很高,年度产量为 Q_Z,也有可能很低甚至为负,此时年度产量为 Q'_Z,假设乙出现高生产率的概率为 P,则出现低生产率的概率为 $1-P$。二人的年度工资均为 W ($W>Q'_Z$),且都将在劳动力市场上继续工作 N 年,企业经过 T 年后可以判断出乙的生产率状况。此时企业面临着三种雇用可能:一是雇用无风险的甲,获得收益 $(Q_甲-W)\times N$;二是雇用有风险的工人乙,且发现乙是一个高生产率者,获得收益 $(Q_Z-W)\times N$;三是雇用有风险的工人乙,T 年后发现其是一个低生产率的破坏者,企业立即解雇乙或使用其他方法使乙离职,此时企业获得收益 $(Q'_Z-W)\times T$。因此,可以得出企业雇用风险工人乙的预期收益为 $P\times(Q_Z-W)\times N+(1-P)\times(Q'_Z-W)\times T$,则雇用风险工人和非风险工人的收益之差为:

$$R=P\times(Q_Z-W)\times N+(1-P)\times(Q'_Z-W)\times T-(Q_甲-W)\times N \quad (3.1)$$

由式 3.1 可知,如果两个工人具有相同的工资和相同的年度预期价值,即 $PQ_Z+(1-P)Q'_Z=Q_甲$,则与直觉相反的是,企业的最优决策应该是雇用有风险的那位工人[①]。因为员工的不良绩效可以通过解雇该员工的办法来得到消除,而优良的绩效则可以通过在工人的整个职业生涯中对其加以雇用而得到强化,从而使企业获得较高的预期收益。如果企业雇用了低风险的工人,那么企业将得到一个稳定的绩效实现者。如果雇用一个高风险的工人,有可能企业犯了一个错误,该工人给企业造成了损失,这时企业可以通过解雇该工人来挽救这一错误;但是也有可能该工人是一位高绩效者,能为企业带来很高的收益,抓住机会雇用一个潜在的高收益者往往是一个最优的决策。

另外由式 3.1 还可以得出,风险工人在企业工作的时间 N 越长,企业获得可能收益的时间越长,也就是说,风险工人越年轻,企业雇用风险工人的价值越大。了解雇员生产率所用的时间越短,雇用风险员工越有价值。如果员工在企业工作 25 年,而企业需要用 24 年去了解其生产率,则雇用他的价值就会大打折扣,如果他是一位生产率较低、给企业造成损失的员工,那么企业在雇用他期间将承担很大的成本。但是如果高风险工人的预期价值比低风险工人的预期价值要低,那么企业雇用低风险工人就是合理的。

---

① 将 $PQ_Z+(1-P)Q'_Z=Q_甲$ 代入式 9.1 可得 $R=(N+T)(1-P)(W+Q'_Z)>0$,因此企业应该雇用风险工人。

我们上面所有的讨论有一个十分关键的前提，那就是企业一旦发现员工的生产率较低，就可以立即解雇他，但是在大多数情况下，劳动法是不允许随便解雇员工的，法律的限制可能使企业解雇工人的成本很高。但是，即便在这种解雇成本很高的情况下，只有证明高风险工人的年预期产量比低风险工人要低，才能使得雇用低风险工人比雇用高风险工人更为有利。

3.2.3 员工甄选

在采用合适的招聘途径进行员工搜寻，确定了具体岗位的任职资格，即具体的雇用标准之后，一个非常重要的工作就是员工甄选。员工甄选包括两个方面：一是企业主动筛选，了解员工的生产率信息；二是通过一些筛选机制的设计，达到员工的自我选择。

在前面的分析中，我们假设存在信息不对称：要么是工人比招聘者更清楚自己将来能否在一项工作中干得出色；要么是工人虽然清楚自己的一般技能等相关信息，但是他们并不清楚这些潜在能力如何在即将从事的工作中发挥出来，相反招聘者则可以根据过去的经验对求职者作出准确的评估。但是在很多的情况下，双方处于一种对称无知状态，即双方对求职者是否能够准确地完成工作都不是很清楚。因此，了解求职者的生产率情况对企业和求职者都有一定的好处，它使得管理部门能够雇用最好的工人，从而避免雇用那些对企业无用的人带来的损失；而求职者对自己生产率的了解可以增加其在劳动力市场上的议价能力。但是，明确员工的生产率需要付出一定的成本，如果企业能够从获得的信息中得到收益，且该员工的信息能够保密①，企业就有动力去明确员工的生产率。如果员工能够从对其能力的证明中获得收益，那么他们也愿意支付一定的费用来支持企业的这种行为，这种支付常常以在证明期间接受较低工资的形式体现。总而言之，企业和求职者是否愿意去确定生产率取决于在确定生产率前后的净收益之差，如果确定生产率之后的净收益大于确定生产率之前的净收益，那么企业就会去进行筛选，获得员工的生产率信息；反之，企业就没有动力去了解员工的生产率。

首先，确定员工生产率前后的收益之差（即筛选的净价值）是确定生产率之后的净收益、筛选的成本、未确定员工生产率时的净收益的函数，因此，当筛选成本较小时，对求职者进行筛选更有利可图。其他条件相同，筛选成本越低，筛选的净价值越高。其次，在筛选结果导致较大比例的求职者被拒绝的情况时，对求职者进行筛选更有利可图。因为只有当工人的净价值为正的时候，企业才会雇用他们。这就意味着当求职者

---

① 如果员工的生产率信息成为公共信息，那么该企业出于市场压力而支付给该员工的工资就不得不增加，从而使得企业的收益降低，甚至弥补不了确定员工生产率所花费的成本。

中有相当大一部分人可能给企业带来负的净价值的时候，筛选是有利可图的。如果仅从一千名求职者中筛选出几名很差的求职者，那么花费这种筛选成本往往是不值得的。再则，当企业因雇用了需要被筛选出的那些人所导致的成本很高的时候，对求职者进行筛选更有利可图。也就是说，一名工人对企业的破坏性越大，则把他筛选出来的价值越高。只有当有些求职者特别不适应企业的工作，会大幅度拉低平均生产率的时候，进行筛选的价值才是最大的。当工人的产量相对一致的时候，进行筛选的价值很小，筛选获得的收益可能无法弥补筛选的成本。劳动力队伍的质量差异越大，进行筛选所产生的价值就可能越高。如果从筛选出来的某一特定类型的工人身上得到的预期收益还不如因对明确他们的能力所支出的成本，那么进行筛选就是没必要的。最后，如果衡量员工的生产率需要很长时间，则企业不会对员工进行筛选，因为筛选的收益不足以弥补其成本。如果只有到了员工职业生涯的最后阶段才能收集到关于员工生产率的信息，那么企业在衡量工人生产力上花费宝贵的资源就没有任何的意义。

另外，企业可以通过机制的设计，达到员工自我筛选的目的。一个好的筛选机制应该具备的条件是对那些符合条件的申请者具有吸引力，对那些不符合条件的申请者不具有吸引力。最典型的机制包括非固定工资合同和试用期[①]。

所谓非固定工资合同，即工资结构不固定，员工的薪酬与其产出严格挂钩。计件工资是非固定工资合同中的一种基本形式。假设现在劳动力市场上存在两种工人：技术工人和非技术工人，外部看来两类工人之间不存在明显区别，但是工人们对自己的生产率情况较清楚。同时存在两家企业：一家采取计件工资制，以工人的产量为基础支付工资，产量高则工资高；另一家企业支付给每一个工人市场平均工资。两家企业支付给工人的最终平均工资是相同的。虽然市场上有很多的不确定因素可能影响工人的产量，但是能力高的工人知道自己的能力高，产量高出市场平均水平，因此会选择去能使自己收益最大化的、采用计件工资制的企业工作。能力较低的工人，由于清楚知道自己的能力较差，产量低于市场平均水平，如果去采用计件工资制的企业则获得等同于其产量的工资，但是如果去支付固定工资的企业则能获得高出自己产量水平的市场平均工资，因此为实现其收益的最大化，他会选择离开采用计件工资制的企业，而到采用固定工资制的企业工作，从而计件工资起到了筛选工人的作用。总之，要想起到筛选技术工人和非技术工人的作用，非固定工资制中工资标准的设计应使得技术工人在该企业获得的收益大于其在外部企业的收益，非技术工人在该企业的收益小于其在外部企业的收益，则非技术工人自然就不会到该企业来求职。

[①] 〔美〕爱德华·拉齐尔：《人事管理经济学》，北京：生活·读书·新知三联书店、北京大学出版社，2000年，第48—54页。

但是使用计件工资制也存在一些问题：首先，其在节省了筛选成本的同时，付出了更高的工资；其次，计件工资制只适用于产量易于衡量的工种，对管理性质的工作都不太适用，而且在任何既定的时期衡量员工产量的成本通常是很高的，比如公司中的大多数中层管理者所生产的产量本身都是不易衡量的。对这些类型的工作评价最好是偶尔进行一次，也许是定性的而不是定量的，如果他们的产量超过了某一标准，就给他们发放一笔特殊的奖金，如果产量没有达到一定的标准，则得不到这笔奖金，这也是一种更为复杂的非固定工资合同。

事实上，上面所谈到的当产量超过某一标准之后给员工发放一笔特殊的奖金的一个具体应用，就是大多数企业采用的试用期。试用期是雇主和雇员在正式签约之前的相互考察期，试用期的工资可以低于正常工资。试用期结束后，合格的员工将被安排到永久性的工作岗位上，不合格者将会被解雇。这样，合格的工人就会因为完成一项工作得到奖励，不合格者则得不到这种奖励。试用期和设计适当的报酬计划可以为企业带来合格的求职者群体。要想激励求职者进行自我选择，试用期内的工资必须满足以下两个条件：一是要合理拉开试用期前后的工资差距；二是对技术工人而言，试用期后的超额工资要能够补偿其试用期的损失，对非技术工人而言，可能蒙混成功的收益要不足以弥补其在试用期的损失。

假设劳动力市场上存在两种工人：技术工人和非技术工人，这两种工人都将在今后的 N 年内留在劳动力队伍当中，计划每年工作 H 个小时。某企业希望雇用技术工人，假设试用期为一年。试用期结束后，该工人有可能被接受并在企业继续工作 $N-1$ 年，也有可能被解雇，再到其他企业工作。试用期的工资为 W_1，试用期结束后的工资为 W_2，技术工人和非技术工人在其他企业可能得到的工资分别为 W_s 和 W_u。另外，由于对非技术工人的考察监督并不是非常完善，非技术工人有可能被发现，也有可能混过试用期，而技术工人在试用期内总能显示自己的能力，而不至于被不当解雇。因此，假设 P 为非技术工人混过试用期的概率，则 $(1-P)$ 为非技术工人在试用期结束后被解雇的概率，可得：

$$Hw_1 + (N-1) \times Hw_2 \geqslant N \times Hw_s \tag{3.2}$$

$$Hw_1 + p \times (N-1) \times Hw_2 + (1-p) \times (N-1) \times Hw_u < N \times Hw_u \tag{3.3}$$

式 3.2 是说：为了能够吸引技术工人，必须使得技术工人在该企业 N 年所获得的总收入高于或至少等于他在其他企业工作 N 年所可能获得的收入。式 3.3 则保证了非技术工人不会到该企业申请工作，因为其在企业工作 N 年所获得的期望总收入少于在其他企业工作 N 年所可能获得的总收入。将两式进行简单化简之后，在 W_s 和 W_u 固定的情况下，调整 W_1 和 W_2，使其同时满足上述两式，便可以起到通过试用期筛选员工的作用。

另外，随着非技术工人在试用期结束后被雇用可能性的增大，试用期内的工资和试用期结束后的工资之间的差距必须增大。也就是说，在对非技术工人甄别比较困难的情况下，应该扩大试用期前后的工资差别，使得非技术工人更少地被吸引。非技术工人和技术工人的外部工资差距越小，要把非技术工人从技术工人中筛选出来越容易。因为非技术工人的外部收入机会相对更好，假冒技术工人通过试用期的收益就变得更小。由于试用期起到了诱导非技术工人到其他地方去求职的作用，因此不规定试用期的企业可能会吸引更多的非技术工人。由于非技术工人的工资率较低，所以雇用非技术工人的企业仍然可以获利。对于有些企业来说，可能正好适合以较低的工资率雇用非技术工人，而对另外一些企业来说，以较高的工资率雇用技术工人则是最优的决策。

3.3 雇用歧视

除了雇用标准的确定以及筛选机制的设计之外，在雇用和筛选过程中，劳动力市场歧视也是一个非常重要的问题。企业在招聘和雇用过程中，应该依据岗位的工作要求，即任职资格来吸引和筛选出合格的候选人，任何与"成功"地完成工作无关的因素都不应该成为企业进行员工雇用和筛选的标准。例如计算机编程人员的任职资格，要求求职者具备本科学历、熟练掌握编程技术等，那么不同求职者的性别、户口所在地等就不应该成为获得该职位所必须具有的条件，也不应该成为该岗位的雇用标准。一旦与该工作的任职资格无关的因素影响了劳动者的求职过程和职业发展过程，那么歧视问题就产生了。1958年国际劳工组织通过的《就业与职业歧视公约》指出："就业歧视是指根据种族、肤色、性别、宗教、政治观点、民族、血统或社会出身所作出的任何区别、排斥或优惠，其结果是取消或有损于在就业或职业上的机会均等或待遇平等。"[①]在我国劳动力市场上存在着形形色色的雇用歧视问题，如年龄歧视、户籍歧视和性别歧视等。我们关心的是经济学如何解释为什么会有雇用歧视，并重点分析性别歧视中的职业性别隔离问题。

3.3.1 雇用歧视的个人偏见模型

从广义上，歧视可以被定义为具有相同生产率特征的劳动者仅因为他们所属的人口群体不同而受到不同的对待。经济学家们通常假设存在三种可能的劳动力市场歧视来源。第一种来源是个人偏见，这种情况主要是由于雇主、作为同事的雇员以及顾

---

① 《就业和职业歧视公约》(1958)，国际劳工组织第111号公约。

客不喜欢与某些属于特定种族或性别的雇员打交道而造成的。第二种常见的歧视来源是先入为主的统计性偏见，这种情况主要是由于雇主将某种先入为主的群体特征强加给个人身上而引起的。第三种来源是某些非竞争性的劳动力市场力量①。吉尔(Andrew M. Gill)研究了歧视对职业结构中的种族差异影响，发现黑人在管理、销售、文职等职业中的低代表性大部分是由雇用歧视造成的②。

个人偏见模型分为雇主歧视、顾客歧视和雇员歧视三种，假设雇主、顾客或者雇员至少有一方存在偏见，即他们偏向于不与某些特定人口群体中的成员打交道。这一模型假设存在竞争性的劳动力市场，单个厂商被看成是"工资接受者"。由于在招聘和甄选过程中，雇主歧视问题涉及的比较多，所以这里我们仅详细介绍雇主歧视。

雇主歧视是指雇主对某种特征的雇员有偏见，在任何可能的情况下都更愿意雇用一些人，而不愿意雇用另一些人，即便他们都有相同的生产率，而顾客和作为潜在同事的雇员则没有这种偏见。为简化问题，以男性和女性为例，假设男性和女性实际具有相同的生产率，但是雇主偏向于雇用男性。因此，在进行挑选决策时雇主实际上仍然是假定女性的生产率要比男性低。偏见越深，实际生产率被打折扣的幅度越大。

MRP 代表在某一劳动力市场上的所有工人的实际边际收益生产率，d 代表被歧视成员（这里指女性）的生产率被雇主从主观上进行贬值的程度，在这种情况下，只有当男性的工资率(W_M)等于 MRP 的时候，他们的市场均衡才能达到，即 $MRP = W_M$。对于女性而言，只有当她们的工资率(W_F)等于她们对于企业的主观价值的时候，市场均衡才能达到：$MRP - d = W_F$ 或 $MRP = W_F + d$。由于假定男性和女性的实际边际收益生产率是相等的，因此 W_F 必然小于 W_M，即 $W_M = W_F + d$。这也意味着，如果女性的生产率遭到雇主的贬低，那么在同男性竞争工作岗位时，就必须接受比男性低的工资。因

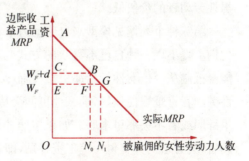

图 3.3 女性雇员在歧视性企业中的均衡就业水平

资料来源：〔美〕罗纳德·G·伊兰伯格、罗伯特·S·史密斯：《现代劳动经济学：理论与公共政策》（第八版），北京：中国人民大学出版社，2007年，第438页。

此，对于歧视性雇主来说会因歧视而损失一部分利润。如图 3.3 所示，歧视性雇主的利润区间为 $AEFB$，非歧视性的雇主则为 AEG。

雇主歧视模型意味着歧视性雇主似乎是追求效用最大化的（即满足他们带有

---

① 〔美〕罗纳德·G·伊兰伯格、罗伯特·S·史密斯：《现代劳动经济学：理论与公共政策》（第八版），北京：中国人民大学出版社，2007年，第436—450页。

② Andrew M. Gill, 1989, "The Role of Discrimination in Determining Occupational Structure", *Industrial and Labor Relations Review*, Vol. 42, No. 4, pp. 610-623.

偏见的偏好），而不是追求利润最大化的。这又会引起另一种思考，即在竞争性市场上歧视性雇主如何生存的问题。由于一家带有歧视性的企业会比那些没有歧视性的企业付出更高的成本，那么歧视性雇主将会逐渐被逐出市场。也就是说，存在歧视行为的企业将会受到惩罚，歧视也将不再继续下去，除非企业的所有者愿意接受低于市场水平的收益率。因此，理论上认为最有可能导致雇主歧视存在的情况是，企业的所有者或者管理者不需要为生存而去追求利润最大化。在面临政府管制的垄断性企业中，歧视现象会更多一些，该类企业有机会又有动力去追求效用最大化。

顾客歧视是由于顾客的偏见而形成的，在某些场合下，顾客们可能偏好于让某类劳动者提供服务，而在某些场合则偏好让另一类劳动者来提供服务。如果顾客对男性的偏好扩大到责任程度要求较高的工作上，如医师或飞机驾驶员，而他们对女性劳动者的偏好则界定在要求承担相对较低责任的工作上，比如说接待员或者空中小姐，那么，就出现了对女性劳动者不利的职业隔离。此外，如果女性要到那些顾客偏好为男性的行业中就业，那么她们要么接受较低的工资，要么必须比一般男性具有更高的素质。这是因为，顾客偏好的存在使得女性劳动者对企业的价值，要比具有相同素质的男性劳动者的价值低。

第三种个人偏见模型来自劳动力市场的供给方，占优势地位的雇员会避开那些使他们不得不以一种自己不喜欢的方式与另一类雇员打交道的工作。如男性劳动者可能会抵制从一位女性领导那里接受命令，拒绝与不喜欢的人分享责任。比如，如果男性劳动者有歧视性偏好，那么他可能会从一位执行非歧视性雇用和晋升标准的雇主哪里辞职或者不去那里求职。如果按照非歧视性标准进行雇用的雇主想要留住男性劳动者，就必须向其支付一笔工资补贴，即补偿性工资。

3.3.2 雇用歧视的统计性歧视模型

顾名思义，统计性歧视是将一个群体的平均特征视为该群体中每一个个体所具有的特征。在劳动力市场中，雇主总是希望雇用最合适的工人，人力资源部门可能会收集各种不同的有关各申请者的信息，包括年龄、教育背景、工作经验等，还有可能会通过一些考试来补充这些信息，但是这两者获得的信息也是有限的，而且任何一种获取信息的方式都需要付出一定成本。为了降低成本，企业往往会利用求职者所属的特定群体所具有的一般性特征帮助自己作出判断。

统计性歧视可以被看成是在员工甄选过程中遇到的问题之一，当求职者的个人特征不能对其实际生产率作出准确的预测时，则企业在作出雇用决策时，将会同时利用求职者个人的信息和其所属群体的群体信息作为决策的依据。然而，在运用群体信息时却有可能会引起市场歧视，因为在这种情况下，具有相同的可衡量性生产率特征的人将会由于本人所属群体的不同而得到不同的对待。把群体信息作为个人信息的一种补充,这种做法会带来一种副作用,尽管就一般情况而言,它有可能会引导雇主作出正确的雇用决策,但是它也有可能把群体特征强加给那些虽然属于某一群体但其自身的群体特征并不十分明显的个人身上。比如有一些高中毕业生是能力很强的,如果不是由于家庭贫困的制约,他们本来也是会去上大学的。如果将群体资料应用于这些非典型的群体成员,那么他们将会遭到不恰当的贬抑。他们与那些被雇用的人有着相同的实际生产率,只是由于与他们相联系的那些群体特征不利而无法得到工作。

统计性歧视模型的一个重要含义是,统一群体中的每一成员之间的相似性越差,则运用群体信息作为甄选工具所带来的成本越高。弗瑞尔(Roland G. Fryer Jr.)也认为群体差异性比较大的群体更容易受到统计性歧视,他建立了一个动态统计性歧视模型,研究克服了歧视之后的人会产生什么行为,发现尽管个人起先受到了歧视,但是这种歧视也可能给其带来好处[1]。

3.3.3 雇用歧视的非竞争歧视模型

我们前面讨论的歧视模型都假定市场是竞争性的,企业是劳动力市场上的工资接受者。但很多时候市场是非竞争性的,单个企业对它们支付给工人的工资是具有某种影响力的,这种影响力可能是来自串谋,也有可能是来自某种买方独家垄断力量。这里详细介绍拥挤效应和双重劳动力市场。

在现实生活中我们能发现,不同职业的工资大相径庭,职业结构是解释工人之间工资差异的重要因素。拥挤效应理论运用简单的供给需求分析解释了这一现象。假设市场上存在男性劳动者和女性劳动者;总的市场上有两种职业 X、Y,每种职业具有相同的劳动需求曲线;男女劳动者在两种职业中都具有相同的生产率;产品市场是完全竞争的,即需求曲线不仅反映边际收益产品,而且反映边际产品价值;由于职业隔离,X 是男性从事的职业,Y 是女性从事的职业,即女性被 X 所排挤,限制在 Y 职业内。如图 3.4 所示。通过排挤女性,使其局限在职业 Y,在 Y 内产生拥挤,从而仅能获得 W_f 的低工资,而男性在 X 职业中获得 W_m 的低工资,如果不存在歧视,工资将在 W_e 处达到均衡。

这种拥挤效应的结果是男性以牺牲女性劳动者的收益为代价而获得较高水平的工资收入。尽管拥挤所带来的影响很容易辨别,但是对拥挤现象本身却很难解释。比如说,如果男性和女性在同一工作中的生产率是相同的,正是由于女性被人为地限制在某些行业之中,导致她们只能获得较低的工资,而这种较低的工资恰恰能使她们更

---

[1] Roland G. Fryer Jr., 2007, "Belief Flipping in a Dynamic Model of Statistical Discrimination", *Journal of Public Economics*, Vol. 91, No. 5-6, pp. 1151-1166.

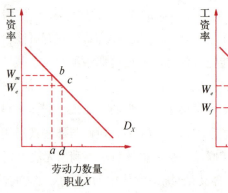
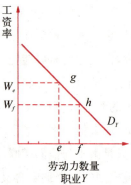

图 3.4 职业隔离：拥挤效应

有吸引力，从而诱使只雇用男性劳动力的企业转过来雇用女性劳动者，这种利润最大化行为最终会逐渐消除任何一种工资差别。事实上，拥挤现象或职业隔离并没有消除，这表明在劳动力市场上仍然存在一些彼此之间不能相互竞争的劳动者群体。堀春彦(Haruhiko Hori)利用邓肯指数(Duncan Index)对日本劳动力市场性别间的职业隔离进行了研究，指出职业隔离现象很严重，职业隔离的范围并没有多少变化，某职业女性劳动者增加会导致该职业工资的下降，但是职业隔离只能解释男女性工资差距的 5%[①]。

双重劳动力市场论者将整体的劳动力市场看成是被分割开的两大非竞争性部门：主要部门和次要部门。主要部门中的工作所提供的是相对较高的工资率、较为稳定的就业、良好的工作环境以及进一步发展的机会。次要部门中的工作则只能提供较低的工资率、不稳定的就业以及较差的工作条件，并且根本没有职业发展的机会；在这一部门中，教育和经验的收益被认为是接近于零。次要部门中的劳动者被认为是不稳定、不理想的劳动者，而且他们到主要部门去工作的机会非常有限。从双重劳动力市场角度考虑歧视问题，并没有很好地解释为什么会出现没有竞争关系的两大部门，以及为什么女性及其他弱势群体会被放到次要劳动力市场中。但是，它对歧视的持续存在给出了一种新的解释，它认为在一开始就存在的这些不能相互竞争的群体将会不断强化这种效应，如果存在这种非市场自身力量所形成的歧视，那么就不能单纯地依靠市场力量来解决。与搜索成本有关的买方独家垄断和串谋行为这里不再详细说明。

总的来说，所有的歧视理论都认为，市场歧视之所以会持续存在，要么是非竞争性的力量造成的，要么是向竞争性力量方向调整的速度过慢。各种理论以及它们要解释的事实表明，政府干预在消除歧视方面可能是有用的，世界很多国家都制定了专门的

---

① Haruhiko Hori, 2009, "Labor Market Segmentation and the Gender Wage Gap", *Japan Labor Review*, Vol. 6, No. 1, pp. 5–20.

法律消除劳动力市场歧视,但是反歧视政策的实施效果如何仍需根据不同的情况具体分析。

3.3.4 职业性别隔离

上几节介绍的理论均从不同的假设条件出发,从不同的角度阐述了歧视产生的原因。除经济学的分析之外,还有很多的学者从社会学、心理学等角度对歧视问题进行了分析。歧视问题影响了劳动力市场资源配置的效率。在社会生活中,我们会发现具有某一特征的人群经常集中在某一行业内工作,其他特征的人群进入这一行业通常比较难,或者是具有这一特征的人群在其他行业找到工作也比较困难,这就是经济学家和社会学家所说的职业隔离问题。

在劳动力市场上,当某一个人口群体内部的职业分布与另外一个人口群体内部的职业分布极为不同时,我们就可以说这两个人口群体之间存在着职业隔离。人口群体的划分主要是依据性别、种族、国籍等作出的,如男性与女性、白人与黑人、本国人与外国人。若职业在这些群体中的分布极为不同,即从事不同职业的男性和女性、白人与黑人、本国人与外国人比例悬殊,我们就认为存在着职业性别隔离、职业民族隔离和职业国籍隔离现象。种族、国籍在某些国家是职业隔离的决定性力量,但性别所导致的职业隔离是迄今为止劳动力市场上最重要的现象之一,也得到了最为广泛的研究。

默顿(Merton)将职业性别隔离定义为大量同性别的人聚集在同一职业内,并且与此相联系,存在人们对该职业性别应该是怎样的规范性预期[1]。格罗斯(Gross)最早将性别隔离(sex segregation)这一概念介绍到学术领域来概括男性和女性集中于不同职业的现象。他指出在劳动力市场中,男性和女性雇员被分配、集中到不同的职业,担任不同性质的工作,即各职业中从业者的性别分布呈现失衡的状态,且进入和升迁通道被大部分某一性别的人所垄断,这就是职业性别隔离[2]。哈基姆(Hakim)认为职业性别隔离指的是女性大多进入职业声望较低或无职业生涯发展的职业,相比而言男性则进入职业声望高或职业生涯发展前景好的职业[3]。

职业性别隔离是一个长期存在于西方工业社会劳动力市场的复杂现象,不同学科的研究者分别从自己学科的视界构建理论来解释职业性别隔离的产生及长期存在的原因,很多研究者们均认为歧视对于职业性别隔离的存续有重要作用,例如上节所提到的个人偏见模型、统计性歧视、拥挤效应等。贝克尔分别从雇主、雇员和顾客歧视女

---

[1] Merton R., 1957, *Social Theory and Social Structure*, New York: Free Press.
[2] Gross, Edward, 1968, "Plus Ca Change...? The Sexual Structure of Occupations over Time", *Social Problems*, Vol. 16, No. 2, pp. 198–208.
[3] Hakim, Catherine, 1979, "Occupational Segregation: A Comparative Study of the Degree and Pattern of the Differentiation between Men and Women's Work in Britain, the United States and Other Countries", Research Paper No. 9, London: Department of Employment.

性的态度对女性劳动力需求造成的影响进行了分析。纽马克和麦克伦南（Neumark & Mclennan）衡量过当前劳动力市场歧视对于后来的人力资本积累所产生的影响，也就是说歧视会通过劳动者预期或当前市场差别导致女性劳动者个人供给特征的改变，而这些特征又倾向于使女性劳动者进入所谓的"女性"职业[1]。统计性歧视模型认为，平均而言男性、女性在生产率、技术、工作经验方面存在差异，而且在招聘和晋升过程中搜寻和信息成本非常高，这样雇主倾向于使用群体的平均表现来确定群体中个体的表现，即使个体与群体的平均水平差异很大。在这些假设前提下，雇主会将替代成本非常高的工作留给预期生产率较高的男性群体。这样，即使许多女性的技术水平高于男性或离职率低于男性，但由于雇主无法获得这样的信息，她们也只能在对技术水平要求低或离职成本低的工作中就业。雇主这种最大化利润的考虑使工人按性别被隔离开来，造成职业内、职业间的隔离。统计性歧视进一步造成了男女在工资和其他职业生涯方面不公平的结果。许多雇主使用性别作为一个廉价的筛选工具，他们持有的信条是某种性别在某些工作中的生产率更高或者更具有给予在职培训的必要性[2]。

职业性别隔离在工作场所中的最突出表现是女性参与较多的职业，往往是那些工资相对较低的职业。特雷曼和哈特曼（Treiman & Hartmann）使用美国1970年人口普查数据证明，如果女性的职业与男性取得一致的话，那么不同性别劳动力之间工资差距的35%将会被消除[3]。考特尔（Cotter et al.）使用1980年和1990年人口统计数据得到的相应数值为14%和15%[4]。女性类型的职业往往不太可能提供福利（Perman & Stevens, 1989）、在职培训（Duncan & Hoffman, 1979）、晋升机会（Glass, 1990）和行使权力的机会（Reskin & Ross, 1992）[5]。但是，也有研究者提出了相反的意见。布莱克本和加曼（Blackburn & Jarman）运用跨国数据经过比较分析表明，隔离程度越高，女性所处的劣势地位就越少。在典型的女性职业（如护士）中，最高等级的职位中由男性来占据的可能性是很小的。但是，越少的男性可能获得提升，则有越多的女性必须来填充更高一级的职位。就总体职业性别隔离而言，女性也许会占据属于

---

[1] Neumark, D. and M. McLennan, 1995, "Sex Discrimination and Women's Labor Market Outcomes", *The Journal of Human Resources*, Vol. 30, No. 4, pp. 713–740.

[2] Phelps, E. S., 1972, "The Statistical Theory of Racism and Sexism", *American Economic Review*, Vol. 62, Iss. 4, pp. 659–661.

[3] Treiman, D. J., Hartmann, H. I., 1981, *Women, Work, and Wages: Equal Pay for Jobs of Equal Value*, Washington, DC: Natl. Acad. Press.

[4] Cotter, D. A., J. M. Defiore, et al., 1995, "Occupational Gender Segregation and the Earnings Gap: Changes in the 1980s", *Social Science Research*, Vol. 24, No. 4, pp. 439–454.

[5] Perman, L., Stevens, B., 1989, "Industrial Segregation and the Gender Distribution of Fringe Benefits", *Gender & Society*, Vol. 3, No. 3, pp. 388–404; Duncan, G. J., Hoffman, S., 1979, "On-the-job Training and Earnings Differences by Race and Sex", *The Review of Economics and Statistics*, Vol. 61, No. 4, pp. 594–603; Glass, J., 1990, "The Impact of Occupational Segregation on Working Conditions", *Social Forces*, Vol. 68, No. 3, pp. 779–796; Reskin, B. F., Roos, 1992, "Jobs, Authority and Earnings among Managers: The Continuing Significance of Sex", *Work & Occupation*, Vol. 19, No. 4, pp. 342–365.

她们职业的所有的高层职位,而且总体隔离的水平越高,女性占据高层的比例就越高。由此说来,高水平的总体职业性别隔离是有利于女性的。但是,这样的成本就是男性和女性在各种职业中的选择受到了限制。

除此之外,职业性别隔离也会降低劳动力市场配置和运行的效率,主要表现在女性能力往往超过了职位的要求,但其并没有改变的可能性;女性的人力资本价值也高于所获得的收入水平,但在劳动力市场上女性的人力资本价值却被低估。同时,职业性别隔离导致的这两种低效率反过来又会影响人们对女性在劳动力市场地位和收入的认知,从而降低预期水平,由此导致了职业性别隔离现象的长期存在。

减少职业性别隔离的发生会为劳动力市场整体带来收益,主要表现在以下三个方面。第一,职业性别隔离的水平下降,会使处于传统的女性主导职业中的女性获益。例如,当以前被男性占据的商业和专业领域对于有较高教育背景的女性开放之后,原先传统的女性主导职业就无法依靠这些女性作为自己的劳动力供给。为了吸引相同数量女性供给者,就必须提高女性劳动者的工资。第二,规范的变化会强化职业性别隔离下降的冲击。当人们注意到不同职业的性别融合时,人们会改变对女性在劳动力市场地位的预期[1]。同时,雇主迫于社会提高女性地位的压力,会给予女性更多的晋升和收入的提高,而这些在职业性别高度隔离之下是不可能实现的。第三,正如雅各布斯(Jacobs)所描述的一样,职业性别隔离的下降会使女性进入承担更多责任与权威的工作中。当更多的处于领导地位的女性作出关于工资、晋升、雇用和解雇的决策时,不同性别之间的收入差距就会减少(尽管没有经验研究证明女性雇主作出了更加平等的决策)[2]。因此,由职业性别隔离的下降带来的市场压力、标准预期和管理权限的改变,将会使女性的收入有更大的提高,也将会使女性获得更高地位的工作和更多的晋升机会。所以从宏观层面看,职业性别隔离确实降低了市场的效率,降低了所有女性的收入水平。而职业性别隔离的下降将会使女性的人力资本价值得到更好的回报。

就我国目前的职业隔离程度来说,有些学者作了相关的研究。易定红和廖少宏(2005)考察了1978—2001年我国城镇从业人员所从事的16种职业的性别隔离水平的变化趋势。他们认为自1978年改革开放以来,虽然中国的男女性别职业比例在各自占优的不同行业中有些变动,但总体变化幅度不大,且相对于其他国家,我国职业的性别隔离水平比较低。同时,在不同行业内,男性与女性在不同职业之间存在较大差异,不同行业内的职业隔离程度相差较大。比较显著的特点是男性与女性在各自占优的行业内职业隔离指数比较大,这反映了职业性别隔离

---

[1] Blau, Francine. D. and Marianne A. Ferber, 1992, *The Economics of Women, Men, and Work*, 2d ed, Englewood Cliffs, NJ: Prentice-Hall.

[2] Jacobs, 1992, "Women's Entry into Management: Trends in Earnings, Authority, and Values among Salaried Managers", *Administrative Science Quarterly*, Vol. 37, No. 2, pp. 282-301.

更容易在性别占优的行业内形成。从地区的角度来看,地区之间的隔离程度有较大差异,一般而言,经济发展水平较高的地区隔离指数也较高,这与各产业在总的地区生产总值中的比重密切相关,但这种相关性还要受地区特定的产业与行业男女比例差距大小的影响①。葛玉好(2007)的研究中指出 D 指数在 1988—1991 年基本保持不变,1992—1996 年该指数有所下降,1997—2001 年该指数急剧上升②。吴愈晓、吴晓刚(2008)发现在 1982—2000 年间,我国非农职业的性别隔离的总体水平有显著的变化。但是这种变化并不是线性的,而是呈倒 U 型:在改革的前十年(1982—1990)非农职业的性别隔离水平呈上升趋势,而在改革的后十年(1991—2000),非农职业的性别隔离水平则呈下降的趋势③。

本 章 小 结

内部招聘的有效手段包括员工数据库、职位公告、推荐法等。外部招聘渠道主要有招聘广告、职业介绍机构、人才交流会、互联网招聘、校园招聘及猎头顾问等,其中互联网招聘因其独特的成本优势而备受青睐。每种招聘渠道都有其适用的对象,合适的招聘渠道既能最大限度地吸引到符合条件的求职者,又能通过招聘活动宣传、提升企业形象,而且满足经济性原则,使人均招聘成本降到最低,提高招聘的效率。

企业对劳动力这种投入要素的选择取决于他们的成本和产量的比率,成本效益最好的劳动力工资和产量之间的比率最低,企业追求的应该是单位产量的成本最低。企业对风险工人和非风险工人的选择取决于雇用两者后产生的预期收益之差,通常情况下雇用风险工人更为合理。企业对员工进行筛选的方法有两种:一种是企业主动确定员工的生产率,另一种是通过机制的设计减少不理想求职者。后者又有两种:第一是是采用非固定工资合同吸引合适的求职者,其中计件工资是非固定工资合同的最直接形式;第二是规定试用期,在试用期内支付较低的工资,以使只有那些相信自己能度过试用期的求职者来求职,降低筛选成本。

---

① 易定红、廖少宏:《中国产业职业性别隔离的检验与分析》,《中国人口科学》,2005 年第 4 期。
② 葛玉好:《部门选择对工资性别差距的影响:1988—2001 年》,《经济学(季刊)》,2007 年 1 月。D 指数即邓肯指数(Ducan index,也称相异指数:index of dissimilarity),用于测量职业性别隔离。D 指数所代表的含义是,假如某一性别的劳动者留在他们现在的工作岗位上,那么为了使得两种性别的劳动者在各种职业中的分布是相同的,另外一种性别的劳动者中有多少比例的人将不得不变换工作。该指数的范围从 0 到 100,如果所有的职业都是完全隔离的,这一指数将会等于 100;而如果女性、男性在各种职业中的分布是相同的,这一指数将会为 0。
③ 吴愈晓、吴晓刚:《我国非农职业的性别隔离研究,1982—2000》,《社会》,第 28 卷第 6 期。

劳动力市场上的歧视,是指那些具有相同能力,并最终表现为相同的劳动生产率的劳动者,由于一些非经济的个人特征引起的在就业、职业选择、晋升、工资水平、接受培训等方面受到的不公正待遇。到目前还没有一种统一的劳动力市场歧视理论,比较有代表性的有个人偏见歧视模型、统计性歧视模型、非竞争性歧视模型等。

复习思考题

1. 简述各种内部招聘渠道和外部招聘的优缺点及适应范围。
2. 企业雇用员工的标准是什么？在学历和能力之间应如何选择？
3. 企业如何通过机制的设计吸引并筛选合适的员工？
4. 简述劳动力市场歧视的含义,分析个人偏见模型中雇主歧视、雇员歧视和顾客歧视的经济学含义。
5. 统计性歧视是什么？它为什么会发生？统计性歧视是怎样加剧职业排挤的？
6. 简述职业性别隔离形成的原因,及其对劳动力市场的影响。

案例分析

女大学生求职遭隐形歧视　缺乏证据起诉很困难

广州某高校大四女生小玲最近到一家IT企业面试后,该企业有关部门负责人明确告诉她:"你的条件完全符合应聘要求,但是单位领导要求只招男生。"而据了解,小玲成绩优秀,还曾经花费近万元参加Java高级软件工程师培训班并获得资格证,她班上不少成绩不如她的男生早已找到满意的工作,她却在就业上不断碰壁。

据悉,随着普通高校的扩招,女大学生在其中所占比例也在逐年上升,至2005年全国女大学生已占毕业生总数的44%。而2006年全国对毕业生需求约为166.5万人,比2005年实际就业减少22%。需求和供给的严重失调,使女大学生就业压力骤增。而在大学生就业竞争激烈的同时,女大学生求职还常常遭遇性别歧视。

西南政法大学最近组织的女大学生就业情况调查显示,女大学生就业面临的最大困难是性别歧视。调查数据显示,目前约70%的女大学生认为在求职过程中存在男女不平等。此外在调查中,四成以上女大学生认为政府机关和事业单位存在性别歧视。其中,在歧视情况排名中,政府机关居于首位,其次是事业单位,第三是国有企业。

东莞一家保健酒公司的招聘栏上赫然写着"业务员,限男性",该公司负责人李先生解释:"这绝对不是歧视女性。我们要求业务员能常年在外地出差,要吃苦耐劳才干得下来。如果招一名女性,我们还得考虑她的安全问题。"对此,不少企业表达了同样的看法:女生毕业走上工作岗位后,将面临怀孕、生育等一系列问题,难免会给单位用工造成不便,而聘用男性员工,不仅少了很多麻烦,还可节约成本,避免"性别亏损"。

据记者调查,女大学生对性别歧视问题的态度基本是愤怒、无奈和沉默。沉默成为她们无奈之下最有效率的"理性选择"。最新的《妇女权益保障法》明确规定,用人单位没有特殊要求不得以性别为由拒绝招聘妇女或提高对妇女的招聘条件。但记者发现,女性求职者遭遇了性别歧视,欲起诉用人单位,维护自己权益,却困难重重。有关法律专家认为,即使女性求职者最终选择了起诉,但最大难题却摆在她们面前:"歧视"证据如何保全;缺乏证据,用人单位往往会找出各种各样的借口,掩盖其歧视本质。

资料来源:根据新华网"大学生求职遭隐形歧视 缺乏证据起诉很困难"整理,http://news.xinhuanet.com/employment/2008-04/24/content_8042251.htm,2009年7月27日。

请根据材料内容对下述观点作出评价:"男性和女性之间的收入差异、职业选择以及就业问题并没有反映歧视,而是工作的持续性及在教育和在职培训上的理性选择所致。"

推荐阅读资料

1. 〔美〕罗纳德·G·伊兰伯格、罗伯特·S·史密斯:《现代劳动经济学:理论与公共政策》(第八版),北京:中国人民大学出版社,2007年。
2. 〔美〕爱德华·拉齐尔:《人事管理经济学》,北京:生活·读书·新知三联书店、北京大学出版社,2000年,第8—65页。
3. 杨伟国:《劳动经济学》,大连:东北财经大学出版社,2010年。
4. 〔美〕坎贝尔·R·麦克南、斯坦利·L·布鲁、大卫·A·麦克菲逊:《当代劳动经济学》(第七版),北京:人民邮电出版社,2006年,第288—317页。
5. Ante Farm, 2003, Defining and Measuring Unmet Labour Demand, Working Paper Series form Swedish Institute for Social Research(SOFI), Stockholm Universityand Statistics Sweden, January 10, JEL-Code:J63.

6. Davis Steven J., Haltiwanger John, 1992, "Gross Job Creation, Gross Job Destruction, and Employment Reallocation", *The Quarterly Journal of Economics*, Vol. 107, No. 3, pp. 819–863.
7. Michael Spence, 1973, "Job Market Signaling", *The Quarterly Journal of Economics*, Vol. 87, No. 3, pp. 355–374.

网 上 资 料

1. 中国人力资源学习网, http://www.hrlearner.com/
2. 美国就业机会平等委员会网站：关于禁止就业歧视的相关法律信息, http://www.eeoc.gov
3. 德国劳工研究所(Institute for the Study of Labor)：http://www.iza.org/

第 4 章

培 训 与 开 发

  学习目标

对于员工各项技能的培训与开发已经成为现代企业人力资源管理不可或缺的必备武器之一,因为只有员工技能的提升以及经验的不断积累才能为企业带来更多的收益,所有企业都深谙此道,从而使企业中的培训与开发工作也变得越来越重要。本章从经济学的角度分析了现代企业中常见的培训方式,重点阐述了一般培训和特殊培训的基本理论,一般培训与特殊培训的博弈关系以及培训投资决策的影响因素。

  引 例

提高竞争力:西门子的五级培训制度

西门子公司特别重视员工的在职培训,在公司每年投入的 8 亿马克培训费中,60%用于员工在职培训。西门子员工的在职培训和进修主要有两种形式:西门子管理教程和在职培训员工再培训计划,其中管理教程培训尤为独特。西门子管理教程分五个级别,各级培训分别以前一级别培训为基础,从第五级别到第一级别所获技能依次提高。第五级别是针对具有管理潜能的员工。通过管理理论教程的培训提高参与者的自我管理能力和团队建设能力。培训内容有西门子企业文化、自我管理能力、个人发展计划、项目管理、了解及满足客户需求的团队协调技能。第四级别的培训对象是具有较高潜力的初级管理人员。培训目的是让参与者准备好进行初级管理工作。培训内容包括综合项目的完成、质量及生产效率管理、财务管理、流程管理、组织建设及团队行为、有效的交流和网络化。最高的第一级别叫西门子执行教程培训。培训对象也成了已经或者有可能担任重要职位的管理人员。培训目的就是提高领导能力。培训内容也是根据参与者的情况特别安排。一般根据管理学知识和西门子公司业务的需要而制定。

通过参加西门子管理教程培训，公司中正在从事管理工作的员工或有管理潜能的员工得到了学习管理知识和参加管理实践的绝好机会。这些教程提高了参与者管理自己和他人的能力，使他们从跨职能部门交流和跨国知识交换中受益，在公司员工间建立了密切的内部网络联系，增强了企业和员工的竞争力，达到了开发员工管理潜能、培训公司管理人才的目的。在某种意义上说，正是这强大的培训体系，造就了西门子公司辉煌的业绩。

资料来源：根据中华管理学习网"西门子的多级培训制度"整理，http://www.zh09.com/mqyj/siemens/200606/58046.html。

从西门子的案例可以看出，现代企业已经充分认识到员工是企业不断发展的重要资源，十分重视对于员工技能的不断培养和提升。当今全球化经济日益激烈的竞争，其实质是人才的竞争，所有目光高远的企业都格外重视对内部人才梯队的建设以及对核心员工的保护，从而开发出不少适合本企业实际情况的培训理论及方法。而作为员工本身，也十分注重企业培训对于自身能力的提高，在不少企业中，培训机会已经被当作一种激励员工的福利政策。

4.1　在职培训

随着市场化和全球化的发展，企业今天面临的挑战是能否在新兴的全球市场上进行有效的竞争。全球技术变革和生产竞争使得许多工作岗位成为动态的，继续教育、培训和再培训是保持劳动力就业和维持企业竞争优势的关键因素。对企业来说，在职培训是一种重要的人力资本投资，它区别于正规学校教育，一方面是由于企业提供培训，另一方面是培训的类型以及时间选择都必须与员工的报酬进行协调。贝克尔（Becker）在其开创性的著作中，首先探讨的就是在职培训的收入效应，并分析了不同性质的培训其成本分担方式的不同[1]。而明塞尔（Mincer）关于在职培训的实证研究，发展了在职培训成本及收益的估测模型，从而为进一步探讨在职培训与收入、就业行

---

[1] Becker, G. S., 1964, *Human Capital*, University of Chicago Press.

为的关系提供实证基础①。

4.1.1 在职培训的成本和收益

在职培训的成本主要包括直接成本和机会成本。直接成本包括雇员在培训期间的工资和举办培训活动所需要的费用,如聘请培训讲师、租赁培训场地的费用以及印发培训资料的费用等。机会成本指培训期间雇员产出的减少,包括受训员工生产力的下降和利用有经验的员工从事培训活动造成的产出下降。在职培训的最终收益是企业员工劳动生产率的提高,并带来企业收入的增加。假设雇员在培训前的边际产品价值是 VMP_1,培训之后的边际产品价值的 VMP_2,那么在职培训的收益就是 $VMP_1 - VMP_2$。另外,培训收益不是一次性回收的,它发生在雇员接受培训后继续在企业工作的每一期,考虑到利率的影响,还应把培训的收益和成本折成现值进行比较,即 $\sum_{i=1}^{n}\left[\frac{VMP_{bi} - VMP_{ai}}{(1+r)^i}\right] > C\ (i=1, 2, \cdots, n)$。同时,雇员的收益表现为工资收入和福利的增加、择业能力的增强等。

一般而言,参加在职培训的人群相对于未参加培训的人群,其"年龄—收入"曲线更为陡峭并呈凹性。也就是说,在职培训对于提高劳动生产率、促进个人收入增长具有较明显的积极作用,而支持了人力资本理论关于在职培训具有较高经济价值的观点,且在提高个人工资收入的同时,在职培训往往降低了员工的工作流动性以及失业率。一般来说,接受在职培训越多的员工在企业中的稳定性也越高。继明塞尔之后,在国外的实证研究中,尤其是美国关于"培训具有正的收入效应"的研究结论充斥着1980年代、1990年代的相关文献(尤其是在劳动经济学领域),培训对收入正向作用的程度随着培训类别和形式的不同而不同,其中正规的由雇主提供的在职培训被认为对收入增长的作用最强。虽然多数研究表明在职培训具有正的收入效应,但不同人群获得的在职培训收益是不同的。一般来说,在解释不同背景员工的在职培训收益差异时,个人特征和劳动力市场结构特征是两个最主要的因素。首先,包括性别、年龄、经验、教育等的个人特征影响到在职培训投资收益的实现;其次,包括企业的行业、职业性质、所有制、规模等劳动力市场的结构特征也影响到在职培训投资收益的实现。有研究表明,相对于个人特征,劳动力市场结构特征对在职培训收益的影响更大②。

4.1.2 在职培训的分类及影响因素

对于在职培训的种类,学界存在很多种划分方式。贝克尔用传统的微观均衡分析

---

① Mincer, 1990, *Job Training: Cost, Returns, and Wage Profiles*, Columbia University.
② Timothy R. Gawley, 2003, *Train in Vein? Estimating the Influence of Training Participation on the Labor Market Outcomes of Canadians During the 1990s*, University of Waterloo.

方法建立了人力资本投资均衡模型并将其应用于企业的在职培训,提出并分析了一般在职培训与特殊在职培训这两种在职培训模式。他认为如果一种培训不是完全特殊的,它同样会提高其他企业的生产率,也同样会增加工资报酬,因此可以把这样的培训看作是两部分之和:一部分是完全普通的,另一部分是完全特殊的。

在职培训也受到很多因素的影响,阿尔梅达和阿特里多(Rita K. Almeida & Reyes Aterido)通过对60个发展中国家的微观企业信息研究发现,即便控制了国家、行业和某些企业特征之外,企业提供的培训还是有很大的异质性[1]。国内外相关研究一般把影响个人参与在职培训的因素主要归为四类变量,即个人特征、人力资本特征、企业特征和工作特征。

个人特征包括个人的年龄、性别等。根据人力资本投资理论可得,年龄与参与在职培训的意愿呈负相关,即相对来说年轻人更愿意参与在职培训,因为其培训的收益期长。但是,员工的年龄显著地影响其离职倾向,随着年龄的不断增加,员工的离职倾向在不断降低[2]。这一研究发现说明我们可能高估了年轻员工接受在职培训,尤其是企业特有培训的兴趣和效果。对企业而言,研究者发现随着员工年龄的增加,企业将减少员工的培训投资。

除了年龄之外,性别也是影响参与在职培训的因素,对于性别的影响,国外的一些研究发现培训实践中存在显著的性别差异,大多数研究发现女性比男性参与的在职培训要少[3][4][5]。但是,对这一现象的解释却并不一致:一种观点认为由于女性的劳动参与率低、退出劳动力市场的可能性更大,因此雇主为女性提供在职培训将存在更大风险;另一种观点认为性别歧视是更主要的原因。我国的劳动力市场不同于西方国家的劳动力市场,作为劳动力市场中稳定成分的女性员工,与企业建立的雇用关系也比较稳定,所以在受到企业的培训投资方面不表现明显的性别差异[6]。

人力资本特征一般包括所接受的正规教育年限、正规教育类型(通用型或专门型)、劳动力市场的经验。正规教育与在职培训的关系没有定论,通常认为既有替代性也有互补性,多数研究认为两者间的互补性更强,因此雇主常选择那些受教育程度更高的员工接受培训,因为他们的学习能力强、效率高,因而能节约培训成本并且获得更

---

[1] Rita K. Almeida and Reyes Aterido, 2008, Labor Market Regulations and the Investment in Job Training in Developing Countries, The World Bank, Washington DC.
[2] 翁杰:《企业的人力资本投资和员工流动》,《中国人口科学》,2005年第6期。
[3] Lillard, L. and H. Tan, 1992, "Private Sector Training: Who Gets It and What Are Its Effects?" Research in Labor Economics, Vol. 13, No. 1, pp. 1-61.
[4] Lynch, L. M., and S. E. Black, 1998, "Beyond the Incidence of Employer-provided Training", Industrial and Labor Relations Review, Vol. 52, No. 1, pp. 64-81.
[5] Royalty, A. B., 1996, "The Effects of Job Turnover on the Training of Men and Women", Industrial and Labor Relations Review, Vol. 49, No. 3 pp. 506-521.
[6] 姚先国、翁杰:《企业对员工的人力资本投资研究》,《中国工业经济》,2005年第2期。

高的劳动生产率。但是，也有研究认为技术进步将使正规教育与在职培训的替代性增强，这样企业内不同受教育程度员工之间所受的在职培训的差异会缩小①。劳动者所受的正规教育类型如果是更为专门的"狭窄型教育"(narrow type of education)，那么接受在职培训的可能性会比接受通用型教育的人更大②。

劳动力市场经验（用工龄代表）与参与在职培训的关系可能是正向也可能是负向的。一方面，雇主可能为刚进入公司的年轻人提供更多的在职培训，因为这种初始的上岗培训是有价值的；另一方面，雇主也可能为在公司工作较长时间的相对稳定的员工提供在职培训机会，因为他们拥有与公司相关的特殊人力资本存量，并且流动性低、更忠于公司。

企业特征包括企业规模、企业所处的行业性质、所有制性质以及企业所在地区。企业的规模越大，越有可能为员工提供在职培训，在具有内部劳动力市场特征和科层制管理特色的大公司内往往有一套完备的员工培训机制，发挥着开发人力资源和选拔晋升的职能。另外，企业所处行业的性质对企业培训的提供也有重要影响，企业处于技术变迁更快的行业更有可能为员工提供在职培训，而企业产品的市场需求具有季节性和周期性，员工流动率较高时，企业提供在职培训的可能性不大。企业所处产业的技术进步和员工的培训之间存在某种程度的正相关关系，同时，越多利用创新性工作实践的企业，将提供越多的培训机会。创新性工作实践是伴随着高绩效工作系统的提出而出现的。

工作特征主要是劳动者所在的工作岗位类型、级别、收入水平及劳动者的所学专业与工作是否匹配等。明塞尔的研究发现，相对于低技能的工作，在更高技能的工作岗位上，员工获得更多的在职培训机会③。翁杰的研究同样证实：职位等级显著地决定了培训投资，随着员工所处职位的不断提升，企业将加大对员工的培训投资，员工的收入水平也将随之增加。员工所学专业与工作越匹配，其所需要的一般性培训越少，深层次培训的需求会相应增加；员工专业与工作不相匹配的，其对"扫盲"性培训的需求更加强烈④。

4.2　一般在职培训

一般在职培训是大多数企业中长期存在的一项培训内容，尤其是对于新入职的员

---

① 黄恒学：《公共经济学》，北京：北京大学出版社，2002年。
② Martin Carnoy 编著，闵维方等译，《H. M. 列文. 成本—收益分析》，《教育经济学国际百科全书（第二版）》，北京：高等教育出版社，2000年。
③ Mincer, 1962, "On the Job Training: Costs, Returns, and Some Implications", *Journal of Political Economy*, Vol. 70, No. 5, pp. 50 - 79.
④ 翁杰：《企业的人力资本投资和员工流动》，《中国人口科学》，2005年第6期。

工来说,一般在职培训是顺利进入工作岗位的必修课。它是指员工通过培训获得的业务技术知识以及技能,对其他企业具有同样的适用性。由于其普适性的特征,使很多企业在为员工提供一般性培训的时候常常处于矛盾之中:一方面希望员工通过培训能快速提升自己的工作能力,为企业作出更多贡献;另一方面又担心自己所投入的培训成本最后为别的企业做了嫁衣。

4.2.1 一般培训的理论解释

目前对一般培训的理论解释主要有五个,包括传统的一般培训理论、不完全竞争性解释下的一般培训理论、企业与市场之间特殊制度安排下的一般培训理论、人力资本异质性解释下的一般培训理论以及信息不对称性假设下的一般培训理论。

传统的一般培训理论认为,接受一般培训的员工可以在企业间自由流动,且价值(主要体现为劳动生产率)变化较小,即劳动力市场是完全竞争性市场,人力资本是同质的,且存在许多可自由出入的买方(企业)和卖方(员工)。在该劳动力市场上,员工的工资率等于其边际产品。若由企业支付一般培训费用,那么培训结束后,员工人力资本价值增加,其劳动生产率和边际产品随之增加。相应地,企业也必须提高员工的报酬,否则员工会离职到其他企业工作,因为在其他企业他会得到与边际产品相等的工资率。这样,培训所带来的收益将全部为员工所获取,企业则不得不承担投资损失。所以,企业不愿支付一般培训的费用,而要求由员工承担。一般培训所进行的人力资本投资能提高员工收益,因而员工也愿意承担。这种承担是内在的而不是外在的:不是通过直接支付,而是通过接受一个比较低的起点薪金。

如图4.1所示,T^*点是员工由未受训状态瞬间转变为训练完成状态,其左边表示培训期间,其右边表示培训之后。W_o表示劳动者不接受培训时的工资水平,W_u和W_s分别表示劳动者在培训期间的工资水平和一般培训后预期的市场工资水平。从图中可知,作为人力资本投资,员工培训的成本是牺牲了的工资收入,即T^*期间的成本为W_o-W_u,收益为此后的W_s-W_o。贝克尔传统的观点是,对员工而言,一般培训对于将来继续就职于原企业或另谋他职都是很有用处的,因此员工有激励自发进行投资;而对企业而言,由于员工受培训后可能离开原

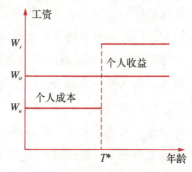

图4.1 一般培训的成本与收益

企业而转向其他待遇更好的企业,因此一般培训具有明显的外部性,导致企业缺乏进行投资的激励。

建立在完全竞争市场假设下的传统理论认为一般培训具有明显的外部性,导致企业缺乏进行投资的激励,而以下四种理论则支持企业进行一般在职培训。

第一，不完全竞争性解释下的一般培训理论。贝克尔的研究表明，提供培训的企业只有在边际产品增量大于工资率增长时，才能获得培训带来的部分收益，企业才可能收回投资成本。但是，阿西莫格鲁和皮施克（Acemoglu & Pischke）对工资结构进行的研究认为，劳动力市场竞争的不完全性是企业参与一般培训的原因[①]。完全竞争要求资源能够充分自由流动，然而劳动力市场通常是不完善的。在劳动力流动需要较高的成本时，企业员工的离职率就会降低。

第二，企业与市场之间特殊制度安排下的一般培训理论。劳动力市场上存在着各种特殊制度因素，会造成工资与市场均衡工资相偏离。阿西莫格鲁和皮施克（Acemoglu & Pischke，1998）分析认为，员工努力程度在雇主和员工之间存在信息不对称，并且员工的价值与其努力程度之间呈正相关关系。效率工资是企业为激励员工努力工作而支付给员工的比市场水平高的工资。效率工资就是起激励、约束作用的制度之一，类似的还有最低工资制度。

除此之外，还有工会的作用。工会代表员工参加工资谈判，产生了企业和工会两个"垄断者"之间的议价行为。当工会了解到工资结构会对企业培训决策产生影响时，就会在谈判中主动降低工资，支持企业投资培训以确保双方的最佳收益。例如，在有着很强工会传统的德国和瑞士，工会对最低工资水平和失业福利措施都作出了硬性规定，企业为非熟练工人支付了高于其生产率的工资作为补偿，经过培训提高了生产率的熟练工人的工资则相应降低。于是，企业就能够获得部分的培训投资收益，也就有了承担培训投资成本的激励。对比发现，在工会力量越强的国家中，企业越倾向于对一般培训进行投资。

第三，信息不对称性假设下的一般培训理论。劳动力市场上的培训信息不可能是完全对称的。员工通过一般培训所增加的知识技能多属于隐性知识，难以度量，更难以向外部劳动力市场发布出有效的信号。因此，即使员工通过一般培训，提高了自己的劳动生产率，也很难向其他企业证实这一点。这样一来，在外部劳动力市场上企业就难以辨认哪些劳动力是经过培训了的，只好提供低于经过培训的劳动力边际生产率的工资。其结果就是，优质劳动力在外部劳动力市场上难以获得与自己劳动能力相应的回报。就优质劳动力而言，即使工资低于其边际生产率，但是只要该工资高于外部劳动力市场上所能获得的工资，也不会选择离职。因而企业能够通过支付较低工资逐步收回投资成本。

第四，人力资本异质性解释下的一般培训理论。人力资本的异质性对企业进行一般培训作出了很好的解释。人力资本的异质性意味着每个员工都有着自己的能力和

---

① Acemoglu, Daron & Jorn-Steffen Pischke, 1998, "The Structure of Wages and Investment in General Training", *Journal of Political Economy*, Vol. 107, No. 3, pp. 538-572.

特长，即使是经过同等教育和培训的人力资本之间也会存在着许多细微的区别。这部分异质性信息并不是公开的。要对这些细微特征加以区分，就必须付出信息搜寻成本，包括签约之前的识别成本、签约之后的匹配成本，以及解约时的违约成本。人力资本配置不恰当时给企业造成的巨大成本也构成匹配成本的一部分。

一般培训能够起到"筛选"机制的作用。在培训中企业能够逐渐获得异质性人力资本的部分信息，从而在培训后能够根据个人特征，将人力资本配置到相应的岗位上，并确定与他们能力一致的工资水平，大大降低了匹配成本和解约成本。就外部劳动力市场而言，由于无法获得异质性人力资本的信息，对员工生产能力的预期值以及工资介于高能力和低能力之间。对于提供培训的企业而言，通过接触和仔细观察，能够获得异质性人力资本的私人信息，并制订相应的工资：低能力的员工工资水平与其能力相一致；高能力的员工工资小于其生产能力，并大于其外部劳动力市场价格。对低能力的员工而言，外部劳动力市场的工资更具有吸引力；对高能力的员工而言，则刚好相反。

4.2.2 影响一般在职培训投资决策的因素

影响一般在职培训投资决策的因素主要有两个：培训费用的支付问题和员工流动率过高的问题。

第一，关于培训费用支付的问题。阿西莫格鲁和皮施克（Acemoglu & Pischke）研究了不完全竞争中的培训理论，他们认为：在存在竞争的劳动力市场中，公司永远不会对一般培训进行投资；当劳动力市场不是那么完美时，就会有公司资助一般培训的情况发生[1]。他们针对贝克尔的标准培训理论提出了大量反面的证据，用来证明公司不仅仅是提供一般培训，同时也会对一般培训进行投资。他们提出这样的疑问：在存在竞争的劳动力市场中公司不会对一般培训进行投资，那么工人会对一般培训进行投资吗？他们认为：首先，工人必须具备投资于一般培训的各种资源。其次，公司所提供的培训必须与工人们在学校里学到的东西有所不同。他们得出与贝克尔一致的结论，当处于完全竞争的劳动力市场中时，公司不会对一般培训进行投资；并且，虽然工人有权利选择投资，但是公司会设置大量的障碍使工人无法选择正确的投资量。他们通过对不完全劳动力市场中的分析则得出：当工资的增长速度低于生产率的增长速度时，公司是愿意对一般培训进行投资的。同时，他们还得出公司愿意资助一般培训的根源是：特殊技能和一般技能之间会发生相互作用。再次，劳动力市场中的制度直接压缩了工资结构，于是就会促使公司投资于一般技能。而且当工资结构被压缩时，公司更

---

[1] Acemoglu, Daron & Jorn-Steffen Pischke, 1999, "Beyond Becker: Training in Imperfect Labor Markets", *The Economic Journal*, Vol. 109, No. 453, pp. 112-142.

愿意雇用拥有较多技能(接受过更多培训)的工人,所以公司可能会愿意对雇员的技能进行投资;同时由于雇员会从培训中获利,因而阿西莫格鲁和皮施克(Acemoglu & Pischke,1999)认为培训费用需要由公司和工人共同承担。同时,他们还提出了以给工人支付低工资的形式让工人承担一般培训费用。

蒙恩(Moen)认为在基于内部效率的模型下,公司用于一般培训的支出,取决于工资契约的安排方式。具体来说,如果雇主与工人之间建立的长期契约关系是受训工人的工资水平依照其培训水平而定时,那么,工人将需要支付全部的培训费用。如果雇主和工人之间建立的长期契约关系不是受训工人的工资水平依照其培训水平而定时,公司将支付部分培训费用[1]。

第二,流动率过高的问题。目前,普遍出现的一个现象是:由于受训工人的工资水平低于其生产率,因而会导致过高的流动率和在一般培训方面投入不足。布兹和切特吉(Alison L. Booth & Monojit Chatterji)研究了当受训工人是易变的、工资契约具有时间一致性、培训同时包括特殊技能和一般技能时,培训投资的最佳水平。由于公司具有依据过去经济发展形势而得的垄断权力,因而迫使受训工人的工资低于社会最佳水平。通过在工资决策方面的平衡公司具有的依据过去经济发展形势而得的垄断权力,工会开始以一种工资水平议价能够增加社会福利。当地的工会议价要确保受训工人的工资水平足够高,至少要阻止一些离职现象的发生,这样公司中受训工人的数量将接近社会最佳水平[2]。最后,两者认为正是由于工会的出现,增加了熟练工人的工资谈判的能力,公司将会增加其工资水平,进而会减少离职现象的发生,并且可以确保公司中的受训人员数量达到社会的最佳水平。

豪西斯(Hosios)分析了在不确定冒险代理商的经济环境下有效资源配置的一般条件,在这种经济条件下交易协调和价格设置都是既定匹配技术和谈判过程的结果[3]。他认为在传统的分析中,当一个人要决定个体代理商的最佳搜寻战略时,往往要参考其他代理商所采取的行动。处于这种情况的公司,他们所采取的行动包括工资水平的设定,而且这些行动必须是可靠的;如果不是这样的话,搜寻战略就是不能确定的。随着原先的工资承诺被取消,只有当公司和工人的目标一致时才能作出工资决策。在普通的比率模型中,无论是引用有关效率的正面例子还是反例,在这里都不能代表普遍的微观结构。满足 Hosios 条件的前提是:无论何时,劳动力市场密度和存在空缺的公司的工人到岗率的绝对值都等于工人的谈判能力。

---

[1] Espen R. Moen, 1999, "Education, Ranking, and Competition for Jobs", *Journal of Labor Economic*, Vol. 17, No. 4, pp. 694-723.
[2] Alison L. Booth, Monojit Chatterji, 1998, "Unions and Efficient Training", *The Economic Journal*, Vol. 108, No. 447, pp. 328-343.
[3] Arthur J. Hosios, 1990, "On the Efficiency of Matching and Related Models of Search and Unemployment", *The Review of Economic Studies*, Vol. 57, No. 2, pp. 279-298.

4.2.3 一般培训与福利的关系

蒙恩和罗森（Moen and Rosén）认为培训津贴会减少福利，但是在附加额外的旨在降低流动的政策措施的情况下，培训津贴会增加福利。他通过研究工人的行为和招聘公司的进入行为发现，从一般培训中获得的个人的和社会的回报是一致的，认为减少培训不会增加福利①。然而，史蒂文斯（Margaret Stevens）认为并不是所有的培训都分为一般培训和特殊培训，特别是劳动力市场中各个公司之间是不完全竞争的背景下更是如此。当公司具有劳动力市场的主动权时，即便某种技能对于其他公司而言是可转移的，该公司依然会从培训投资中获得回报。同样，由于其他公司可能会从一般培训中获利，因而这种外部因素会导致公司对一般培训投入不足。因而，只要工人的工资水平低于工人的劳动生产率，那么其他公司的猎取行为就会在一般培训给社会和个人带来的回报之间制造缝隙，从而使公司减少用于一般培训的投入②。同样的情况，阿西莫格鲁和皮施克（Acemoglu & Pischke）也提到，由于受训工人会跳槽到其他公司继续使用在原先公司中学习的技能，因而很多公司并不愿意对工人技能进行投资③。接着两者列举了其他学者在培训方面的研究，认为这些早期的贡献强调了在市场经济条件下使工作技能投资达到最佳水平所面临的困难。从这些文献中可知，政府有必要对在职培训像是对学校教育那样给予补贴。但是，两者也认为应该缩减一般培训的费用，他们提出了工资压缩一般培训理论④。阿西莫格鲁和皮施克认为产生工资压缩现象的原因有两个：(1) 劳动力市场上存在交易成本。由于劳动力市场上存在搜索成本和匹配成本，因而对于公司和工人来说劳动力的重新匹配都是困难的。特别是对工人来说损失更大。而公司为了避免这种损失，就会与工人进行工资谈判。(2) 培训企业和外部企业之间信息不对称。这其中包括培训信息不对称和工人能力信息不对称。他们

---

① Espen R. Moen, Åsa Rosén, 2004, "Does Poaching Distort Training?", *The Review of Economic Studies*, Vol. 71, No. 4, pp. 1143–1162.
② Margaret Stevens, 1994, "A Theoretical Model of On-the-job Training with Imperfect Competition", *Oxford Economic Papers*, New Series, Vol. 46, No. 4, pp. 537–562.
③ Daron Acemoglu, Jorn-Steffen Pischke, 1999, "Beyond Becker: Training in Imperfect Labor Markets", *The Economic Journal*, Vol. 109, No. 453, pp. 112–142.
④ 在文章中他们对此进行了这样的分析：假设员工一般培训水平为 τ，则所有企业的边际产品均为 $f(\tau)$，且 $f'(\tau)>0$。在不完全劳动力市场上，假设员工转换工作所需成本为 $\Delta \geqslant 0$，则员工选择外部企业的价值为 $V(\tau)=f(\tau)-\Delta$。对于培训企业来讲，只要将工资水平设定为员工选择外部企业的价值水平，即 $W1(\tau)=V(\tau)=f(\tau)-\Delta$，就可以留住员工，同时获取 $f(\tau)-W1(\tau)=\Delta$ 的收益。在这种情况下，Δ 可以被认为是由于市场的不完全因素所造成的企业无偿占有员工的部分生产产品。Acemoglu 和 Pischke 称这种收益为"租金"。从上述分析可知，租金的大小与培训程度 τ 无关，这说明在任何培训水平下，企业都可获得一定的租金量，因此企业不愿对员工技能进行培训。当 $\Delta=0$ 时，劳动力市场完全竞争，这就与贝克尔的培训理论相一致。现实中，员工技能水平越高，转换工作就越困难。这就有必要考虑培训因素。设租金 Δ 是培训水平 τ 的函数，即有 $\Delta(\tau)$，且 $\Delta'(\tau)>0$。按照以上的分析，培训企业将工资设定为 $W2(\tau)=V(\tau)=f(\tau)-\Delta(\tau)$，从而获得的租金 $\Delta(\tau)=f(\tau)-W2(\tau)$。两边求导得到 $\Delta'(\tau)=f'(\tau)-W'2(\tau)>0$，说明培训使生产率的提高快于工资水平的提高，这就相当于压缩了员工的工资水平。如图 1 中，随着技能水平的上升，租金 $\Delta(\tau)$ 也上升，企业将获得更多收益。只要培训成本不是太高，企业就值得投资于培训。

认为通过培训,能力强的员工会产生较大的价值,而能力低的员工就会产生相对较低的价值。能力低的员工很有可能被辞退。能力强的员工就避免了工作调动,工作选择就受到了约束;雇主利用这种约束,通过支付低于生产率水平的工资来实现租金收益,从而愿意提供一般培训。

4.3 特殊在职培训

企业特殊在职培训使得员工在本企业内更富有生产率,但是对于其他企业的生产率却没有影响。如果企业承担全部的培训成本,那么企业应当能够获得员工的生产率与他们在外部企业所可能得到的工资之间的所有收益差别。此时接受培训的员工则处于优势地位,由于他在现在的公司工作和到其他企业工作工资相同,一旦员工辞职,企业就会丧失其培训投资的成本。如果员工承担所有培训成本,则他们会期待得到全部的收益,但这将会使企业雇用高技能、高工资的员工和雇员低技能、低工资的员工之间不存在差别。这样员工就处于不利地位,一旦员工不愿意接受低工资,企业就可能威胁员工要将其解雇,而解雇使员工特殊培训的投资成本无法收回。因此,较为合适的解决办法是企业和员工共同承担培训的成本,共同分享培训的收益。

4.3.1 特殊在职培训的成本与收益

假设员工在接受培训前的边际劳动产品价值为 VMP_1,按照边际劳动产品价值等于工资率的原则,该雇员的工资为 W_1;经过培训后该员工的边际劳动产品价值提高为 VMP_2,同理应支付的工资为 W_2;培训时间 t 内员工的边际劳动产品价值为 VMP^*。员工和企业共担成本、共享收益使得企业在培训期间可以向员工支付 W_4 的工资,尽管按照 $W=VMP$ 的原则,其只能拿到 W^* 的工资。W_4-W^* 的差额部分即为企业承担的培训成本,W_4-W_1 的差额部分即为员工承担的培训成本。在培训完后的服务期内,可以向员工支付 W_3 的工资,W_3-W_1 的差额部分是员工个人预期的培训收益,W_2-W_3 的差额部分为企业预期的培训收益。

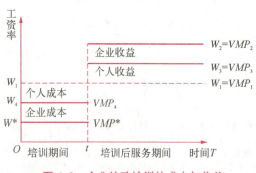

图 4.2 企业特殊培训的成本与收益

资料来源:〔美〕罗纳德·G·伊兰伯格、罗伯特·S·史密斯:《现代劳动经济学:理论与公共政策》(第八版),北京:中国人民大学出版社,2007年,第160页。

派伦特(Daniel Parent)利用全国青年调查的纵向数据(The National

Longitudinal Survey of Youth)研究证明了雇主提供的培训对员工的工资有积极的影响,同时可以降低员工流动率[1]。维姆(Veum)也证明了雇主出资的在职培训与工资增长显著正相关;而起始工资较低的员工会参与到自费培训项目中[2]。在现实中,企业进行特殊培训时一般都会规定员工在完成培训后为企业服务一定的时间,如果员工提前离职需要交纳一笔赔偿金,以此补偿培训成本。

4.3.2 特殊培训与一般培训之间的博弈

作为人力资本投资的主要形式之一,在职培训是企业获取人力资本的重要途径。对在职培训的系统研究最早源于贝克尔,他创造性地将在职培训区分为能够提高大多数企业生产率的普通培训和仅对培训企业有价值的特殊培训。相应地,人力资本则可分为普通人力资本和特殊人力资本。相对于人力资本投资的另一种重要形式——正规教育而言,在职培训涉及的问题往往更加复杂,其主要原因在于在职培训经常涉及企业与员工之间的战略交互作用。探究它们之间的战略交互作用,已经成为企业中的人力资本投资理论拓展的主线。

在典型的完全竞争市场中,企业和员工是同质的,员工是否流动以及企业在不同时期是否拥有相同的员工都是不予体现的,但是当员工获得不同的技能组合时,他们就自然地将自己同其他人区别开来。同样,企业也需要专业技能的不同组合和不同的组织模式,以及技能和工作经验的特殊组合。毕晓普(Bishop)将企业的特殊技能看作是多种普通技能的混合体,企业有动机投资它们需要的特殊混合技能,其投资途径却是通过投资各种普通技能最后加总而来,所以在形式上表现为企业向员工提供普通技能培训[3]。拉齐尔(Lazear)在毕晓普(Bishop, 1997)的基础上,进一步提出了企业特殊人力资本技能权重的观点[4]。特殊技能是由一系列普通技能组合而成,其特殊性体现在特殊的技能权重上。也就是说,各种普通技能的不同权重导致了特殊性,因此当企业激励员工进行特殊技能积累时,它就不得不投资员工的普通技能。

卡斯勒和卢佛斯曼(Kessler & Lulfesmann)则认为,即使普通人力资本和特殊人力资本在技术上不相关,企业也有投资员工普通人力资本的激励。主要原因在于企业投资员工的普通人力资本能降低员工在企业特殊人力资本投资上的"套牢"威胁,促进

---

[1] Daniel Parent, 1999, "Wages and Mobility: The Impact of Employer-Provided Training", *Journal of Labor Economics*, Vol. 17, No. 2, pp. 298–317.
[2] Jonathan R. Veum, 1999, "Training, Wages, and the Human Capital Model", *Southern Economic Journal*, Vol. 65, No. 3, pp. 526–538.
[3] Bishop, J. H., 1997, "What We Know about Employer-provided Training: A Review of the Literature", in: Polachek, S. W. (ed.), *Research in Labor Economics*, 16, pp. 19–87.
[4] Lazear, Edward P., 2003, "Firm-specific Human Capital: A Skill-weights Approach", NBER Working Paper No. 9679.

特殊人力资本的积累。由于特殊人力资本投资的复杂性,以及维度较多而不能证实,所以劳动合同只能是不完全合同。同时,双方有效率的选择必须依据未来发生的事件,而未来发生事件的不确定性使签订状态依赖合同成为不可能,在所难免的重新谈判为具备机会主义的一方剥削另一方的准租创造了条件。如果投资方预期到不能获得投资的完全边际收益,那么就会导致投资的不足,这就是"套牢"威胁。他们认为企业主动投资员工的普通人力资本能降低在员工在特殊人力资本投资上的"套牢"威胁,促进特殊人力资本的积累[1]。

20世纪80年代发展起来的信息经济学为分析企业和员工之间的战略行为提供了强有力的工具。劳动力市场中的信息不对称包括了两个方面:培训企业和员工之间关于员工能力和努力程度的信息不对称;培训企业和外部企业之间关于员工能力和技能水平的信息不对称。

培训企业和员工之间的信息不对称包括两个方面——能力和努力程度的信息不对称。奥特(Autor)对美国临时应急机构向员工提供普通技能培训的研究认为,培训有两个互补的信息功能:其一,培训能引致员工的自我选择;其二,培训能促进员工的甄别。假设员工相对于企业对自己的能力具有不完全信息优势,但是企业可以通过培训获得员工的能力信息[2]。企业向员工提供培训机会,并且在培训结束后支付较低的工资以促进员工的自我选择,因为高能力员工希望与企业保持长久的雇用关系而乐于接受企业的培训,相反,低能力员工却被低工资和有限的预期回报打消了参与企业培训的积极性。因此,如果机构提供培训机会,能力强的员工会自我选择进行培训,并将自己的能力信号展示给机构,机构就可以将员工参与普通培训所展示的能力信息提供给雇用企业。卡普利(Cappelli)对员工和企业之间关于员工能力信息不对称的研究指出,企业承担员工取得大学学历的费用是甄别员工能力的一种有效机制。在提供同样的机会下,高能力和低能力员工利用教育开发技能的能力不同,企业承担员工取得大学学历的费用,将有助于企业甄别员工的质量,并将雇用关系保持较长时间以获得足够的利益[3]。

另外,贝克尔关于普通人力资本投资的论断是建立在劳动力市场对经过培训员工生产率完全信息的前提假设之上,该假设排除了培训企业和劳动力市场中外部企业之间的战略作用。但实际上,劳动力市场中的外部企业是不可能获得员工在培训企业参与培训的完全信息。卡茨等(Katz et al.)最早提出了信息不对称引致企业提供普通培

---

[1] Kessler, A. and C. Lulfesmann, 2002, "The Theory of Human Capital Revisited: On the Interaction of General and Specific Investments", CEPR Discussion Paper No. 2533.

[2] Autor, David H., 2001, "Why Do Temporary Help Firms Provide Free General Skills Training?", *Quarterly Journal of Economics*, Vol. 116, No. 4, pp. 1409-1448.

[3] Cappelli, Peter, 2002, "Why Do Employers Pay For College?", NBER Working Paper, No. 9225.

训的思想①。由于外部企业不能对员工已经获得的培训和技能作出准确的判断,他们不愿意向员工申请的技能水平支付报酬,这就意味着培训企业可以以较低的价格保持雇用关系。因此,生产率上的增量不能完全转化为报酬,工资结构呈现压缩的特征,企业就有投资普通技能的倾向。

蒋等(Chiang et al.)强调了劳动力市场中的逆向选择问题。他们认为,培训企业对员工的真实生产率有信息优势,劳动力市场中的外部企业不能观察到他们的生产率,因此对于那些在劳动力市场进行工作转换的员工而言,外部企业依据他们的平均生产率对他们支付工资报酬,此举造成了员工实际生产率和工资报酬之间的缺口。当员工预期到这种结果后,他们将选择留在原来的企业,生产率和工资之间的缺口构成了员工和企业共同分享的准租。劳动力市场信息不对称导致的逆向选择严重地削弱了员工的合理流动,并影响了企业的雇用政策。基于此解释,普通人力资本和特殊人力资本一样,也能进行共同投资、共同分享收益②。

莫肯森等(Malcomson et al.)认为,员工早年的职业生涯揭示了他是否适合职业的有价值信息,这些信息被培训企业所掌握,不为市场中的外部企业所了解。当员工能力和企业培训互补时,能力高的员工能从培训中获得更多收益,这种形式的信息不对称能造成压缩的工资结构,并促进企业提供更多的普通培训③。列文斯坦和斯皮雷泽(Mark A. Loewenstein & James R. Spletzer)利用的雇主机会试点项目(Employer Opportunity Pilot Project,EOPP)和全国青年纵向调查(The National Longitudinal Survey of Youth,NLSY)的数据研究发现,大部分企业所提供的在职培训都是一般在职培训,员工所学到的技能也都是通用的④。

本 章 小 结

现代企业的竞争已经演变成一场人才的竞争,全球化的日益加剧,也让人才在世界范围内流动成为可能。而与企业需求相符合的人才所具备的技能,绝大多数是由企业本身完成培养发掘的,这就注定了在职培训对于企业人才梯队建设的重

---

① Katz, E., Ziderman A., 1990, "Investment in General Training: The Role of Information and Labor Mobility", *Economic Journal*, Vol. 100, No. 403, pp. 1147 – 1158.
② Chiang, S. H. and S. C. Chiang, 1990, "General Human Capital as a Shared Investment under Asymmetric Information", *Canadian Journal of Economics*, Vol. 23, No. 1, pp. 175 – 188.
③ Malcomson, J., J. Maw and B. McCormik, 2003, "General Training by Firms, Apprentice Contracts and Public Policy", *European Economic Review*, Vol. 47, No. 2, pp. 197 – 227.
④ Mark A. Loewenstein and James R. Spletzer, 1999, "General and Specific Training: Evidence and Implications", *The Journal of Human Resources*, Vol. 34, No. 4, pp. 710 – 733.

要性。一般来说,企业所进行的在职培训与当地的劳动力市场存在密不可分的依存关系。影响个人参与在职培训的因素主要归为四类变量:个人特征、人力资本特征、企业特征和工作特征。

企业的在职培训又分为一般在职培训和特殊在职培训两类。其中,一般在职培训较为普遍,具有不同企业或行业之间的普适性特征。从经济学的观点出发,对一般培训的理论解释包括传统一般培训理论、不完全竞争性解释下的一般培训理论、企业与市场之间特殊制度安排下的一般培训理论以及人力资本异质性解释下的一般培训理论。然而,企业对于一般在职培训的投资也存在诸多顾虑,它涉及谁为培训买单的问题、培训之后人才流失的问题以及培训与福利的替代问题。

与一般在职培训相比较,特殊在职培训具有一定的局限性,这种培训的受益者仅限提供培训的企业本身,而接受培训的员工则会考虑机会成本的损失问题。而由于培训企业和员工之间的信息不对称以及培训企业和外部企业的信息不对称的存在,企业中的一般在职培训和特殊在职培训存在着相互博弈。

复习思考题

1. 简述在职培训与劳动力市场的关系。
2. 试从经济学角度分析在职培训与福利的关系。
3. 简述几种一般在职培训理论之间的异同点。
4. 与一般在职培训相比,特殊在职培训有哪些特点?
5. 分析企业对在职培训的投资有所顾虑的原因。

 案例分析

迪斯尼乐园员工培训案例:员工比经理重要

世界上有6个很大的迪斯尼乐园,在美国佛罗里达州和加利福尼亚州的两个迪斯尼营业都有一段历史了,并创造了很好的业绩。不过全世界开得最成功的、生意最好的,却是日本东京迪斯尼。美国加州迪斯尼营业了25年,有2亿人参观;东京迪斯尼,最高纪录一年可以达到1 700万人参观。研究这个案例,看看东京迪斯尼是如何吸引回头客的。到东京迪斯尼去游玩,人们不大可能碰到迪斯尼的经理,门口卖票和剪票的也许只会碰到一次,碰到最多的还是扫地的清洁工。所以,东京迪斯尼对清洁员工非常重视,将更多的训练和教育集中在他们的身上。

1. 从扫地的员工培训起

东京迪斯尼扫地的有些员工,他们是暑假工作的学生,虽然他们扫地只两个月时间,但是培训他们扫地要花3天时间。第一天上午要培训如何扫地。扫地有3种形状不一样的扫把:一种是用来扒树叶的;一种是用来刮纸屑的;一种是用来掸灰尘的。怎样扫树叶,才不会让树叶飞起来?怎样刮纸屑,才能把纸屑刮得很好?怎样掸灰,才不会让灰尘飘起来?这些看似简单的动作却都应严格培训。而且,扫地时还另有规定:开门时、关门时、中午吃饭时、距离客人15米以内等情况下都不能扫。这些规范都要认真培训,严格遵守。

2. 会计人员也要直接面对顾客

有一种员工是不太接触客户的,就是会计人员。迪斯尼规定:会计人员在前两三个月中,每天早上上班时,要站在大门口,对所有进来的客人鞠躬、道谢。因为顾客是员工的"衣食父母",员工的薪水是顾客掏出来的。感受到什么是客户后,再回到会计室中去做会计工作。迪斯尼这样做,就是为了让会计人员充分了解客户。

其他重视顾客、重视员工的规定如下。

◆ 怎样与小孩讲话:游迪斯尼的有很多小孩,这些小孩要跟大人讲话。迪斯尼的员工碰到小孩在问话,统统都要蹲下,蹲下后员工的眼睛跟小孩的眼睛要保持一个高度,不要让小孩子抬着头去跟员工讲话。因为那个是未来的顾客,将来都会再回来的,所以要特别重视。

◆ 怎样送货:迪斯尼乐园里面有喝不完的可乐,吃不完的汉堡,享受不完的三明治,买不完的糖果,但从来看不到送货的。因为迪斯尼规定在客人游玩的区域里是不准送货的,送货统统在围墙外面。迪斯尼的地下像一个隧道网一样,一切食物、饮料在围墙的外面下地道,在地道中搬运,然后再从地道里面用电梯送上来,所以客人永远有吃不完的东西。这样可以看出,迪斯尼多么重视客户,所以客人就不断去迪斯尼。去迪斯尼玩10次,大概也看不到一次经理,但是只要去一次就看得到他的员工在做什么。这就是前面讲的,顾客站在最上面,员工去面对客户,经理人站在员工的底下来支持员工,员工比经理重要,客户比员工又更重要,这个观念人们应该建立起来。

资料来源:根据人力资源网"迪斯尼乐园员工培训案例:员工比经理重要"整理,http://bbs.17hr.com/viewthread.php?tid=122364&highlight=%C5%E0%D1%B5%B0%B8%C0%FD,2009年12月25日下载。

结合本案例,你对迪斯尼乐园对于员工的培训做法有什么想法和观点?他们的做法是否能在别的企业或行业中推广?公司继续发展下去,还需要在员工在职培训方面作哪些改进？

推荐阅读资料

1. Timothy R. Gawley, 2003, *Train in Vein? Estimating the Influence of Training Participation on the Labor Market Outcomes of Canadians During the 1990s*, University of Waterloo.
2. Daron Acemoglu, 1997, "Training and Innovation in an Imperfect Labor Market", *The Review of Economic Studies*, Vol. 64, No. 3, pp. 445-464.
3. Acemoglu, Daron & Pischke, Jorn-Steffen, 1998, "The Structure of Wages and Investment in Ceneral Training", *Journal of Political Economy*, Vol. 107, No. 3, pp. 538-572.

网　上　资　料

1. 中国人力资源学习网：http://www.hrlearner.com/
2. 美国劳工部就业和培训委员会 Employment & Training Administration (ETA), U.S. Department of Labor, http://www.doleta.gov/
3. 经济合作发展组织 Organization For Economic Co-operation And Development, http://www.oecd.org/topic/0,3373,en_2649_37457_1_1_1_1_37457,00.html

第 5 章

晋 升 激 励

 学习目标

> 激励机制建设是任何企业经营管理的核心工作之一,而晋升激励(Promotion Incentive)一直是组织普遍采用的长期激励手段。尤其对于很多基层的员工来说,晋升激励可能是最能激励其努力工作的诱因之一。通过本章的学习,我们要了解组织为什么需要晋升激励;什么是锦标赛理论以及它的局限;企业如何在内部晋升和外部空降之间作出合理抉择。

 引 例

丰田章男的总裁之路

当丰田章男在美国国会的听证会上低下高昂的头颅向美国及至世界道歉时,这位丰田家族的第四代掌门人,也许已经意识到有着卓越社会声誉的丰田汽车会在他的任期面对有史以来最大的挑战。这个以"全面质量管理"而广受管理者膜拜的汽车巨头,在其刚刚跃升世界汽车销量第一宝座仅两年后,就面临着严峻的信任危机。

人们自然会关注丰田章男是不是一个合格的 CEO,关注他的家族和他个人的成长史。尽管丰田章男是丰田家族第四代的嫡孙,但显然,他并不是完全依靠祖先来获得总裁职位的。因为整个丰田家族目前持有的丰田股票只占全部股票的2%,从治理结构上看,不一定非要由丰田家族的人出来"掌门"。而且,日本社会对依靠家族力量迅速上升为企业总裁的现象还是有批评,企业内部职员时常会不服气。例如,松下家族曾想让其家族第三代松下正幸接任总裁,但由于公司内反对声一片,松下正幸终未能圆总裁之梦。所以,丰田章男最后能出任丰田总裁,最主要不是依靠其丰厚的家族资源,而是丰田高层对其悉心的培养。丰田章男1984年进入丰田,并没有担任领导职位,而是从零开始。尽管人们也知道他是丰田章一郎总裁的儿子,但在业务方面并没有特殊照顾,和丰田7万多职工一样摸爬滚打,练就生产组织、市场销售的能力。

由于有合理的晋升激励制度,丰田章男工作非常积极认真,也得到了很好的锻炼。他在海外业务拓展和质量管理上作出了令人信服的成绩。而他在职位上的跃进,也令人刮目相看:2000年当上董事,2002年晋升为常务董事,一年后再升为专务董事,2005年未满50岁,已经成为丰田副总裁,离总裁只有半步之遥。终于,在丰田高层的悉心栽培下,2009年1月20日,丰田汽车正式宣布,公司现任社长(相当于总裁)渡边捷昭将改任副会长(相当于副董事长),现任副社长的丰田章男升任社长。这是自1995年丰田达郎卸任社长之后,丰田家族14年来首次重掌丰田汽车的帅印,也完成了被日本媒体誉为丰田家族"大政奉还"的壮举。("大政奉还"意指19世纪日本实际统治权归还明治天皇的事件,这一事件奠定了明治维新的政治基础。)尽管丰田汽车在丰田章男领导下暂时陷入危机,但是不可否认,丰田章男是一位优秀的继任者。丰田公司良好的晋升制度,保证了这位年轻的总裁在危难之际有足够的能力延续家族的荣耀。

资料来源:根据"丰田章男就任丰田总裁 日媒体期待'大政奉还'"整理,凤凰网汽车,2009年6月23日,http://auto.ifeng.com/news/internationalindustry/20090623/54272.shtml。

正如引例中所反映的,晋升机制是培养公司核心人才的重要手段。对于任何组织来说,都需要一个合理的晋升制度安排,来保证其人才队伍的稳定和可持续发展,激励成员去为组织目标奋斗。尤其对于以营利为目的的企业,完全依赖薪酬这种显性激励的手段是远远不够的。一方面,从效用论的角度看,员工的偏好的多样性,决定了薪酬激励不是所有员工且在所有时候最受用的激励方式;另一方面,企业的成本压力促使其努力降低激励员工的成本,这就必然要求企业去设计其他的激励机制去实现激励员工的效果。在实践中,晋升激励往往是政府、企业等组织所采用的主要的激励手段。

5.1 为什么要晋升

晋升可以从两个角度去定义,从发展过程看,它是组织将其成员从低一级的职位提升到新的更高的职务,同时赋予与新职务一致的责、权、利的过程;从发展结果看,它是通过变更成员的职位,和与职位相匹配的责、权、利来实现更优化配置。通常,这个变更方向是从低层次到高层次的。不过,特殊的情况下,例如员工不乐于承担过重的压力或主观有减少工作负荷的动机,晋升还可以是"明升暗降"。例如,接近退休年限而不堪重负的高层领导"晋升"到二线领导职位,让其更好地发挥余热。还有一种观点认为,晋升可以是从高到低的,也就是把不合格的人降级,这其实也就是从发展结果来看晋升。

那么,为什么组织需要晋升呢?解答这个问题的角度很多,我们仅从经济学的角度来分析它。从人事管理经济学的角度来看,晋升是一种激励,也叫晋升激励。晋升激励可以使企业能够以更低的成本去满足组织建设的众多需求,它包括建立一个最合理的工资结构、对员工进行长期激励和保证组织的稳定及可持续发展等。在进一步分析之前,我们先了解晋升的路径和标准。

5.1.1 晋升体系

一般来说,晋升激励的第一步,是规范晋升的途径。也就是说,为每一个员工指明他所在的岗位应该朝哪个方面晋升。这个晋升不是指某个具体员工个人的晋升,而是指员工所在岗位未来的晋升方向。通常我们称这个为晋升阶梯或发展路径,它是组织职业生涯开发的一部分。对于大部分规模较大的企业来说,晋升路径不是唯一的。不过,由于专业的隔阂,对于个体来说,存在一个明显的路径依赖(Path Dependence)现象。

在中国内地,绝大部分的企业组织会规范员工的晋升路径。例如,管理人员走行政类、营销人员走销售类、工程师走技术类、文员走行政事务类等。以人力资源管理部门为例,一个新近加入公司的员工,往往要按照人事助理、人事专员、人事主管或经理、人事总监的路径来发展。一般只有当其担任到本职能部门的主要领导岗位时,他(她)才可能被调配到其他的晋升路径上去,或者达到所有晋升路径的共同顶点,即企业的主要领导岗位上去。企业规范晋升路径通常基于两个原因:一是它可以有效地降低管理成本,使晋升更具操作性;另一方面,它还可以给试图晋升的员工一个明确的努力的方向,使得员工努力的目标和企业所需要的保持一致。

从图5.1中,我们可以看到一个晋升的阶梯结构图。由于领导岗位的数量有限,而且员工并不是都乐于晋升[①],相当数量的企业会采用双晋升阶梯甚至多晋升阶梯的做法。例如,一个业务精干的员工,他如果在业务上不断提高并积累一定的资历,就可以按照技术类的晋升阶梯不断上升,相应地获得更高的报酬。很多时候,他们的职位本身甚至会毫无变化。晋升阶梯的设计明确了晋升的方向,但通常情况下,企业还会

[①] 在本章的大部分阐述中,我们都假设员工是偏好于获得晋升的,即晋升对员工都是存在激励作用的。显然,这并非完全符合事实。在现实中,存在相当数量的员工缺少甚至没有晋升的意愿,因此晋升并不能给他们带来激励。

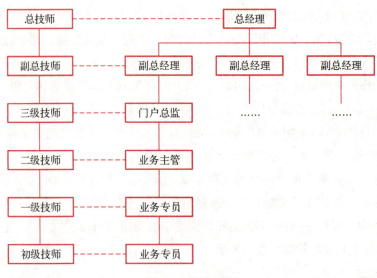

图 5.1 晋升阶梯

设定一系列的晋升标准：首先，确定被晋升岗位的任职资格要求，具体包括学历、专业、专业年限、同行年限、同等职务年限等；其次，岗位的能力要求也是必需的条件，即适应这一岗位所需要具备的能力，这通常通过"考察期"的考察或一些测评手段去了解；再次，绩效要求是晋升的基础，即晋升这一岗位所需达到的绩效标准。通过规范晋升的路径和标准，企业就制定了一套完整的晋升体系。实践中，达到绩效标准往往是晋升与否的关键，各类组织经常会依据业绩比较来决定谁能晋升，这种模式就是晋升锦标赛，我们会在后面的章节详细阐述这种晋升的手段。

5.1.2 晋升过程

如前文所述，企业内部晋升制度可以使组织建立最合理的工资结构、对员工进行长期激励和保证组织的稳定及可持续发展等。晋升激励之所以可以实现以上目的，主要是因为在晋升的过程中，通常会出现以下心理行为现象，也就是经济学家分析晋升激励通常所基于的假设。

首先，获得晋升激励的员工的行为会被模仿，产生明显的示范效应，员工行为中能获得激励的行为会被强化；其次，晋升带来的薪酬、荣誉感、权力、地位的提升程度越大，激励的效果越大；再次，晋升的机制越公平合理、参与面越大，所能激励的员工数越多。台湾学者田芳华(Flora F. Tien)对台湾高校科研人员的研究行为与晋升激励的相关关系进行研究发现，从事自然科学和工程科学研究的人员最符合以上三点假设[1]。

---

[1] Tien, Flora F., 2007, "Faculty Research Behavior and Career Incentives: The Case of Taiwan", *International Journal of Educational Development*, Vol. 27, No. 1, pp. 4–17.

这是因为，合理的工资结构必须明确合理的内部工资差距，尤其是同一职系的工资差距是否可以使得低层级的员工有足够的动力去努力获得晋升。这在后面的章节中会详细阐述。晋升之所以是一种长期激励，这是因为晋升本身需要很长的时间且是一个连续的不间断的过程，员工可以沿着晋升阶梯不断晋升到更高的层级。如果我们把企业看作是内部劳动力市场，晋升就为低层级员工提供了一个通过竞争不断获得职位提升的平台。企业按照法律和内部管理制度与各类员工签订合同，在合同中劳动报偿是明确确定的激励因素包括基本工资、效率工资和各类奖金等；而合同一般不会明确规定的激励因素包括个人会获得的地位和荣誉，个人的经验积累、成就感和归属感等。显然，后者也是极为重要的激励因素，而这必然与晋升相联系。因为较高的职位意味着更大的权力、更丰厚的货币报酬以及更多的机会，所以获得晋升成为在显性的货币收入激励之外的又一重要的隐性激励因素。而且，内部晋升享有相对的信息优势，这对于企业和个人都是有利的。企业可以通过最直接的观察来了解员工的能力，而员工可以通常长期的绩效表现来保证其获得晋升的机会。于是，晋升对员工给予了长期激励，而且也保证了企业人才队伍的稳定性和可持续发展。

我们可以通过一个简化的例子来了解为什么晋升可以对员工进行长期激励并保持员工队伍的稳定。我们假定一个企业只有两个岗位：老板和员工。如果这个企业存在一个员工，初始工资为 W_0，如果员工表现好就会晋升为老板，并获得相应的薪酬 W_1（它还包括荣誉等可以带来正效用的因素）。假如，这个员工努力的程度 E_0 只要满足条件"$E_0 = W_1 - W_0$"，即努力到可以晋升的程度即可。但是，当这个公司存在两个乃至多个员工，而能够晋升为老板的仍然只有一个员工时，一个员工还想要获得晋升，其努力的程度就必须满足"$P_0 E_0 = W_1 - W_0$"的条件。这里会存在一个不确定的概率 P_0（通常大于 0 而小于 1），它由这个员工的相对能力和竞争者的数目等因素决定，当然这其中还包括偶然因素的作用。为了达到晋升的目的，这个员工只有更努力，或者保持努力程度（当竞争的时间越长，偶然因素的影响会降低，优秀者更容易脱颖而出，这在后面的分析中会进一步阐述）。在这一情况下，员工自然会长期努力地工作，在没有排除偶然因素之前，一般不会有人轻易退出。

值得一提的是，晋升还有助于企业积累特殊的人力资本并增进社会福利。由于人才在企业所规范的晋升阶梯上不断成长进步，这种按照企业需求所规范的路径会造就企业所需的特殊人才，尤其是高级管理人才。例如，中国著名的移动网络设备提供商华为公司，在其发展中不断地规范各个岗位的任职资格，明确晋升路径和晋升标准，使不同部门不同职级的员工都有晋升的机会。这使华为逐步发展壮大，并培养了自己独有的人才队伍，为公司迈向"全球领先的电信解决方案提供商"打下了坚实的基础[①]。

---

① 依据华为公司官方网站的公司介绍 http://www.huawei.com/cn/about/AboutIndex.do 及中国经营网，张一君，《打开华为的升职通道》，2007 - 10 - 22，http://info.cb.com.cn/News/ShowNews.aspx? newsId=12884 等文章主要观点整理而成。

基于德国的数据研究表明,能与别人"互惠互利"的员工更有可能获得晋升激励,哪怕他们不会因此更能获得个人的奖励[1]。对日本的研究发现,当老员工和新员工同时竞争一个晋升机会时,往往越乐于给新员工提供指导和帮助的老员工越容易获得晋升。这从一个侧面说明,晋升激励对提高企业效率和增进员工福利的益处[2]。

5.2 晋升方法

企业可以采用的晋升方法很多,一般认为,通过竞争或者竞赛的方法是最有效率的形式。本节将主要探讨晋升锦标赛这种晋升方法,或者说晋升手段。锦标赛模式通常在竞技体育比赛中非常常见,它通常具备以下特征:第一,晋级的位次一般是固定的,比如,八分之一决赛的获胜者一定会进入接下来的四分之一决赛中;第二,晋级一般伴随着较大幅度的奖励增长,与某一晋级相联系的奖励[3]增长幅度越大,对候选人的激励越大,其争取获得晋升的动力越强;第三,晋升不是根据候选人个人的绝对绩效,而是根据竞争者间的相对绩效决定的。而在企业的晋级锦标赛中,也存在以上三个特点,前两个特点即我们上文所阐述的,由晋级阶梯和晋升标准所明确的职位及其薪资水平等。这里,我们要着重讨论第三个特点,即晋升是由竞争者的相对绩效而不是绝对绩效所决定,这是锦标赛模式最为鲜明的特点。

锦标赛一般有两种划分的方式:第一种划分方法是序数锦标赛(rank-order tournament)和基数锦标赛(cardinal tournament)。序数锦标赛,也称排序锦标赛,是由拉齐尔和罗森(Lazear & Rosen)提出的[4]。在序数锦标赛下,选手们的收入唯一地取决于名次或者等级。具体地,锦标赛的胜方获得高工资或奖金 W_2,负方获得低工资 W_1,W_1 和 W_2 的设定不取决于选手之间的绩效差距。在内部劳动力市场上,这表现为员工的收入仅与职位高低挂钩,而不与绩效挂钩。基数锦标赛是由纳尔波夫和斯蒂格利茨(Nalebuff & Stiglitz)提出的[5]。在基数锦标赛下,选手们的收入不仅取决于相对排名,还取决于绩效差距。锦标赛的第二种方法是按照参赛选手能力是否相同划分为

---

[1] Robert Dur, Arjan Non, Hein Roelfsema, 2010, "Reciprocity and Incentive Pay in the Workplace", IZA Discussion Paper No. 4782.

[2] Kyota Eguchi, 2004, "Trainers' Dilemma of Choosing between Training and Promotion", *Labour Economics*, Vol. 11, No. 6, pp. 765–783.

[3] 奖励并不一定是物质的,还可以是精神的,例如代表国家参加比赛的队伍往往能激发很强的比赛斗志,激励他们努力争取比赛胜利的主要因素是国家荣誉感而不是物质奖励。

[4] Lazear, Edward P., Rosen, Sherwin, 1981, "Rank-order Tournaments as Optimum Labor Contract", *Journal of Political Economy*, Vol. 89, No. 5, pp. 841–864.

[5] Nalebuff, B. and J. Stiglitz, 1983, "Prizes and Incentives: Toward a General Theory of Compensation and Competition", *Bell Journal of Economics*, Vol. 14, No. 1, pp. 21–43.

均质竞赛(even contest)和非均质竞赛(uneven contest)。前者中选手们的能力是相同的,后者中选手们的能力存在着差异。本章我们主要介绍排序锦标赛。

5.2.1 排序锦标赛模型

拉齐尔和罗森(Edward P. Lazear & Sherwin Rosen)于 1981 年提出晋升的排序锦标赛模型。该理论认为:与既定晋升相联系的工资增长幅度,会影响到位于该工作等级以下的员工的积极性;某职位上员工的薪酬水平并不是仅仅激励其在当前工作岗位上努力工作,还是为了激励该职位以下的所有员工努力工作争取获得该职位[①]。在此之后,该理论被进一步拓展到多任务模式锦标赛理论[②]和相关理论背景下[③]的研究中。锦标赛的激励效应与各等级、层级之间的奖金差异的规模大小有关;较高级别的工资增长要高于较低级别的工资增长,这是因为随着工作级别的上升,再往上晋升的空间缩小。因此,为将晋升的预期价值保持在一个足够高的水平上,就必须提高工资以抵消晋升可能性的下降;只要晋升的结果尚未明晰,员工就有动力为获得晋升而努力工作。锦标赛理论的提出是基于员工报酬水平随职位晋升而阶梯式跳跃的事实。这个事实是其他理论,譬如人力资本理论无法解释的。因为人力资本理论认为随着人力资本积累的增加,工资应该是平滑的变动增长,除非学习过程是间断的,否则都不意味着离散的薪资变动。

这种用相对绩效决定晋升有很多优点。首先,有时个人的绝对绩效比较难衡量,但是相对绩效很容易比较,衡量成本的节约在某种程度上是使用相对绩效作为激励的一个重要原因。其次,用相对绩效来决定是否晋升可以减少各种不确定性因素对竞争者业绩的干扰。例如,在评估两个经理的业绩时,这两个经理的业绩会受到相同的某些不确定的风险因素的影响,如经济的动荡、市场需求的萎缩等,相对比较则可以剔除这些共同的干扰因素。另外,由于信息不对称,若企业采用绝对绩效评价,则一般情况下应对员工的工作过程或结果进行监督,除却监督成本不说,员工的绩效还会因监督人员的主观评价出现很大的差别。经验研究证明,采用晋升锦标赛模式选拔 CEO 的企业,其社会评价和社会估值都相对较高,当然这种模式对于那些主要需要高层管控的超级企业而言就未必有益[④]。

---

① Edward P. Lazear, Kathryn L. Shaw, 2007, "Personnel Economics: The Economist's View of Human Resources", National Bureau of Economic Research, Cambridge, MA.

② Franckx, L., D. Alessio, B. Isabelle, 2004, "Multitask Rank Order Tournaments", *Economics Bulletin*, Access Econ, Vol. 10, No. 10, pp. 1-10.

③ Holmstrom, B., P. Milgrom, 1991, "Multitask Principal-2-Agent Analysis: Incentive Contracts, Asset Ownership and Job Design", *Journal of Law, Economics, and Organization*, Vol. 7 (special issue), pp. 24-51.

④ Shawn Mobbs, Charu G. Raheja, 2007, "Internal Managerial Promotions: Insider Incentives and Firm Valuation", Presented at the Financial Management Association annual meeting, Issues in Executive Compensation conference at New York University, and the European Finance Association annual meeting (2008).

晋升的激励作用主要与晋升带来的工资增长幅度和影响业绩的不确定性因素有关。晋升带来的收入增加越大，竞争者付出的努力程度越大，激励作用越强；不确定性因素对绩效的影响越大，竞争者的努力程度越低[1]。伊兰伯格和波加诺（Ehrenberg & Boganno）搜集了美国高尔夫锦标赛竞赛者的成绩数据，研究发现同一个运动员在参加奖金高的比赛中的成绩要好[2]。德拉格和加维（Drago & Garvey）采用组织内部的数据研究了晋升中的工资增长和组织内部人员努力程度的关系。他发现在澳大利亚的公司中，公司提高了随着升迁带来的工资增长幅度时，员工的努力程度也提高了[3]。德维罗（Jed DeVaro）通过对美国四个大城市的技能工人进行抽样，发现晋升是由工人的相对绩效决定的，雇主通过工资范围的设计可以激励工人高努力的工作[4]。塞尔泽和弗兰克（Andrew J. Seltzer & Jeff Frank）利用威廉姆斯迪肯银行（Williams Deacon's Bank）关于工资支付的历史数据研究其职业结构，发现其有一个强大的内部劳动力市场，几乎所有的晋升都来自公司内部，有证据表明该公司在晋升时采用了锦标赛理论，且晋升得到的回报与获得晋升的可能性大小呈反比[5]。这些研究都为锦标赛理论提供了证据，即晋升带来的经济奖励越大，其激励作用就越大。我们通过模型推导的方式，从工资和不确定性因素两个方面谈其对激励效果的影响[6]。

现在让我们来考察一个只有两个员工的企业，该企业一共有两种工作：老板和操作工。两位员工相互之间展开竞争，获胜者被安排当老板，而失败者则被分配做操作工。胜者所得到的工资为 W_1，而负者所得到的工资为 W_2。假定在竞赛结束之前企业是不付工资的。在竞赛中获胜的可能性取决于每一位员工所付出的努力程度。让我们用 j 和 k 分别代表这两位员工，并且规定两者的产量由等式 5.1：$q_j = \mu_j + \varepsilon_j$ 和等式 5.2：$q_k = \mu_k + \varepsilon_k$ 给出。其中 μ_j 和 μ_k 分别代表 j 和 k 的努力水平，ε_j 和 ε_k 则是随机的运气成分，q_j 和 q_k 是产量。

我们可以将问题划分为两个部分。首先，我们需要对员工的行为加以模型化。在理解了员工的行为之后，我们再通过建立最优的工资模型来把员工的行为考虑在内，

---

[1] Green, J., and N. Stokey, 1983, "A Comparison of Tournaments and Contracts", *Journal of Political Economy*, Vol. 91, No. 3, pp. 349–364.

[2] Ehrenberg, R.G and M. L. Boganno, 1990, "Do Tournaments Have Incentive Effects?", *Journal of Political Economy*, Vol. 98, No. 6, pp. 1307–1324.

[3] Drago, R. and Garvey, G., 1998, "Incentives for Helping on the Job: Theory and Evidence", *Journal of Labor Economics*, Vol. 16, No. 1, pp. 1–25.

[4] Jed De Varo, 2006, "Internal Promotion Competitions in Firms", *The RAND Journal of Economics*, Vol. 37, No. 3, pp. 521–542.

[5] Andrew J. Seltzer, Jeff Frank, 2006, "Promotion Tournaments and White Collar Careers: Evidence from Williams Deacon's Bank 1890–1941", XIV International Economic History Congress, Helsinki, Session 84.

[6] 〔美〕爱德华·拉齐尔：《人事管理经济学》，北京：生活·读书·新知三联书店、北京大学出版社，2000年。详细的推导过程可参看该书第9章附录。

从而构造出使企业的利润最大化行为模型等式 5.3：$\max W_1 P + W_2(1-P) - C(\mu_j)$。其中，$W_1$ 是老板的工资，而 W_2 是员工的工资，P 是赢得竞赛胜利的概率，它取决于所选择的努力程度。$C(\mu_j)$ 是与既定努力水平 μ_j 相联系的痛苦的货币价值。显然，等式 5.3 的一阶条件应该是等式 5.4 所规定：$(W_1 - W_2)\dfrac{\partial P}{\partial \mu_j} = C'(\mu_j)$。对于这一一阶条件存在一个直截了当的解释。等式左边是工资差距乘以与增加的每一个单位努力程度相联系的获胜概率变化值。这实际上就是努力的边际收益，因为它等于获胜的价值即 $(W_1 - W_2)$，乘以随着努力水平的变化所带来的获胜概率的变化。等式的右边则是努力的边际成本。因此，一阶条件表明，员工将会把自己的努力程度发挥到努力的边际收益恰好等于努力的边际成本那一点上。

5.2.2 工资结构对激励的影响

我们对工资考虑主要包括两个方面：工资水平和工资结构。工资水平是指一个典型的员工预计可以拿到的工资或者平均工资，它会影响个人在企业中的工作意愿，即企业能否吸引合适的员工。如果企业支付的工资水平很低，希望员工付出较高程度的努力水平也是没有道理的。工资结构是指基于不同类型、水平的工作或技能而存在工资差异，如上一层次员工的工资和下一层次员工的工资之间的差距，它会影响个人所付出的努力水平。工资结构与努力水平的一个基本关系是：晋升前后工资差距越大，则竞赛参与者所付出的努力水平就越高。此外，一个人的工资不仅影响他的个人行为，更重要的是还会影响到其下一个工作等级上并希望获得晋升的那些人的行为，能够诱使他们努力的工作。如一家公司中总裁与副总裁的工资差距越大，越能诱使副总裁更努力地工作以获得总裁职位。但另一方面，工资差距也不是越大越好，虽然较大的工资支付诱使较高的努力水平，但是工资差距过大会在企业内部形成不友好的工作环境。企业的目标并不是使员工付出最大的努力，而是达到能够实现利润最大化的最佳努力水平。在达到最佳努力水平后，如果继续扩大努力差距，企业为更大努力所付出的成本高于由此得到的收益，反而会降低利润。如果员工一周工作 60 小时以上，那么企业就需要为其多出的工作时间支付薪酬，但是很有可能企业为其支付的加班薪酬远远大于该员工在多余的工作时间内的产出。亚当斯（Adams）以公平理论和相对剥夺理论为基础，证明了高层管理者和低层员工之间的工资差异越大，相应的产品产量也就越低[1]。因此企业的工资结构必须在激励员工高努力的工作和减少其反面影响之间达到平衡。总而言之，员工对工资结构的选

---

[1] Adams, J. S., 1965, "Inequity in Social Exchange", in: L. Berkowitz (ed.), *Advances in Experiment Social Psychology*, New York: Academic Press.

择,取决于较高的工资是否值得付出更多的努力,即员工对努力的偏好。企业雇主对工资结构的选择,取决于更多的努力是否值得付出更高的工资,即额外的产量收益是否能够弥补它带来的成本增加。

与工资结构相关的另一个问题是陡峭的工资结构是否具有合理性。锦标赛理论认为:在企业中要晋升的职位越高,获得晋升后工资增长幅度越大。比如,竞赛中一等奖和二等奖之间的奖金差距大于二等奖和三等奖之间的奖金差距,随着比赛难度的增强、竞争的激烈,应该用更高的奖金增幅来诱使竞争者付出更多努力。对陡峭的工资结构的经济学解释是,在决赛之前,选手胜出以后获得两部分奖励,一是比赛奖金,一是获得下一轮比赛的"权利",而对于冠军而言,其奖励就只有一份奖金,因此决赛的奖金增加幅度应该大于前几轮比赛的奖金增幅。职位越高,晋升的难度越大,就特别需要用更大的收入涨幅来激励员工努力工作。也就是说,陡峭的工资结构比平稳的工资结构具有更好的激励效果。如图 5.2 所示。

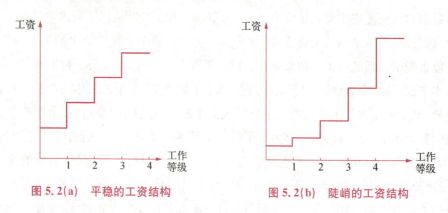

图 5.2(a) 平稳的工资结构   图 5.2(b) 陡峭的工资结构

在这里,我们继续上一节的分析。而 j 打败 k 的概率由等式 5.5 给定: $P = \text{Prob}(\mu_j + \varepsilon_j > \mu_k + \varepsilon_k) = \text{Prob}(\mu_j - \mu_k > \varepsilon_k - \varepsilon_j) = G(\mu_j - \mu_k)$。其中,$G$ 是随机变量 $(\varepsilon_k - \varepsilon_j)$ 的分布函数,而 g 则是其密度函数。这样 $G(\mu_j - \mu_k)$ 就是 $\mu_j - \mu_k$ 大于 $\varepsilon_k - \varepsilon_j$ 的概率。当然,研究这个概率不是分析的目的,我们关注的是 $g(\mu_j - \mu_k)$。由于 j 和 k 是完全相同的,所以我们假定存在对称均衡,即 j 和 k 都选择相同水平的努力程度。这样,在最优点处,$\mu_j = \mu_k$,从而等式 5.4 就变成了 $(W_1 - W_2)g(0) = C'(\mu_j)$。这个等式有两个含义:假如 $W_1 - W_2$ 上升,即胜负的货币价值差别扩大,努力的均衡水平会更高。或者更通俗地说,报酬差距的扩大将会导致员工之间的晋升竞争更加激烈。然后,该等式的第二个含义是如果 $g(0)$ 的位置越低,则均衡的努力水平就越低。这是因为,$g(0)$ 是对当前的生产环境中的运气重要性进行衡量的一种指标。其实,这里还隐含一个含义,就是假如运气成分是必然存在的,企业为减少干扰,要 j 和 k 都忽略"运气不佳"的问题,而乐于参加晋升竞争,就必须为晋升采用相对更高的工资增加幅度策略。例如,如果在多重代理的反复机制下,当员工不具有合作精神时,团队激励往往是无效的,会成为沉没成本。这时候,明确地重视个人激励,启动内部竞争机制是更有效率的[①]。

5.2.3 不确定性因素对激励的影响

在晋升过程中,还会有一些不确定的干扰因素会对工资结构产生一定的影响。最常见的干扰因素是生产的不确定性和衡量误差。生产的不确定性发生在员工付出了较高程度的努力却只能产生较低产量的情况下,比如市场萎缩、需求下降等。衡量误差是指员工付出了较高的努力却被监督者不恰当的认为绩效平平。随着晋升的可能性越来越少的依赖于努力程度而越来越多地依赖于其他不可控因素时,员工实际的努力水平就会下降。因此,为了激发员工增加自我努力程度以克服不确定的竞争环境,以获得最后胜利,必须将奖金(薪酬)的差距设计随着外部环境的不确定程度的增加而递增,以增加员工继续努力的动力。

假定员工获胜后能得到 N 万元的奖金;其获胜的概率为 P,获胜的概率与努力程度正相关,外界的不确定性因素可能会影响该员工获胜的概率,当不确定因素占主导地位时,获胜的概率 P 有可能为零;员工为争取成为赢者,而付出的努力程度的成本为 C,该成本随努力程度的增加呈递增趋势。因此,员工获胜后的最终收益为 $R = P \times N - C$,只要预期最终受益 R 大于零,员工就会选择继续努力;当 $R = 0$,即获胜的预期收益等于努力程度的成本时,员工就会停止努力。而且,获胜的概率 P 越小,员工获胜的预期收益越小,员工的努力程度停止得越早;如果获胜的概率与努力程度完全不相关,即完全由一些不确定的干扰因素决定,那么 $P = 0$,此时员工不会付出任何时间在赢得该工作上,因为员工所付出的任何努力都是没有价值的。因此,当竞赛的结果与努力程度的无关的时候,竞赛的参与者就不会付出任何努力。同样,当干扰项足够大时,员工付出的努力程度也会大打折扣。因为其多增加一个单位的努力对于获胜的可能性只有很小的影响,增加努力的预期收益几乎接近于零。而且,锦外部环境不确定程度愈大,竞赛者所投入的边际成本会随着不确定程度的增加而递增。

如何消除不确定性因素和干扰项对竞赛参与者努力程度的影响呢?最直接的办法就是扩大报酬差距,即扩大员工获胜后所能得到的奖励。由公式 $R = P \times N - C$ 可知,奖励的数额 N 与最终收益 R 成正相关关系, N 的增加能提高最终收益 R。因此,奖金的上升可以抵消部分运气造成的消极影响。在企业中,报酬差距的大小可以通过降低负者相对于胜者的工资水平,即拉大工资差距来实现。这一理论对于解释不通行业、不同企业和不同国家的工资都有帮助。一般来说,新兴行业或企业职工的工资差距会大一些,主要是应为其面临着更大的市场风险;而日本和部分欧洲国家企业里职

[①] Junichiro Ishida, 2009, "Incentives in Academics: Collaboration under Weak Complementarities", *Labour Economics*, Vol. 16, No. 2, pp. 215-223.

工的工资差距要比美国企业职工的工资差距小得多,可能部分是由于日本和欧洲国家企业里员工的流动率较低,职工在参与企业内竞争时面临的不确定性较低。

类似的风险不仅来自企业外部还可能来自企业内部,为保证晋升的公正、公开、公平,几乎所有的组织都会采用一套相对客观的评价体系,通常,组织会采用多维度的量化指标。但是,这些指标还是依赖评价人去制定和操作,而且出于可操作性考虑,选取的指标只会是部分关键指标,并在一定程度上进行指标替代①。这就导致候选者产生指标偏好,即关注的是如何达到最好的指标考核结果而不是取得真实的绩效本身。而且,为获得高绩效,竞争者往往会采用短视的策略。这是因为,任何即便参与竞争的候选人遵守道德,也不能保证竞争者为追求相对绩效而采取不合作的竞争博弈策略。事实上,相当多的经验研究都证明候选者有不合作的倾向,这就可以造成无效竞争和不必要的浪费。

这两点可以在中国政府官员的晋升锦标赛中得到经验研究的支持。周黎安(2007)认为,晋升锦标赛治理最大的问题是缺乏辖区居民的偏好显示,以 GDP 指标代替居民的偏好②。在经济发展和市场转型的早期,这种偏好替代有一定的合理性:当绝大多数人的温饱问题没有解决时,经济发展和收入提高是绝大多数人的最大需求。随着人们收入大幅增加、生活条件不断改善,人们的偏好和需求趋于多样化,此时 GDP 增长,甚至绿色 GDP 增长已不能准确代表辖区内居民高度多样化的偏好结构,这些多样化偏好最后如何传导为政府的公共服务内容就成为中国地方行政治理最大的挑战之一。晋升锦标赛还使得政府官员同时在经济上和政治上竞争,经济竞争由于受到以零和博弈为特征的行政竞争的支配而出现了资源配置扭曲的现象,如中国区域发展中的政府非合作倾向,包括我国长期存在的地方保护主义和重复建设问题③。毫无疑问,这些都会带来巨大的社会成本和经济成本。而在中国的国有企业也存在类似的问题,政府干预行为与共同代理理论的制约导致国有企业的主要领导者面对晋升激励时会不得不采取不同的策略,直到导致激励效果的下降和扭曲④。

5.3 晋升还是空降

锦标赛理论研究的另一个重要问题就是内部晋升(internal promotion)和外部雇

---

① 所谓指标替代,是指用可量化并易于考核的指标来替代真正要考核的指标。例如,销售人员的绩效考核通常考核的是销售量的完成数,而这实际就是替代销售人员为赢得订单的努力水平、努力质量等指标。因为后者显然是无法量化并有效考核的。
② 周黎安:《中国地方官员的晋升锦标赛模式研究》,《经济研究》,2007 年第 7 期。
③ 周黎安:《晋升博弈中政府官员的激励与合作——兼论我国地方保护主义和重复建设长期存在的原因》,《经济研究》,2004 年第 6 期。
④ 周权雄、朱卫平:《国企锦标赛激励效应与制约因素研究》,《经济学》(季刊),2010 年第 2 期。

用(external recruitment)之间的选择,习惯上我们也比喻为"陆军"和"空军"(或空降兵)之间的比较。通常情况下企业更加倾向于通过内部晋升来选拔人才,其原因有很多,其中某些原因与企业的特殊人力资本有关。这一点我们可以在吉姆·柯林斯的畅销书《百年基业》(Built to Last)中得到经验数据的支持,在他挑选出的十几家卓越公司共长达1 700年的岁月中,只有4个CEO是外聘的,而且只有在两家公司出现过。基业长青公司由自行培养的经理经营的比率远远超过那些非基业长青公司的6倍。但是,我们不可以因此武断地认为内部晋升优于外部空降。我们还要进一步深入地去分析企业内部劳动力市场的情况。

5.3.1 为什么需要空降

加拿大著名管理学家劳伦斯·彼得(Laurence K. Peter)根据千百个有关组织中不能胜任的失败实例的分析归纳著名的彼得原理(The Peter Principle)。其具体内容是:在一个等级制度中,每个员工都趋向于上升到他所不能胜任的地位。彼得指出,每一个职工由于在原有职位上工作成绩表现好(胜任),就将被提升到更高一级职位;其后,如果继续胜任则将进一步被提升,直至到达他所不能胜任的职位。由此导出的彼得推论是,"每一个职位最终都将被一个不能胜任其工作的职工所占据"。这一重要的观点实际上引申出内部晋升存在的两个局限:首先,在一个组织的内部,是不是有合适的人才能够被晋升到相应的职位上去? 其次,那些符合特定晋升岗位的晋升标准的人一定会努力争取晋升么?

让我们从经济学的角度去分析这两个问题。第一问题其实质是企业内部劳动力市场的供给不足。由于我们认为工资的均衡价格是由供给和需求共同决定的,当企业内部胜任晋升岗位的人才不足时,企业就必然得付出更大的代价去激励晋升竞争者,从而获得需要的人才。如果当这种供给严重不足时,如短期内没有一个胜任者,这时企业就不得不付出更大的代价去实现晋升激励的目标。第二个问题其实质是当竞争者实力差异较大或者竞争者人数过少时,处于竞争优势地位的员工可能并不积极地努力工作来获得晋升机会。

我们继续前文的竞赛模型来分析这一问题。我们构建出企业的利润最大化行为模型等式5.3:$\max W_1 P + W_2(1-P) - C(\mu_j)$。其中,$W_1$是老板的工资,而$W_2$是员工的工资,$P$是赢得竞赛胜利的概率,它取决于所选择的努力程度。$C(\mu_j)$是与既定努力水平$\mu_j$相联系的痛苦的货币价值。显然,等式5.3的一阶条件应该是等式5.4所规定:$(W_1 - W_2)\frac{\partial P}{\partial \mu_j} = C'(\mu_j)$。当出现所有的竞争者短期内都不具备晋升的资格时,也就意味着还存在C'_0,也就是"进入门槛"的成本。这时,均衡的公式就变成$(W_1 - W_2)\frac{\partial P}{\partial \mu_j} =$

$C'(\mu_j) - C'_0$。竞争者在同等条件下需要付出更大的努力的痛苦成本来获得晋升,当这一代价过高时,竞争者就很可能放弃竞争机会。例如,某科技企业选拔首席科学家,由于企业内部的员工的创新能力还不具备胜任这一职位的条件,要想参与到晋升锦标赛的竞争中,还得花一年的时间去进修。这时,这个一年进修所付出的成本即为进入门槛成本。显然,为了让晋升激励的目标实现,企业就不得不通过提高$(W_1 - W_2)$来实现这一目的,也就是预备支付更多的薪酬。

当竞争者实力差异较大或者竞争者过少时,就会面临新的问题,我们不妨补充假设j是实力明显较强的竞争者。而j打败k的概率还是由等式5.5给定:$P = \text{Prob}(\mu_j + \varepsilon_j > \mu_k + \varepsilon_k) = \text{Prob}(\mu_j - \mu_k > \varepsilon_k - \varepsilon_j) = G(\mu_j - \mu_k)$。其中,$G$是随机变量$(\varepsilon_k - \varepsilon_j)$的分布函数,而$g$则是其密度函数。这样$G(\mu_j - \mu_k)$就是$\mu_j - \mu_k$大于$\varepsilon_k - \varepsilon_j$的概率。我们关注的依然是$g(\mu_j - \mu_k)$。由于j和k是不完全相同的,即j和k打败对方所需要选择的努力程度不同。这样,在最优点处,$\mu_j = \mu_k + \mu_0$,从而等式5.4就变成了$(W_1 - W_2)g(0) = C'_1(\mu_j)$。这个等式还是有两个含义:假如$W_1 - W_2$上升,即胜负的货币价值差别扩大,努力的均衡水平会更高。或者更通俗地说,报酬差距的扩大将会导致员工之间的晋升竞争更加激烈。但是,j只需要付出比k较少的努力就可能达到目的。然后,该等式的第二个含义是如果$g(0)$的位置越低,则均衡的努力水平就越低。这是因为,$g(0)$是对当前的生产环境中的运气重要性进行衡量的一种指标。当运气的成分增大,即便是j更为优秀,但是他还是可能因为预期的下降而减少努力的程度。总之,当内部劳动力市场供给和供给的结构存在问题时,企业就可能付出更多的成本来实现晋升激励的目的。这时,企业需要从外部劳动力市场来寻求解决问题的方法,这也是企业选择外部空降的根本原因。

5.3.2 晋升和空降的利弊比较

我们知道内部晋升通常有以下的优点。首先,组织和员工之间相互之间比较了解。组织如果拥有一份员工技能清单就可以把这作为内部招聘的起点,而且员工的绩效评价也是可以获得的,可以通过获悉候选人员的现任和前任管理者对其潜力的发展给予评价,即能够有机会观察候选人的工作习惯、工作技能、与他人相处的能力以及在组织中的适应性。组织可以得到现有员工的更为准确的资料,从而减少作出错误决策的概率。其次,员工也了解组织的更多情况,知道组织的运作、组织的价值观和文化,这样员工的预期不准确性和对组织不满意的可能性就降低了。然后,它创造了晋升的机会和防止可能的冗员。晋升对员工动机的激发和士气的提高会产生积极的、重大的作用。如果员工知道自己有希望得到晋升和职业有发展就会为组织努力工作,这也是对员工的绩效和忠诚的奖励。反之,如果总是优先考虑外部人员填补工作空缺,就会产生相反的影响。最后,内部晋升一般成本较低。与外部招聘相比,内部招聘在评价、测试和背景资料方面，能节约一定的人力、物力和财力，而且招聘的速度快。同时，组织可以充分利用现有员工的能力，对以前在员工的人力资本投资上获得一定的回报。

但是，内部晋升也存在一些缺点。比如，易导致"近亲繁殖"。当只从内部招聘时，必须谨慎，以确保新思想和改革不被如"我们以前从没有做过"、"没有他我们一样能做好"等观念所影响。再者，它易引发企业高层领导和员工之间的不团结。在用人方面的分歧常常是高层领导之间产生矛盾的焦点，这不仅涉及领导的权力分配，而且与领导的威信息息相关，这也是人事改革的一个侧面，会在企业政治方面引起异常激烈的明争暗斗，并对员工的士气和没有被晋升的员工的工作表现产生消极的影响，特别是在几个同事申请同一职位时更是如此。这样就可能形成不健康的冲突，导致组织内人际关系紧张。在一个职位空缺时，许多雇员都会被考虑补充那个职位，当然大部分会被否决，一些被否决的候选人可能会产生怨恨。一项研究发现，被否决晋升的雇员会比获得晋升的对手表露出更强的忿忿不平情绪和表现出更高的旷工率。再者，过多的内部招聘可能会使组织变得封闭。不断从内部提拔人才可能会鼓励员工安于现状。一个必须改进组织流程的组织通常应适当从外部招聘人员，因为过多的内部招聘可能导致效率降低的现象。例如，如果一位高级经理人员离开本组织，由一名直接下属接任，那这位下属的职位就需要找人来承担。当这个人晋升延伸到等级结构末端的时候，最初的那个职位就激发了许多人的注意。几乎所有的人员都需要一段时间去熟悉新工作，甚至当员工在组织中工作了很多年情况下，新职位也要求其调整思路以适应新的职责，并重新界定与同事的人际关系，这些人必须在他们过去的同事面前扮演一个新的角色，并且在过去的同事成为下级后，面临的管理困难会不断涌现。由于许多人就职新岗位，内部招聘困难可能会恶化这个结果。直到这些员工都具备了与前任同等的工作能力，并重新界定了他们的工作关系，这种效率降低的状态才会改变。

从理论上说，微观经济学的供给理论告诉我们，外部空降会使得企业内外部的劳动力市场充分结合起来，从而在供给面上解决劳动力供给市场的"垄断"问题（即前文提到的供给不足问题）。通常，在需求不变的情况下，最后晋升的"成交"价格会下降。事实上，外部空降，或者说外部招聘存在很多的优点：

首先，人员选择范围很广泛。从外部找到的人员比内部空降多得多，不论是从技术、能力和数量方面讲都有很大的选择空间。然后，外部空降有利于带来新思想和新方法。外部招聘来的员工会给组织带来"新鲜的空气"，会把新的技能和想法带进组织。这些新思想、新观念、新技术、新方法、新价值观、新的外部关系，使得企业充满活力与生机，能帮助企业用新的方法解决一直困扰组织的问题。这对于需要创新的企业来说就更为关键。在大学里，教职工系统通常是采用外部空降的方法，因为学术研究需要新的思想和方法，获得博士学位的人很少在授予他学位的学校就职。外部空降还大大节省了培训费用。从外部获得有熟练技术的工人和有管理才能的人往往要比内部培训减少培训成本,特别是在组织急需这类人才时尤为重要。这种直接的"拿来主义",不仅节约了培训经费和时间,还节约了获得实践经验所交的"学费"。

但是,外部空降还存在不少的缺点。首先,外部招聘选错人的风险比较大。这是因为外部招聘在吸引、联系和评价员工方面比较困难。有时候,企业甚至没有办法去获得足够的准确信息,或者因此付出巨大的搜寻成本。然后,外部空降的员工有时候需要更长的培训和适应阶段。即使是一项对组织来说很简单的工作,员工也需要对组织的人员、程序、政策和组织的特征加以熟悉,而这是需要时间的。不仅如此,外部招聘可能费时费力。与内部招聘相比,无论是引进高层人才还是中低层人才,都需要相当高的招聘费用,包括招聘人员的费用、广告费、测试费、专家顾问费等。来自外部的员工通常需要比较长的时间去了解组织及其产品和服务、同事以及客户,完成这个社会化的过程。虽然候选人可能具备出色的技能、培训经历或经验,并且在其他组织中也干得比较成功,但是这些因素并不能保证其在新组织中得到同样的成功或有能力适应新组织的文化。

外部空降的弊端还可以用锦标赛理论进行部分的解释。前文,我们构建出企业的利润最大化行为模型等式 5.3:$\max W_1 P + W_2(1-P) - C(\mu_j)$。其中,$W_1$ 是老板的工资,而 W_2 是员工的工资,P 是赢得竞赛胜利的概率,它取决于所选择的努力程度。$C(\mu_j)$ 是与既定努力水平 μ_j 相联系的痛苦的货币价值。当外部人也被包括在企业内某一特定职位的竞赛者之列时,竞争者增加了,这就降低了任一位参赛者赢得晋升的概率 P,显然,原有的竞争者必须付出更大的努力成本来获得晋升。这时,努力投入的边际效用下降,在其他条件相同的情况下,风险规避型的员工有可能会放弃竞争等,因此外部人参与竞争就会降低内部人的努力程度。当然,通过扩大胜者和负者之间的报酬差距,可以部分抵消参赛人数增加所产生的负面影响。但是,这样无疑就加大了企业的成本。

从以上的归纳总结我们可以看出,企业最好采用外部空降和内部晋升相结合的手段,应基于自身所处的市场环境、内部人力资源状况和岗位需求等多方面来考虑具体的方案,不存在一个解决问题的万能办法。在内部晋升和外部空降之间进行抉择完全是一个根据不同假设前提下的推导过程,而假设前提的不同,最后的最优策略就会完全不一样,这些前提包括组织所处的发展阶段、内外部环境、预算约束、预期回报等。当然,这仅仅是局限于晋升还是空降的框架内思考。如果拓展到整个劳动力市场来看,外部空降和内部晋升的存在,其实是将内部劳动力市场和外部劳动劳动力市场结合起来了,它既避免了内部激励竞争不足的问题,也避免了个人职业生涯发展瓶颈的问题。

本章小结

组织需要内部晋升,因为它可以为组织解决员工的长期激励问题,并能够使组织保持一个充满活力的、稳定且持续发展的人才队伍。企业安排员工的晋升,必须制定一个晋升的体系,它包括晋升的阶梯和晋升的标准。一般来说,晋升的阶梯是双通道甚至多通道的;晋升的标准则保证企业的晋升具有可操作性和公平性,这种标准就是一种任职资格和业绩评估的结合。

绝大多数情况下,采用竞争或者竞赛的手段是组织决定谁能晋升最有效的方式。通过研究竞技体育比赛的特点,我们可以发现晋升锦标赛具有以下特征:首先,员工的努力程度会随着晋升前后的工资差距的加大而加大;其次,如果参与竞争者的数量提高,同等工资差距的激励作用会下降,这时,如果提高这个差距,还是可以维持相同的激励水平;最后,晋升锦标赛的获胜,取决于相对绩效而不是绝对绩效,通俗地说,晋升者是打败了竞争者而不是他达到了多么优秀的水平。晋升锦标赛的这些特征,决定了它还存在很多的局限。如果不加以注意,甚至可能会给政府或企业带来巨大的风险和成本压力。这些在国内外的经验研究中都已经找到支持的证据。

企业决定从内部晋升还是从外部招聘,各有其利弊。一般来说,内部晋升可以保证人才的信息透明度以及增加内部人才的积极性;而外部空降,可以提供企业急需的人才,并且避免一些消极竞争的现象。但是,内部晋升和外部空降的成本都是很难绝对估计的。从理论上说,内部晋升会面临彼得原理所提出的问题;外部空降则会面临是否可以融入组织的难题。通过对所谓的卓越企业进行研究,我们可以发现优秀的企业还是以内部晋升为基础。在实践中,需要企业妥善处理,结合这两种手段来达到企业的目的。

复习思考题

1. 如何设计一个完整的晋升体系,使得晋升变得更合理且易于操作?
2. 为什么组织需要晋升激励?
3. 简述锦标赛理论的基本内容。
4. 利用锦标赛理论,分析晋升对员工的士气和努力程度会有什么样的影响。
5. 试分析以相对绩效决定员工晋升与否会产生哪些负面影响。

6. 简述内部雇用和外部雇用之间的选择的利弊。
7. 为什么外部空降会降低内部晋升的激励水平？
8. 如果你是一家技术研发公司的负责人，在新技术研发团队的构建上，你会采用哪种方法？

案例分析

国有企业再造的人才困境

A企业是中国一家有着雄厚实力的粮油企业，在一系列的资产运作之后，该企业成为在香港上市的中外合资公司。由于企业人才储备不足以适应现有条件下人才发展的要求，公司高层决定从外部空降一批有着丰富实战经验或者理论水平较高的人才，以实现公司宏大的战略目标。

作为该公司人力资源部的老员工，已经在公司工作近7年的高F，一直被认为是业务能力很强、善于和领导以及同事打交道的专业人才，资历和能力与她相近的还有一位同事。而盛B则是进入公司不久，从知名管理咨询公司跳槽而来的专业咨询师。公司的高层需要在他们之中选择一人来担任人力资源部总经理助理的关键职务。原本，公司打算完全采用空降的办法来解决人才的瓶颈问题。但是，经过考察，高F在多年的工作中已经展现出高人一等的业绩和能力，具备了晋升的资格和条件。于是，公司的高层开始犯了难。

为了确保人才的选拔准确无误，公司高层决定进一步考察三人的能力，进行一场锦标赛。由于总经理助理的职位无论在待遇还是在地位上都极具吸引力，三位员工都非常渴望参与这一锦标。通过一段时间的考察，公司高层还是认为作为空降兵的盛B在能力上更胜一筹。于是，最后安排盛B担任这一要职。这一结果，立刻引发了非议。

公司的老员工认为，对盛B的考核时间太短，不足以证明他可以胜任这个职位。而且，他没有足够的业绩让大家信服其能力。而且，他还带有很强的管理咨询公司作风，不顾及公司的文化氛围，也不善于和大家沟通。对于盛B来说，欣喜不久就发现工作很难开展。虽然他极力推行自己的方案，试图作出一番成绩，但是这种有邀功嫌疑的做法得不到大家足够的响应和支持，他也为部门同事之间的团结问题而深深苦恼。

而这并不是一个孤立的现象，许多老员工因为认为失去晋升的机会而纷纷离职，而新进入公司的人才难以适应公司而暂时限于困境。公司的高层原本希望团结队伍，并使得队伍快速提高，但实践证明这只是一厢情愿，公司面临的是前所未有的人才危机。

资料来源：根据 A 公司资料改编。

结合案例材料和本章所学内容，分析该公司的人才策略出了什么问题，为什么内部晋升和外部空降都无法实现企业和员工的双赢？

推荐阅读资料

1. 〔美〕爱德华·拉齐尔：《人事管理经济学》，北京：生活·读书·新知三联书店、北京大学出版社，2000 年。
2. 杨伟国：《劳动经济学》，大连：东北财经大学出版社，2010 年。
3. 张军、周黎安：《为增长而竞争——中国增长的政治经济学》，上海：上海人民出版社，2008 年。
4. Lazear, Edward P. and Rosen, Sherwin, 1981, "Rank-order Tournaments as Optimum Labor Contract", *Journal of Political Economy*, Vol. 89, No. 5, pp. 841–864.
5. Ehrenberg, R. G and M. L. Boganno, 1990, "Do Tournaments Have Incentive Effects?", *Journal of Political Economy*, Vol. 98, No. 6, pp. 1307–1324.

网 上 资 料

1. 中国人力资源学习网：http://www.hrlearner.com/
2. 中国经济学教育科研网——学科专业导航——劳动和人口经济学专辑：http://www.cenet.org.cn/subjectlist.asp?classid=10
3. 拉齐尔个人主页：http://faculty-gsb.stanford.edu/lazear/index.html

第 6 章

薪酬与福利

学习目标

在企业整个人力资源管理体系中,健全的薪酬体系是吸引、激励、发展和留住人才的最有力工具。无论是在理论方面,还是在实践方面,薪酬激励都是人力资源管理体系中的热点和难点。学习本章,应理解资历薪酬、绩效薪酬、高管薪酬以及福利的理论基础;掌握绩效薪酬计划的内容;理解高管薪酬的影响因素等。

引 例

薪酬制度建设:固定 VS 灵活

中国机械进出口集团:复合型薪酬

公司总部各职能和业务部门实行的是"岗位+能力+绩效"的复合型薪酬制度。职能岗位实行"以岗位定价为基础、以能力评价为调节、以绩效考核为导向"的工资制度;业务岗位实行"以能力评价为基础、以绩效考核为导向"的工资制度。在分配形式上,职能部门中层管理人员和业务部门总经理实行年薪制。其中,职能部门中层管理人员的年薪按照岗位价值和个人能力水平综合确定,业务部门总经理的年薪根据以往年度业绩以及所承担任务确定。年薪分为基本年薪和绩效年薪。基本年薪平时发放,绩效年薪根据绩效考核结果年终兑现。业绩突出的中层干部还将获得特殊奖励。其他职能和业务人员平时发放岗位工资和各项专项补贴,年终根据绩效考核结果兑现绩效工资。在分配结构上,中层管理人员平时固定薪酬与年终浮动薪酬的设计比例平均为 55:45,其他人员固定与浮动薪酬的设计比例总体平均为65∶35,其中职能岗位人员的固定薪酬所占比例比业务岗位人员略高。

松下电器(中国)有限公司：西借东用

日资企业薪酬制度进入中国经过了很多年的历史。早在1993年,松下的工资分为四部分：第一部分为年龄工资,不同于工龄工资；第二部分是岗位工资,什么样的岗位给什么样的钱；第三方面是能力贡献工资,根据每年个人能力的增长和对公司贡献的大小决定；第四部分是工资性补贴,另外还有奖金。年龄工资是松下所特有的,与年龄有关,与进公司的时间长短没有关系,根据每个年龄段对家庭承担责任的需求多少来支付工资。随着社会的变革和中国市场人才竞争的加剧,松下(中国)从2004年开始实行工资体制改革,花费大量的资金请咨询公司帮助进行绩效体制改革,完全打破松下以前的制度,开始实行岗位工资制,实行岗位评估,根据能力制定薪酬。

百姓收藏：激励至上

百姓收藏是一家销售型公司,公司的薪酬是底薪固定、提成递增、绩效奖金相结合,并且把员工薪酬和公司利润、工作表现、业绩完成率等全面结合,并根据个人业绩的不同层次呈递增形态,达到一定程度后有现金以外的物质激励。这种薪酬制度和其所属行业有关：销售是公司的根本,业绩是公司的生命,因此公司根据员工业绩制定员工薪酬。当提成奖金占员工工资的绝大部分的时候,企业也完成了业绩目标及预期发展,同时也能更加激励员工的积极性,以促进企业更高层次上的发展进步。

资料来源：根据"薪酬制度建设：固定VS灵活"整理,中国人力资源开发网,http://www.chinahrd.net/zhi_sk/jt_page.asp? articleid=193316。

从案例中我们可以看到,不同公司采用的薪酬制度都不同。薪酬在整个人力资源管理中起着领导、支持和变革诱因的作用。自第一部薪酬教科书 *Methods of Industrial Remuneration*[①]1892年问世以来,薪酬管理的主题变化不断,但是基本的假设前提却日益清楚和一致：员工为组织提供生产力,而组织则为员工提供对其有价值的东西以作为回报,提高员工的工作满意度,从而提高员工绩效水平。企业在选择合适的薪酬制度、确定员工的薪酬水平时需要考虑很多因素,包括经济发展水平、劳动力市场供求状况、产品市场竞争状况、政府政策等外部因素,以及所属行业、组织的财务

---

① 参见 George T. Milkovich, Jennifer Stevens, 2000, "From Pay to Rewards—100 Years of Change", *ACA Journal*, Vol. 9, No. 1, First Quarter.

状况、企业的薪酬定位策略等内部因素。企业的薪酬政策首先应该综合考虑以上各种因素;其次要具有充分的吸引力,使企业能招聘和雇用到具有良好潜能的员工(吸引力),而且需要确保高素质的员工能够留在公司内(保持力);最后,还要设法激励员工高绩效地完成工作,即拿出并应用他们的知识、能力为提高组织绩效作出贡献。目前在企业中常用的薪酬支付体系有职位薪酬、能力薪酬、资历薪酬、绩效薪酬以及员工福利等,在本章中我们重点分析资历薪酬、绩效薪酬和员工福利。除此之外,由于高管薪酬的重要性和敏感性,我们还着重探讨了高管薪酬。

6.1 资历薪酬

资历薪酬(Seniority-based Wage),又称年功工资,是按照年龄和服务年限制定基本薪酬的薪酬体系。一般文献中所指的资历(seniority)是雇员的企业任期(tenure),资历薪酬也就是薪酬随工人在同一企业不中断工作时间的延长而增长。人力资本投资模型、延期支付合同理论(Delayed Payment Contracts Theory)、匹配理论(Matching Theory)等都对资历薪酬作出了解释。

贝克尔把在职培训分为一般培训和特殊培训。一般培训增加工人的生产率适用于目前的企业也适于其他企业。而特殊培训只提高工人适用于目前企业的生产率。工资随资历提高是由于两个原因:第一,培训提高了员工的劳动生产率,劳动的边际产品价值和工资随时间推移而增长;第二,由于公司的一般培训的费用与工人年龄增长呈反向变动,劳动的边际产品价值和工资之间的差距随资历增长而缩小[1]。对于特殊培训,员工和企业分摊培训的成本,同时分享培训的收益。特殊培训仅适用于目前的企业,因此企业承担部分特殊培训成本,并且工人接受一个低于边际生产率价值的工资率。尽管如此,特殊培训后员工的生产率逐渐提高,资历工资也随之增长,并且工资率总是低于劳动的边际产品价值。巴格尔(Bagger)认为,根据人力资本理论,即使控制全部影响因素,资历与工资还是有因果关系的[2]。

拉齐尔(Lazear)用委托人—代理人结构分析了雇用双方的关系。工人被视为雇主的代理人,因此工人的动机与雇主的利益可能是不一致的。随之而来的问题是雇主要提供一份合同激励工人按照雇主的意愿去工作,即提供递增的资历工资合同[3]。这

---

[1] Oi, Walter, 1962, "Labor as a Quasi-Fixed Factor", *Journal of Political Economy*, Vol. 70, No. 6, pp. 538-555.

[2] Bagger, Jesper, 2004, "The Return to Seniority for Danish Males", Working Paper of Department of Economics, University of Aarhus, January.

[3] Lazear, Edward P., 1981, "Agency, Earnings Profiles, Productivity, and Hours Restrictions", *American Economic Review*, Vol. 71, No. 4, pp. 606-620.

个理论的主要假设是,如果对工人没有激励措施,他们就不会努力工作,并且假定工人一旦被发现消极怠工,就会被立即开除。该理论建立在怠工模型的基础上,认为雇用双方存在一份隐含契约,在合同开始时工人得到的工资小于劳动的边际产品价值,随着时间推移,两者之差越来越小,合同临近结束时工人的工资大于劳动边际产品价值。这样的合同尽可能减少了在监督成本比较大的情况下工人的逃避渎职行为。如果工人渎职或者偷懒,被发现后开除就不能得到合同所赋予的最后奖金。相反,诚实敬业的工人则一直留在公司直到退休,逐渐获得作为延期支付的资历工资。工人和雇主之间达成一致的隐含合同就是收入随时间增长,对工人以后的工作提供适当的激励。值得注意的是,延期支付合同中存在的委托—代理关系并不涉及生产率的增长问题。因此不像人力资本理论所说,资历与工资不是因果关系,工资增长的原因是雇主把逐渐增加的资历工资体制看作雇用关系中内在的约定(Bagger,2004)。具体细节我们将在下一节中详细叙述。

匹配理论基于约万诺维奇(Jovanovic)匹配模型[1],它说明工人的生产率在不同企业中是变化的。由于工人能力的信息是不对称的,因此在一个企业开始工作时,雇主无法确切知道工人的真实生产率。经过一段时间后,才可以看出工人与企业是否匹配。不匹配的结果就是较低的工资或者解除合同重新寻找更适合的企业。相反,好的匹配结果就是长期工作,积累长期工作经验,获得较高的工资。因此,较长任期和较多经验的工人就是那些寻找到合适的工作并获得高收入的人。在匹配的过程中,会产生附加的信号。每次接到一个信号,雇主和工人就会调整他们对匹配后生产率的期望值。比如,雇主逐渐积累员工整个工作时间里绩效情况的数据,并且根据绩效考核得出的生产率水平来调整员工工资[2]。当资历逐渐积累时,工人的这个高生产率的匹配就一直持续,获得较高工资,而在较低生产率匹配中的工人很可能会辞职。因此,雇用双方都会根据匹配质量进行选择,保留较好的匹配。

6.1.1 陡峭的年龄—薪酬曲线

延迟支付合同实际上一种陡峭的年龄—薪酬曲线,在员工进入企业工作初期,员工得到的工资小于劳动的边际产品价值,随着时间推移,两者之差越来越小,合同结束时,即员工邻近退休时的工资大于劳动边际产品价值。如图 6.1 所示,V 代表员工高努力水平下的产出曲线,V'代表员工在低努力水平下的产出曲线。Alt 代表闲暇的价值,反映了员工使用时间的替代价值。T 为员工的退休年龄。W 代表工资可能曲线,

---

[1] Jovanovic, Boyan, 1979, "Job Matching and the Theory of Turnover", *The Journal of Political Economy*, Vol. 87, No. 5, pp. 972 – 990.

[2] Harris, Milton and Holmstrom, Benge, 1982, "A Theory of Wage Dynamics", *The Review of Economic Studies*, Vol. 49, No. 3, pp. 315 – 333.

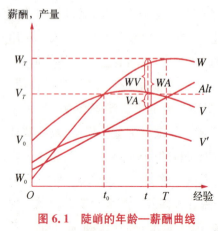

图 6.1 陡峭的年龄—薪酬曲线

资料来源：〔美〕爱德华·拉齐尔：《人事管理经济学》，北京：生活·读书·新知三联书店、北京大学出版社，2000 年，第 282 页。

使从时间 0 点到 T 点的 W 的现值等于从时间 0 点到时间 T 点的 V 的现值。企业可以按 V 支付工资，也可以按 W 支付工资。两者相比，W 曲线更为陡峭，也因此称为陡峭的年龄—薪酬曲线。

对于企业来说，W 曲线和 V 曲线现值相等，即这两种支付方式的成本一样，但是在采用 W 曲线的情况下，能实现更好的激励作用。对于一个即将退休的员工，例如在时间 t 时，如果按产量支付薪酬，即工资曲线与产量曲线重合，若此时员工偷懒被发现，那么他将会被解雇，因此他将损失 V_t 的工资，此时他的闲暇价值为 A_t，则他的总损失为 $V_t - A_t = VA$。如果按 W 曲线支付工资，若此时员工的偷懒被发现，他将损失 W_t 的工资，此时他的闲暇价值为 A_t，则他的总损失为 $W_t - A_t = WA$，$WA > VA$，因此 W 薪酬曲线能更好地防治员工偷懒，实现对员工的激励。

事实上，按 W 曲线支付工资在相当于员工和企业建立了一种债权债务关系，即员工年轻时将钱借给企业，年老再由企业随利息一起偿付。实质上，员工是债权人，债务则是激励的核心。这种延期支付方式可以看作公司在不确定工人生产率的状况下降低风险的措施，也可以看作工人更偏好随资历而增加工资的收入增长方式而不是收入逐渐减少或无增长[①]。公司在雇员职业生涯的后期逐渐增加资历工资，能够长期规范员工的行为，增加了雇员的价值和对公司的贡献，使工资和资历之间的联系曲线比生产率与资历的联系曲线更陡峭。

工资多于劳动的边际产品的合同会导致工人谨慎作出退出决定，从上图中可以看出，尽管对临近退休的员工来说，其获得的工资仍大于其闲暇的价值，因此员工有动力继续工作。但是对企业来说，员工继续工作所创造的产出价值小于企业所支付给他的工资，企业是亏损的，这个时候企业可以采用强制退休的方式迫使员工退休。另一方面，逐渐增加的资历工资促使工人努力工作，同时也鼓励了雇主尽早结束这一就业合同，避免支付过高的资历工资。这样，两个因素共同影响资历工资：资历工资增加速度越快，就越能激励工人努力工作；资历工资的增长曲线越平坦，企业履行合同的可能性越大。最理想的资历工资合同由这两个因素共同决定（Bagger，2004）。但是，拉齐尔认为延期支付合同会导致长期雇用的出现，虽然工人可能会因惧怕得不到公司的延期

---

① Harris, Milton and Holmstrom, Benge, 1982, "A Theory of Wage Dynamics", *The Review of Economic Studies*, Vol. 49, No. 3, pp. 315-333.

支付而拒绝与公司签署这种合同,但"声誉成本降低了这种情况出现的可能",大公司破产的可能性比其他公司小得多,因此会更加重视声誉①。因此,那些处于上升、稳定阶段且声誉很好的老企业多会采用陡峭的薪酬曲线。

另外,在现实中晋升和职务不变的加薪是同时发挥激励作用的。我们前面的分析是职务不变时,随着年龄资历的增长,薪酬水平不断增加,假设年龄薪酬曲线是平滑的。但是,如果考虑到晋升因素在内,实际的薪酬曲线则会变成阶段性的不断增加。如图 6.2 所示,假设某位员工的晋升发生在 t_1 和 t_2 处,以后没有晋升机会,但是为了激励员工,在其职位不变时工资也要存在增加的机会。综合考虑晋升的因素和陡峭的年龄—薪酬曲线,在 t_1 和 t_2 处其工资会有跳跃式的增长,但是可能在 t_2 时,该员工获得的薪酬还低于其边际产品价值。在 t_2 后退休前的工资可大幅高于其边际产品价值,保证员工在晋升无望的情况下也能努力工作。

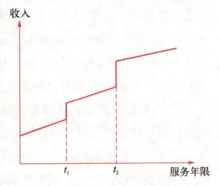

图 6.2　考虑到晋升因素的工资曲线

资料来源:〔美〕爱德华·拉齐尔:《人事管理经济学》,北京:生活·读书·新知三联书店、北京大学出版社,2000 年,第 292 页。

这其中还有一个问题就是在一个企业中员工是异质的,能力水平是不同的,如果对所有的员工都采用同样陡峭程度的薪酬曲线,那么就会产生统一增加薪酬的问题。因此合理的薪酬要在保持年龄薪酬曲线向上倾斜的同时,在产量可被观察的范围内,使薪酬在员工中拉开档次。也就是说,有些员工的薪酬曲线可以更陡,其他人的可以相对平缓。给予绩效优秀的人更多的晋升机会,或在同一职位中薪酬增加的更快。

6.1.2　资历薪酬评价

尽管很多理论对资历薪酬作出了分析,但是在实证研究方面得出的结论却不尽相同。在资历与薪酬的关系方面主要有三种观点:第一种是资历与薪酬正相关;第二种是资历对薪酬提高的影响较小;第三种是资历回报与资历负相关,及资历的边际回报率递减。

第一,资历与薪酬正相关,资历回报率较明显。约万诺维奇(Jovanovic)认为工人在目前企业的工资高于市场工资水平,就一直不会辞职,积累较高资历,因此资历与工资有正相关的关系②。20 世纪 70 年代后大规模的面板数据可以使用,明塞尔和约万

---

① Lazear, Edward P., 1979, "Why Is There Mandatory Retirement?", *Journal of Political Economy*, Vol. 87, No. 6, pp. 1261-1284.

② Jovanovic, Boyan, 1979, "Job Matching and the Theory of Turnover", *The Journal of Political Economy*, Vol. 87, No. 5, pp. 972-990.

诺维奇(Mincer & Jovanovic)提出任期长短对工资率有固定影响,这种影响是基于资历的①。特普尔(Topel)分析了PSID②中1 540个工人1968—1983年的收入数据,发现资历回报是真实存在的,积累10年的工作资历能使美国男性工人的工资比在其他企业工作相对能提高25%。而且这些估计都是在小样本内得出的,真实的回报率可能更大③。吕歇森格尔等(Cornelia Luchsinger et al.)分别利用工具变量法和两步法测量瑞士的资历回报,两步估计法估计出10年的任期回报是8%,而工具变量方法估计出的是4%,这两种方法计算的瑞士的任期回报均比美国小④。

第二,资历对薪酬的提高影响较小,由于人与人之间的观察不到的异质性,职位匹配之间的异质性等原因(即好的匹配质量能够带来资历工资),而出现了偏差。持此观点的研究者认为工资提高未必与任期积累相关,而是由工人及工作的不可观察的特点决定的(Topel,1991)。近年来很多经验主义的研究支持这个观点,认为特殊人力资本对于工资的回报是很小的。亚伯拉罕和法布尔(Abraham & Farber)认为,起点工资越高的工人持续工作的时间越长⑤。威廉姆斯(Williams)认为,对所有的男性员工,资历所起的作用是中性的,在工作的前10年,每年企业任期能使工资增长1%,工作30年后工资增加60%,员工个人异质性及工作匹配的程度在决定员工薪酬时起到很大的作用⑥。

第三,资历回报与资历负相关,即资历回报的边际作用递减。大学教师的职业一直被认为是资历工资体制最适用的行业之一。但是,近来的研究逐渐发现在这最保守的行业中资历和工资出现了负相关的关系。其中,最有代表性的研究是兰塞姆(Ransom)⑦。1988年5月美国CPS(Current Population Survey)对成年员工的调查显示,对于全部工人来说,工作伊始每增加一年的资历收入增加3%;对于拥有10年(样本平均资历是9.8年)资历的工人,资历的边际回报是2%左右。同样年龄的工人,资历高的比低的工资多30%。工资与资历有非常明显相关关系。但是,这个调查中关于大学教授组的工资情况,却刚好相反,研究发现资历与工资之间呈负相关关系。再用1969年卡内基委员会(Carnegie Commission)的全国教育业普查、1977年美国教授

---

① Jacob Mincer & Boyan Jovanovic, 1981, "Labor Mobility and Wages", NBER Chapters, in: *Studies in Labor Markets*, pp. 21 – 64, National Bureau of Economic Research, Inc.
② PSID, Panel Study of Income Dynamics.
③ Topel, Robert, 1991, "Specific Capital, Mobility and Wages: Wages Rise with Job Seniority", *The Journal of Political Economy*, Vol. 99, No. 1, pp. 145 – 176.
④ Cornelia Luchsinger, Jörg Wild, Rafael Lalive, 2003, "Do Wages Rise with Job Seniority? The Swiss Case", *Swiss Journal of Economics and Statistics*, Vol. 139, No. 2, pp. 207 – 229.
⑤ Abraham, Katharine G. and Henry S. Farber, 1987, "Job Duration, Seniority, and Earnings", *American Economic Review*, Vol. 77, No. 3, pp. 278 – 297.
⑥ Nicolas Williams, 2009, "Seniority, Experience, and Wages in the UK", *Labour Economics*, Vol. 16, No. 3, pp. 272 – 283.
⑦ Ransom, Michael R., 1993, "Seniority and Monophony in the Academic Labor Market", *American Economic Review*, Vol. 83, No. 1, pp. 221 – 233.

委员会的调查等数据都能够说明大学教授资历与工资之间的负相关关系,尽管负相关系数都较小①。

在资历薪酬与激励的关系方面,拉齐尔和摩尔(Lazear & Moore)通过比较受雇工人和自雇工人的资历—薪酬曲线的斜率,检验了委托—代理理论。他们发现了雇主并不通过使用资历工资合同来解决雇用关系中的激励问题。但是,提供年功工资的公司不太可能提供其他的显性激励,也不太可能利用监视设施。这些公司更趋于制定一些能维持长期的雇用关系的人力资源管理政策②。另外,资历薪酬体制中按照资历进行的临时解聘,也可以作为激励的手段。即使解聘是临时的,对于工人来说损失很大,他们短期内也失去了收入。因此,工人们更偏好有保障的工作。临时解聘的政策原则上说给资深员工较高的保障,并且向上倾斜的工资曲线也会对他们有激励作用③。

6.2　绩效薪酬

绩效薪酬即将员工的收入与绩效水平挂钩的薪酬制度。它来源于由科学管理之父泰罗创造的一种激励性的计件工资报酬制度,泰罗时代的绩效薪酬包括计件工资、计时工资、差别计件工资等。到目前对绩效薪酬含义的界定仍无定论,当人们在谈论绩效工资计划时,关于其含义的回答往往让人觉得语意含糊,而且往往会听到诸如激励计划、可变工资计划、风险报酬、风险工资报酬等大不相同的词汇。正如约瑟夫·马尔托齐奥(Martocchio)在其书中所说④,根据员工的绩效来支付报酬是20世纪美国薪酬的实践的一个里程碑,从薪酬管理实践的历史发展来看,对员工报酬的支付经历了由资历支付到按绩效贡献进行激励的过程,可是随着世界经济形式的发展,特别是20世纪80年代以后,市场细化、竞争加剧及产业微利化等经济现实,促使人们对人事管理产生了更为深入的关注,相应地对人员的激励也日益重视,从而"按绩效支付报酬"成为薪酬分配的主流导向。从总体上绩效薪酬计划可以分为基于个体层面的薪酬计划和基于群体层面的薪酬计划。

---

① 根据三所大学的就业数据,教授工资每年下降1%。拥有平均资历水平的教授能够通过流动增加5%—10%的工资。

② Lazear, Edward P. and R. L. Moore, 1984, "Incentives, Productivity, and Labor Contracts", *Quarterly Journal of Economics*, Vol. 99, No. 2, pp. 275–296.

③ Joseph A. Ritter & Lowell Taylor, 1998, "Seniority-based Layoffs as an Incentive Device", Working Papers 1998–006, Federal Reserve Bank of St. Louis, http://research.stlouisfed.org/wp/1998/1998–006.pdf.

④ Martocchio, Joseph J., 2001, *Strategic Compensation: A Human Resource Management Approach*, New Jersey: Prentice-Hall.

6.2.1 基于个体层面的绩效薪酬计划

基于个体的绩效薪酬计划包括计件工资、计时工资、绩效加薪、绩效奖金等。计件工资制是一种在生产工人中使用最为普遍的、以个人为基础的激励性工资。在这种薪酬制度下,工人将根据他们所生产的每一单位的产品获得一笔报酬,这笔报酬是与每件产品相联系的计件工资率,工人产出高则获得的报酬就高。制定计件工资率时,最关键的问题是生产标准的确定。生产标准首先要为员工创造一定的收入激励员工努力工作,同时要将生产的人工成本控制在一定范围内,最后还需要保证雇员所得的工资能够达到最低工资标准。但是,对产量的衡量有时是不完善的,只有当对产量的衡量并不需要太大的成本时,企业才会采取以产量为基础的工资。计件工资制可以向员工提供了一种直接的增加生产的激励,在该模式下员工获得的报酬与产出挂钩,所获报酬是变动的,产出越大所获报酬越高。因此,工人就有动力去努力提高绩效,从而得到较高的报酬。雪瑞(Bruce Shearer)对一植树公司员工在计件工资和固定工资下的生产率进行了研究,发现在计件工资制下,工人的生产率增加了20%左右[1]。史兰(Lan Shi)进行了两组试验:第一组中工人先被支付计时工资,然后从中随机挑选一半工人改为计件工资;第二组工人在先被支付计时工资后,所有的都转为计件工资,结果发现产量增加在23%—36%[2]。

尽管计件工资制在向员工提供激励,以及筛选高生产率的员工方面有很大优势,但现实生活中很多企业还是偏好按投入支付工资的计划,即通常所说的薪金或小时工资。以投入为基础的工资取决于员工所投入的时间或者在工作中所投入的努力水平,他们与产量没有关系[3]。原因在于企业对产量的衡量存在很多不确定因素的影响,成本很高。同时,大多员工都是风险规避型的人,其他条件(如报酬的平均水平)相同的情况下,他们更为偏好以工时为基础的工资中所具有的那种确定性。计时工资制中一个隐含的假设是员工在工作中所消耗的时间越长,则他们在工作中付出的努力程度也就越高。

计时工资一般分为:(1)小时计时工资。根据员工的小时工资标准和实际工作小时数计算工资。(2)日工资。根据员工的日工资标准和实际工作天数计算工资。(3)月工资。根据规定的月工资标准支付工资。计时工资适应性强,实行范围广,比较简单易行。计算工资的时间单位取决于能够反映员工努力程度的最佳标尺,如大多

---

[1] Bruce Shearer, 2004, "Piece Rates, Fixed Wages and Incentives: Evidence from a Field Experiment", *The Review of Economic Studies*, Vol. 71, No. 2, pp. 513-534.

[2] Lan Shi, 2007, "Productivity Effect of Piece Rate Contracts: Evidence from Two Small Field Experiments", Working Paper, University of Washington, Department of Economics, UWEC-2007-06.

[3] Edward P. Lazear, Kathryn L. Shaw, 2007, "Personnel Economics: The Economist's View of Human Resources", National Bureau of Economic Research, Cambridge, MA.

数生产性和事务性的员工都被支付小时工资,因为小时能够较好地反映员工的努力水平;但大多数管理性的员工工作周期比较长,则被支付月薪或年薪。总的原则是,工作任务难度越大,则报酬的计发时间也越长。

绩效加薪(merit pay)主要是在工资保障功能的基础上,把绩效工资的内容纳入基本工资的范畴内,而将绩效部分作为奖金发放。每一年的工资增加额会加入次年的基本工资内,因此随着时间的延续,会形成庞大的工资累计额,使企业的负担加重。因此绩效加薪的成本是比较高的。近十几年来,绩效工资受到了严重的批评,主要有两点理由:一是员工每年的绩效增长进入员工的基本工资,因而创造了一种年金形式的,呈现了明显的工资上涨的永久性的承诺,组织为此支付了昂贵的代价和成本;二是业绩工资对员工绩效增长的影响并不是在所有条件下都很显著[①]。

绩效奖金(merit bonus)实际上是指根据员工的工作绩效,给予员工的红利,每年需要重新挣得(re-earned)。和绩效加薪相比较,是一次性给予员工的,相当于我们平时所说的奖金,有人将其翻译为"业绩红利",也有人将其翻译为"业绩奖金"。该制度不仅可以帮助企业有效地控制成本,提高员工的满意度,还具有非常大的弹性,因而受到很多企业的青睐。

6.2.2 基于群体层面的绩效薪酬计划

基于群体层面上的绩效薪酬计划关注员工薪酬与团队、组织绩效之间的关系,员工与组织分享收益、共担风险,主要包括收益分享计划、利润分享计划、员工持股计划、股票期权计划、团队奖金等。其中,股票期权计划属于长期激励的一种,主要用于高层管理人员,因此我们将在讨论高管薪酬问题时详细讨论该类计划。

20世纪30—40年代,收益分享计划逐步为企业和员工所知晓,收益分享计划的采用具有三重意义:节约劳动成本、员工参与管理、分享组织成功。米尔科维奇(Milkovich)认为收益分享计划是通过提供给员工参与企业收益分享的权力来进行团队员工激励的一些分配方式的总称[②]。一般而言,收益分享计划是在企业和员工之间分配由于成本节省或者员工参与提出具有建设性意见而带来的收益。其中收益分享计划包括斯坎伦计划(Scanlon Plan)、拉克计划(Rucker Plan)、生产率改进分享计划(Improved Share/Improved Productivity Through Sharing)三种。

[①] Edward P. Lazear, 1996, "Performance Pay and Productivity", NBER Working Papers 5672, National Bureau of Economic Research, Inc.

[②] George T. Milkovich & Jennifer Stevens, 1999, "Back to the Future: a Century of Compensation", Cornell Working Paper, pp. 99-108.

(1) 斯坎伦计划(Scanlon Plan)

约瑟夫·斯坎伦1935年提出了利益分享的概念,起初是为了强调员工参与。斯坎伦计划强调在管理层提供有关生产信息的基础上,通过团队合作降低成本,鼓励员工参与,其目标是降低企业的劳动成本。这一计划包含的公式为:劳动力成本和产品销售价值(Sales Value of Production, SVOP)的比率,被称为斯坎伦比率。该比率若比基期的比率低,说明在产品销售价值不变的情况下,节约了劳动力成本,那么节约的部分就可以作为奖金奖励给员工。

(2) 拉克计划(Rucker Plan)

拉克计划是1933年由艾伦·W·拉克提出的,与斯坎伦计划一样都强调了员工参与,并用货币奖励鼓励员工参与,它在关注劳动力成本降低的同时还注意降低原材料成本和服务成本,将节约的概念扩展到公司整体。拉克计划采用了一个增加值公式(value-added formula)来计算生产力。增加值是产品销售价值和产品原材料的购买价值之间的差额,其与雇用成本的比率为拉克比率,用来计算是否应该给团队成员发放奖金。拉克比率越大,说明增加值相对于总雇用成本越大,企业收益越多,员工的绩效就可以得到收益并分享奖金。

$$\text{拉克比率} = \frac{\text{增加值} - (\text{原料成本} + \text{其他投入} + \text{提供的服务})}{\text{雇用成本}}$$

(3) 生产率改进分享计划(Improved Share/Improved Productivity Through Sharing)

生产率改进分享计划是米歇尔·费恩1973年提出的。与前两种计划相比,它不再衡量成本节约的经济价值,而是要在更短的劳动时间中生产出更多的产品,强调员工按时完成生产计划。因此,该计划的关键是计算劳动时间比率(Labor Hour Ratio),劳动时间比率可以衡量生产一件产品所需要的劳动小时数,用计算出的劳动时间比率与基期或者目标比率进行比较就可以发现公司的劳动时间比率是否有所提高。计算周期通常很短,每周都会发放一次奖金。但是,奖金的发放因为回购规定(buy-back provision)而存在最高限额。公司将把超过最高限额的奖金储存起来,以一次性付款购回生产力的方式再支付给工人,这之间公司就可以因为生产率上升到一定水平后调整生产力衡量标准。

总的来说,这三个计划都是世界范围内著名的收益分享计划,虽然各自的方法不同,但基本原理都一样,都是鼓励团队成员在公司的指导意见下改进效率,然后再根据公司绩效的提高给团队成员发放奖金,这样就建立了绩效——行动——回馈——高绩效的良性循环。根据劳动时间来衡量生产力的水平,激励员工用尽可能少的时间生产出尽可能多的产品,适合于生产性员工团队。

利润分享计划(Profit Sharing Plan)是当公司达到生产利润目标的时候,将一部分利润作为奖金分配给员工,利润分享计划一般是针对公司的全体员工。奖励的发放可以是现金支付也可以是延期支付,或者两者结合进行发放。现金现付制度(Current Profit Sharing)每隔一段时间将一定比例的利润作为奖金发放给员工,其性质与一般所谓现金分红类似。延期支付制度(Deferred Profit Sharing)就是把将奖励给员工的现金存在某一账户中,等员工退休之后,再支付给他们。两者的差别不只体现在支付时间,在税收安排上也有差别,支付现金时候一般需要员工支付一定税额,采用存入账户的形式则只有当员工取用这些钱的时候才上缴一定的税额。计算利润分享金额的方法主要有三种:固定比例法、比例递增法及界限设定法(即公司设定了利润的最低和最高标准,只有当期利润在这两者之间时公司才会发放利润分享奖金)。利润分享计划让员工分享到公司的利润,从而可以加深员工的归属感,同时也让公司在分享金额时有很大的自由度。但也因为这个原因,如果利润分享占员工总薪酬的比例过大,会降低员工的安全感,对未来薪酬水平的未知会影响员工的储蓄和购买计划,人员流动可能会因此增加。

根据员工持股计划(Employee Stock Ownership Plan,ESOP),公司给予员工购买公司股票的权利,员工可以认购相应的股票,努力提升股票价值后以较高的价钱将股票卖出,从而获得货币收入。一方面,公司通过实行员工持股计划可以获得税收上的优惠;另一方面,一些公司认为,通过员工持股计划可以提高员工在组织中的参与程度,并借此提升公司的业绩。但是,员工持股计划是有风险的,影响股票价格的因素有很多,其与员工个人绩效之间的关系不明显。这种激励计划类似于延期支付,并让员工因为购得合伙人股份而产生主人翁的感觉,把员工的长期利益和公司所有人或股东的长期利益联系在一起。股票期权计划(Stock option)指公司在特定时间内直接对员工授予公司的股票,对员工进行激励,这种给予股票进行奖励的方式被认为能提高员工的组织承诺度和保留优秀的员工。在对高管的长期激励中我们将详细阐述股票期权计划。

6.2.3 绩效薪酬计划的评价

对绩效薪酬计划进行分析的理论有很多,主要分为心理学和经济学两派。其中,心理学分析中重要的理论主要有期望理论、公平理论、强化理论、目标设置理论等,这里我们不再一一详细介绍。

经济学分析绩效薪酬计划的理论主要是委托代理理论,该理论假设:员工认为工作是令人讨厌的,只要有可能就会选择闲暇和偷懒。因此,必须向员工提供适当的激励,以整合所有者和员工之间的利益。它用委托代理关系来分析企业所有者和管理者之间的关系,以及不同层次的管理者之间的关系。由于委托人和代理人的目标并不总是一致、信息的不对称以及由此导致的逆向选择和道德风险使得委托人并不总是按委托人的最大利益行事,从而产生了代理成本。该理论探讨了通过选择最有效的合约安排,追求代理成本的最小化,这种合约应用于组织和员工身上就是绩效契约。绩效契约分为两种。一种是基于成果的绩效契约,将代理人的工资与委托人想要的成果度量指标相联系,如股东回报率、生产率等。由于这些度量指标对委托人的财富存在直接影响,它们为代理人按委托人的最大利益行事提供了适当的激励。另一种绩效契约是基于行为的绩效契约,将代理人的工资与该代理人自己的行为、行动相联系,这种情况下有效性的确定更为主观。所有者承担了全部风险成本和监督代理人行为的信息成本。该理论的目的在于说明基于监督过程的绩效评价能够激发员工的努力,提高员工工作效率的关键是要改善组织管理中的激励规则,即建立敬业激励相容的激励规则,使得每个员工在其自由选择的自利目标下追求自我利益时恰好实现了组织的激励目标。

对代理理论的检验方面最早也是最佳的研究,是由戈梅·梅希亚和巴尔金(Gomez-Mejia and Balkin)完成的,他们用代理理论检验一个大学教师的工资收入。他们认为,大学教师和行政管理者即委托人之间存在一个经典的代理问题,由于每个人的研究领域和知识范围都具有独特性,导致两者之间存在信息不对称,使得行政监督者直接监督教师行为的成本非常高。他们指出,行政管理者处理这种信息不对称和可能的目标不一致等代理问题的最有效的方式是通过基于成果的合约来完成。研究成果(在高质量的期刊中发表)及教学表现评级被假定为影响大学教师工资的两项关键成果,这一模型获得了强有力的支持,即使控制了大学教师的岗位级别,发表成果最多的大学教师比发表成果最少的教师,工资多出37%[1]。

在绩效薪酬的实施效果方面,基于个体层面的绩效薪酬能增强员工的工作积极性,降低生产成本,减少企业的监督成本,使员工把工作努力集中在企业的重要目标上,进而提高企业的整体业绩[2]。帕尔斯和希勒(Harry J. Paarsch and Bruce Shearer)利用来自英国哥伦比亚木材加工企业的面板数据,测量了工人努力程度对于采用计件工资制反应的弹性,他们认为公司的利润至少会加17%,这是由于计件工资制度的引入激发了部分工人潜在的能力,从而造成了整体生产率的上升[3]。埃伯德(John M. Abowd)在1981—1986年间通过对250多个企业中16 000个经理人员进行调研,认为前一个年度的奖金报酬的增加与下一个年度的绩效增加有明显的相关关系[4]。布斯

---

[1] Gomez-Mejia, L. R., Balkin, D. B., 1992, "Determinants of Faculty Pay: An Agency Theory Perspective", *Academy of Management Journal*, Vol. 35, No. 5, pp. 921-955.

[2] 乔治·T·米尔科维奇、杰里·M·纽曼著,董克用等译:《薪酬管理》(第9版),北京:中国人民大学出版社,2008年,第260页。

[3] Harry J. Paarsch and Bruce Shearer, 1999, "The Response of Worker Effort to Piece Rate: Evidence from the British Columbia Tree-Planting Industry", *Journal of Human Resources*, Vol. 34, No. 4, pp. 643-667.

[4] John M. Abowd, 1990, "Does Performance-based Managerial Compensation Affect Corporate Performance?", *Industrial and Labor Relations Review*, Vol. 43, No. 3, pp. 52S-73S.

(Alison L. Booth)也认为与绩效工资相联系的工作岗位能够吸引具有更高素质的员工加入,也能激励原来的员工提供更多的劳动,更加努力地工作[1]。

但是,基于个体层面的绩效薪酬也会引起一些问题,哈德(Joseph W. Harder)的研究表明虽然基于个体层面的绩效工资在某些情况下能够提高企业的生产率,但是对于个体来说,会降低个人的团队协作意识,以及会导致更为自私的行为,会导致员工重视自身的利益,而忽视企业或者团队的整体利益[2]。在按员工个人绩效付酬的绩效薪酬制下,员工个人的劳动成果与其劳动报酬之间的联系十分紧密,而这种对以自我为中心的个人努力进行奖励的做法,往往会造成在需要员工们进行团队合作的时候却出现了员工间的过度竞争,从而影响了组织整体目标的实现。另外,基于个体层面的绩效薪酬有效实施的前提是绩效标准的确定,且员工个人的绩效水平比较容易衡量,且衡量成本较低。由于在现实生活中,很多企业中工作任务是基于团队等完成的,员工个体的绩效是比较难以准确衡量的,基于组织层面的绩效薪酬则解决了这一问题。因为衡量团体的贡献比衡量个人在其中的贡献更容易,而且有利于企业建立良好的绩效文化和团队合作文化。但是,基于组织的绩效薪酬又会导致"搭便车"的问题。阿尔钦和德姆塞茨(Alchian & Demsetz)指出个人可能因为他人监督方面的困难而抑制其努力水平,事实上这种偷懒行为也反映了委托代理理论所强调的信息不对称、监督成本和道德风险的问题。在监管不严的情况下,有些团队内的员工就会出工不出力,而出工不出力的员工和低效率的员工领取与高效率员工一样的薪酬[3]。这样会挫伤贡献率高的员工的积极性,增加其流动性。关于团队激励计划已在团队一章中详细讨论。

6.3 高管薪酬

《福布斯》"2008年中国(非国有)上市公司最佳和最差老板"的评选结果显示,中国平安董事长兼首席执行官马明哲因在2007年的薪酬增长高达394%,以年薪6 616万元蝉联"最贵老板"桂冠。这一信息的发布引起了无数的争议,为什么他能获得如此高的薪酬?这么高的薪酬到底是由哪些部分组成?其薪酬是以公司绩效为基础进行支付的吗?本节我们将回答这些问题。

---

[1] Alison L. Booth and Jeff Frank, 1999, "Earnings, Productivity, and Performance-related Pay", *Journal of Labor Economics*, Vol. 17, No. 3, pp. 447–463.

[2] Joseph W. Harder, 1992, "Play for Pay: Effects of Inequity in a Pay-for-performance Context", *Administrative Science Quarterly*, Vol. 37, No. 2, pp. 321–335.

[3] Alchian, A. A. and Demsetz, H., 1972, "Production, Information Costs, and Economic Organization", *American Economic Review*, Vol. 62, No. 5, pp. 777–795.

6.3.1 高管人员的薪酬组成

墨菲(Murphy)将高管人员的薪酬分为四个部分：基本工资、年度奖金、股票期权及其他①。首先，基本工资通常是由市场决定的。实际操作时，企业主要参照同一行业同等竞争对手为高层管理者所提供的基本工资的水平。需要指出的五点是：第一，由于参照同行同等竞争对手的相关资料，基本工资的确定过程形成并强化了薪酬与企业规模的关系。第二，该过程基本不涉及高层管理者的年龄、经验、受教育程度和绩效等因素，因此基本工资与管理者个人特征的关联程度不高。第三，基本工资存在棘轮效应。在这里，棘轮效应是指下一年的基本工资与上年的相关。当工资低于市场平均水平时，企业会被认为没有竞争力。为了具有竞争力，大多数企业都倾向于使自己的工资水平不低于平均水平。于是，导致了棘轮效应。第四，由于基本工资是薪酬中的固定部分，风险规避型的高层管理者将偏好基本工资的增长。这意味着，若要激励能干的风险规避型的高层管理人员，提高基本工资比提高薪酬中的其他部分更有吸引力。第五，薪酬结构中的其他部分可能取决于基本工资。例如：奖金有时以占基本工资百分比的形式表示。

其次是年度奖金。年度奖金通常由年度绩效决定，企业首先设定一个绩效标准和一个激励区间。企业设定绩效标准有很多方式，通常需要考察预算情况、企业销售额或利润的增长速度、董事会的评定、与同等竞争对手的相对绩效、资产增值情况等。激励区间通常用绩效标准的百分比形式来表示。如果用一个连续函数表示年度奖金与绩效的关系，该函数在激励区间的左侧为零，在激励区间的下限取大于零的正值，在激励区间内单调增加，在激励区间的右侧为常数。当然，该函数的凹凸性因行业而异。墨菲(Murphy)研究发现，大多数企业的激励区间都设定为[80%，120%]的形式，虽然在具体数值上可能略有不同，如[90%，110%]、[95%，100%]、[90%，120%]等②。此处，激励区间的上下限可能会带来负面影响。当实际绩效水平接近上限时，提高绩效水平的成本相对较高，而奖金的增长幅度却十分微小，高层管理者们所受到的激励很小，因而可能不再继续努力；当实际绩效水平远低于下限时，高层管理者可能有意将这一年做得更差，以期下一年相对于这一年有更高的增长率，从而获得更丰厚的奖金。当然，绩效标准和激励区间的设定过程都可能会受到高层管理者的影响。年度奖金计划的另一个缺点是，以年度绩效作为奖金发放的基础，那么它的管理人员就有可能会被诱导去追求一种达到现期利润最大化的战略。这些短期战略与企业的长期利润最大化目标可能是不一致的，并且该计划所涉及的这些管理者们很可能会在他们所采取

---

①② Murphy, K. J., 1999, "Executive Compensation", *Handbook of Labor Economics*, Orley Ashenfelter and David Card (eds.), Amsterdam: North Holland: 2485–2563.

的这些短期战略的后果尚未被企业觉察之前,便利用他们所创造的短期绩效到其他企业另谋职位了。因此,目前大多数企业都会将他们的高层管理人员薪酬的一部分与公司在数年中的绩效挂起钩来,在这些长期"绩效计划"中,大多数都是将管理人员的薪酬与公司在三到五年中所取得的成功联系在一起的。也就是说,短于三年的时间对于衡量长期绩效的需要太短,而长于五年的时间又表明管理人员获得奖励的时间太晚,从而会削弱该计划的激励效果。

再者是股票和股票期权。股票是一种公司所有权凭证,它赋予股票所有者按照持有股票数的比例分享股份公司利润的权利。股票期权是指期权的所有者在约定的期权有效期内,以约定的价格买进或抛出股票的权利,股票期权分为买进期权和抛出期权。买进期权也称看涨期权,其行权方是管理者,指期权的所有者有权在未来某一时期内按预先确定的价格购入股票的权利。目前股票期权最大受益者仍然是高层管理者,买进期权的所有者在未来一段时间内有权按预先确定的执行价格或认定价格水平 K 购入股票。当股票市场的价格超过认定价格时,买进期权就"升水"了。此时,买进期权的所有者可以执行期权,购入股票,然后立即卖出赚取利润。如果股票的市场价格为 X 且 $X>K$,执行期权会立即获得 $X-K$ 的利润。如果股票价格低于执行价格,他可以不执行买进期权。因为如果当时市场价格低于 K,不会有人以每股 K 的价格收购原本以更低价格就可得到的股票。抛出期权也称看跌期权,其行权方是投资者(企业),指在未来某一时期内,如果股票价格低于某一事先约定的值,期权的所有者有权按预先确定的执行价格卖出股票的权利。假设股票的执行价格为 K,实现约定的价格 M,到期时市场实际价格为 X。若 $X<M<K$,则行权获利;否则不行权。例如,管理者和企业约定在未来三年内,如果公司股票的价格低于每股 80 元,则企业有权以每股 100 元的价格卖给管理者 1 000 股股票,企业以此对管理者进行"惩罚",将风险转移给管理者。可见,抛出期权对管理者来说是要承担损失的风险的,如果未来三年内,企业股票的价格跌为每股 70 元,则如果企业行权,管理者就要以每股 100 元的价格购入公司 1 000 股股票,对管理者来说这是很大的损失。正是这种风险的存在,在采用抛出期权时,企业一般要向管理者支付一定的费用,在金融领域也称支付给管理者行权金,或者是给予管理者高于市场平均水平的基本工资。也正是这种损失风险的存在,提供了一种反向激励,建立了潜在的惩罚机制来激励管理者努力工作,不使股票价格低于约定的行权价格。

事实上,这两种期权方式的选择会对管理者的风险偏好产生影响。如图 6.3a 所示,$f(X)$ 表示特定股票价格出现的概率;分布 1 为低风险策略形成的股票价格分布,大部分情况股票价格接近 100,高于和低于 100 的概率均为 0.5;分布 2 为高风险策略形成的股票价格分布,比分布 1 的期望值更高,大部分情况下,股票价格都高于 100。在买进期权的情况下,通过股票执行价格的确定,可以刺激保守型的管理者采取风险性的策略。例如,通过设立一个执行价格为 K_H 的期权便可以使管理者去选择风险型战略。因为管理者在保守型战略下不可能实现股票价格 K_H。即便执行价格确定为 K_L,管理者也有可能会选择风险型战略,因为在风险型战略下价格 K_L 实现的可能性更大。同样,抛出期权也可以达到改变管理者面对风险的态度作用。当股票价格跌到 K 以下时,管理者就要被迫以 K 的价格或者高于 K 的价格收购价值低于 K 的股票,管理者避免这种风险的途径有两个:一是努力工作,将企业价值保持在较高水平;二是采取保守型策略,如图 6.3b 所示,在保守型策略下,股票的价格最低为 K。因此可以得出,买进期权能促使管理者偏向风险策略;而抛出期权能促使他们偏向保守策略。应该根据管理者的风险偏好选择股票期权的类型,但是大多数情况下,管理者是天然的风险规避者,现实情况中更多地采用买进期权的方案。

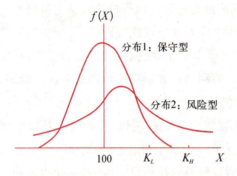

图 6.3a　买进期权下股票价格的概率分布　　图 6.3b　抛出期权下股票价格的概率分布

资料来源:〔美〕爱德华·拉齐尔:《人事管理经济学》,北京:生活·读书·新知三联书店、北京大学出版社,2000 年,第 315—317 页。

除了影响管理者的风险偏好以外,执行价格和期权数量的不同组合对管理者产生的激励效果也不一样。较高的执行价格和较多的期权数量能在期望值不变的情况下产生更高的激励。较高的期权价格还能促使管理者实现高风险的项目。布瑞克里、巴加特与里斯(Brickley,Bhagat & Lease)运用来自多个行业 83 家厂商的样本,研究发现股票市场对实施长期薪酬计划反应积极,宣布实施该计划的企业的股东财富预期增加值提高 2.4%[1]。事实上,尽管股票期权学术研究和企业实践方面取得了某些积极的成果,但是从 2008 年开始的金融危机也提醒了人们应该注意股票期权的弊端,尽管股票期权本身不存在收入上的风险,但是因为股票期权所对应的潜在的财富增加而接受一项相对较低薪酬和福利的工作,也存在机会成本。因此,如果股票价格大幅下跌,

---

[1] Brickley J. A., Bhagat S., Lease S. C., 1985, "The Impact of Long-range Management Compensation Plans on Shareholder Wealth", *Journal of Accounting and Economics*, Vol. 7, No. 1-3, pp. 115-129.

严重依赖股票期权来吸引和留住人才的公司可能会在劳动力市场上处于不利的地位[①]。

最后,除基本工资、年度奖金和股票期权之外,长期激励计划、良好的办公环境、补充退休计划等也是高管薪酬的重要组成部分。高层管理者通常拥有良好的办公设备、优雅的办公环境等,这些实际上属于非货币报酬。补充退休计划是指,高层管理者退休后不仅能享受企业全部员工范围内的退休项目,还能享受面向高层管理者的其他退休计划。

6.3.2 高管薪酬影响因素的实证结论

对高管薪酬影响因素的实证研究主要集中在企业层面的因素和高管个人层面的因素。企业层面的因素包括企业业绩、企业规模、公司治理结构等,高管个人层面的因素包括工作特征、身份、年龄、任期等方面,这里我们重点关注年龄和任期两个方面。

由委托代理理论可知,最优激励合约应当把高管薪酬与企业业绩紧密结合起来。大量关于高管薪酬与公司业绩的实证研究都着眼于检验高管薪酬与企业业绩的敏感性(compensation-performance sensitivity)。詹森和墨菲(Jensen & Murphy)对2 000多个CEO的薪酬分析表明,股东财富每增加1 000美元,CEO的财富增加3.25美元,即CEO的财富对于股东财富的弹性为0.003 25。他们认为,CEO薪酬与企业业绩的敏感性太低了,"与最优合约的正式的委托代理模型不相一致"[②]。布莱恩和杰弗里(Brian & Jeffrey)利用美国上百家公众持股的商业公司近15年的数据,研究了经营者报酬和公司业绩之间的关系,发现:公司股票的市场价值每增长10%,经理人的薪酬(工资加奖金)就增加2.4%。如果把薪酬界定为工资、奖金与公司股票和股票期权,则经理人的薪酬总额就能上升25%。据他们估计,1994年股东财富每增加1 000美元,经理人的薪酬就增加25.11美元,远远超过詹森和墨菲认为的3.25美元。尤其是当1980年后经营者所持股票期权大幅度增加,经理人的报酬水平显著增加,经理人薪酬与企业业绩的敏感性也明显增加。1980—1994年,企业市场价值每增长1%相应经营者报酬增加的百分数及企业市场价值每变化1 000美元经营者报酬变化额这两项指标都是递增的。因此,他们得出结论:经营者报酬和企业业绩强相关,但是这种强关联几乎完全由于所持股票和股票价值的变化引起[③]。

委托代理理论认为,企业业绩应该是决定高管薪酬的最重要因素;锦标赛理论也

---

① 巴里·格哈特、萨拉·L·瑞纳什著,朱舟译:《薪酬管理——理论、证据和战略意义》,上海:上海财经大学出版社,2005年,第405页。
② Jensen, M. & Murphy, K., 1990, "Performance Pay and Top Management Incentives", *Journal of Political Economy*, Vol. 98, Iss. 2, pp. 225-264.
③ Brian J. Hall & Jeffrey B. Libman, 1998, "Are CEOs Really Paid Like Bureaucrats?", *The Quarterly Journal of Economics*, Vol. 113, Iss. 3, pp. 653-691.

暗示，规模越大的公司层级越多，员工选择权的价值越大，则奖金差距也越多，因此高管薪酬更高。在实证研究方面，托西等（Tosi et al.）比较了企业规模和企业绩效的相对能力，据此预测高管人员的薪酬。他们发现企业规模"对 CEO 总薪酬变动的解释力几乎是最高度相关的会计度量指标的 9 倍"。他们将这一研究发现解释为对代理问题和经营者自利理论存在的支持性证据，即 CEO 力图扩大企业的规模，以此为手段证明其获得更高薪酬的合理性[1]。伦纳德（Leonard）对 439 个公司中 20 000 多个管理者的个人数据分析发现，管理者薪酬与公司的层级数有强的正相关性，并且发现两个连续层级间的薪酬差距在组织的较高层级中扩大了，这在某种程度上也支持了竞赛理论[2]。但是，戴克库普（Deckop）通过对 1977—1981 年间 120 家企业的数据进行分析，表明 CEO 并没有被激励去支出利润以扩大销售额。其他条件相同的情况下，企业规模（无论是以销售额、雇员还是其他变量来衡量）是 CEO 工作复杂度和职责的决定因素[3]。

随着现代公司制度的确立和完善，关于公司治理结构的研究也将关注点投向了高管薪酬。由于公司治理结构（例如所有权结构、董事会制度等）决定了对高管的监督和激励机制，因此，公司治理结构方面的因素将对高管薪酬产生影响。公司治理结构对高管薪酬的影响虽然存在很大争议，但也得到大量研究的证实，如雷马斯瓦米等（Ramaswamy et al.）研究印度企业特征，包括：所有者结构（家族持股、政府持股、公众持股、投资机构持股）、董事会结构（内部董事比例）、CEO 二元性（是否兼职董事长），得到结论为家族企业与高管薪酬负相关，CEO 二元性和内部董事的比例在家族企业中与 CEO 的薪酬没有关系，而在非家族企业中则起到重要的作用[4]。拉贾戈帕兰（Rajagopalan）则认为股权结构、企业战略（广告、研发强度）和行业特征对高管薪酬有明显影响[5]。但是，也有一些学者对治理结构的影响提出了质疑，如戴维那和佩纳瓦（Davila & Penalva）认为治理结构与对 CEO 的激励（CEO 年财富变化，包括期望持有股权的变化以及每年薪酬）无关[6]。芬克尔斯坦和汉布瑞克（Finkelstein &

---

[1] Tosi, H. L., Werner, S., Katz, J. P. & Gomez-Mejia, L. R., 2000, "How Much Does Performance Matter? A Meta-analysis of CEO Pay Studies", *Journal of Management*, Vol. 26, No. 2, pp. 301–339.

[2] Leonard J., 1990, "Managerial Pay and Firm Performance", *Industrial and Labor Relations Review*, Vol. 43, special issue, pp. 13–29.

[3] John Deckop, 1988, "Determinants of Chief Executive Officer Compensation", *Industrial and Labor Relations Review*, Vol. 41, No. 2, pp. 215–226.

[4] Kannan Ramaswamy, RajaramVeliyath, Lenn Gomes, 2000, "A Study of the Determinants of CEO Compensation in India", *Management International Review*, Vol. 40, No. 2, pp. 167–191.

[5] Nandini Rajagopalan, John E. Prescott, 1990, "Determinants of Top Management Compensation: Explaining the Impact of Economic, Behavioral, and Strategic Constructs and the Moderating Effects of Industry", *Journal of Management*, Vol. 16, No. 3, pp. 515–538.

[6] Davila, Antonio and Penalva, Fernando, 2006, "Governance Structure and the Weighting of Performance Measures in CEO Compensation", *Review of Accounting Studies*, Vol. 11, No. 4, pp. 463–493.

Hambrick)发现报酬与外部董事占全部董事的百分比无关[①]。

在高管个人层面,无论是经济学派还是管理学派,在高管年龄影响高管薪酬这一点上达成了共识。高管的人力资本随着年龄增长而增加,他们的能力会随着知识和经验的增多而提高。因此,无论是人力资本投资回报的属性要求还是工作中投入人力资本的补偿要求,都预示了高管薪酬将随着年龄的增长而增加。阿加瓦尔(Agarwal)认为 CEO 的年龄与报酬之间存在正相关关系,这种关系反映了经理在提高生产率的技能上的投资回报[②]。麦肯奈特等人(McKnight et al.)对 CEO 薪酬类型(工资、奖金、其他长期报酬)与年龄的关系的研究表明,CEO 的基本工资和年龄显著正相关,但是这种相关性随时间缓慢弱化。另外,CEO 的年龄和奖金的关系呈现倒 U 型的特征。当 CEO 年龄达到 53 岁时,奖金作为基本工资的比例减少,并且减少速度逐渐加大。他们解释道,随着 CEO 年龄增加,他们的财务状况发生变化,从而由风险厌恶变成风险偏好,从而更喜欢接受长期形式的报酬(如股票期权)而不是现金[③]。

在高管任期对薪酬的影响方面,研究者基本都认同随着任期增长,高管薪酬将会增加,这是因为:一方面,高层管理者任期越长,在企业中积累的特殊能力越多,同时谈判能力越强,因此薪酬也越高,这与年龄影响高管薪酬类似;另一方面,任期越长,CEO 能够成功地建立他的信誉,并能够影响董事会[④],从而削弱董事会的独立性,董事会俘获也更可能发生,从而增加高管薪酬。随着任期增长,高管薪酬与业绩之间的关系减弱,这是因为,随着任期增长,高管的地位更稳固,使他们能够通过自己的个人影响弱化 CEO 报酬和公司绩效之间的关系[⑤]。高尼路等(Cordeiro)进一步验证了不论现金薪酬还是总体薪酬,都与高管任期存在相关关系,认为尽管 CEO 的能力随着时间而增强,但是超过某个特定的点之后就会变得固执僵化,从而效能下降,工资率也随之下降[⑥]。

6.4 福利

在现代企业薪酬管理体系中,员工福利扮演着非常重要的角色,是企业全面薪酬

[①] Sidney Finkelstein & Donald C. Hambrick, 1988, "Chief Executive Compensation: A Synthesis and Reconciliation", *Strategic Management Journal*, Vol. 9, No. 6, pp. 543–558.

[②] Agarwal, N., 1981, "Determinants of Executive Compensation", *Industrial Relations*, Vol. 20, No. 1, pp. 36–46.

[③] McKnight, P. J., Tomkins, C., Weir, C., Hobson, D., 2000, "CEO Age and Top Executive Pay: A UK Empirical Study", *Journal of Management & Governance*, Vol. 4, No. 3, pp. 173–187.

[④] Hill, C. W. L. and Phan, P., 1991, "CEO Tenure as a Determinant of CEO Pay", *Academy of Management Journal*, Vol. 34, No. 3, pp. 707–717.

[⑤] Tosi, H. L. and Gomez-Mejia L. R., 1989, "The Decoupling of CEO Pay and Performance: An Agency Theory Perspective", *Administrative Science Quarterly*, Vol. 34, No. 2, pp. 169–189.

[⑥] Cordeiro, J. J. and Veliyath, R., 2003, "Beyond Pay for Performance: a Panel Study of the Determinants of CEO Compensation", *American Business Review*, Vol. 21, No. 1, pp. 56–66.

体系中不可或缺的组成部分。对于企业来说,一个完善的员工福利计划,可以成为企业吸引并留住人才的重要手段。国际员工福利计划基金会(International Foundation of Employee Benefit Plans)2007年对美国及加拿大1 200家来自不同领域的雇主进行了调查,结果显示员工福利支出已经占到了工资总额的11%—30%,福利项目涵盖了退休计划、健康计划、牙科医疗计划、人寿保险计划、休假福利、医疗休假等[①]。而一项对美国的研究表明,福利在薪酬管理中越来越重要,已经占到了总体报酬的40%[②]。可以说,在欧美国家员工福利早已不再是"边缘福利",而是员工个人收入的重要组成部分。因此,如何设计员工福利计划,实现福利效用最大化,已成为现代企业非常关心的一个问题。

6.4.1 福利的基本概念及内容

对于员工福利的概念,国内外不同学者有着不同的界定。著名的薪酬管理专家米尔科维奇将员工福利界定为总报酬的一部分,它不是按工作时间给付的,是支付给全体或部分员工的报酬,如寿险、养老金、工伤保险和休假[③]。加里·德斯勒、曾湘泉在《人力资源管理》(第十版)中指出员工福利是雇员因与公司存在雇用关系而享受的间接的经济或非经济的报酬[④]。国内学者刘昕认为福利是员工薪酬的重要组成部分,包括退休福利、健康福利、带薪休假、实物发放、员工服务等,它有别于根据员工工作时间计算的薪酬形式,通常采用延期支付或实物支付的方式,具有类似固定成本的特点,福利和员工的工作时间没有直接的关系[⑤]。在企业向员工提供的总体薪酬中,福利已经成为越来越重要的组成部分。仇雨临认为员工福利是企业基于雇用关系,依据国家的强制性法令及相关规定,以企业自身的支付能力为依托,向员工提供的用以改善其本人和家庭生活质量的各种以非货币工资和递延支付形式为主的补充性报酬与服务[⑥]。事实上,从广义上来说,雇主所支付的工资以外的所有形式的薪酬都是福利[⑦]。

与薪酬不同的是,薪酬可能会因为职位、能力、任职年限、业绩等的不同而不同,而大多数福利项目的享受条件仅是成为公司雇员。福利计划实际上可划分为三类:第一是保护,为员工在疾病、失业、年老或残疾时提供保障;第二是带薪假期,在员工因各种

[①] Julia E Miller, 2008, "Employee Benefits Survey: U. S. and Canada 2007", *Benefits Quarterly*, Vol. 24, No. 1, p. 63.
[②] S. Bates, 2003, "Benefit Packages Nearing 40% of Payroll", *HR Magazine*, March, pp. 17-22.
[③] 乔治·T·米尔科维奇、杰里·M·纽曼:《薪酬管理》(第9版),北京:中国人民大学出版社,2008年。
[④] 加里·德斯勒、曾湘泉:《人力资源管理》(第十版·中国版),北京:中国人民大学出版社,2007年,第438页。
[⑤] 刘昕编著:《薪酬管理》(第二版),北京:中国人民大学出版社,2007年,第362页。
[⑥] 仇雨临主编:《员工福利概论》,北京:中国人民大学出版社,2006年,第7页。
[⑦] Jerry S. Rosenbloom and G. Victor Hallman, 1993, *Employee Benefit Planning*, 3rd ed. Englewood Cliffs, NJ: Prentice Hall.

原因不能工作时,仍为员工提供工资;第三是服务,为员工提供工作时或工作以外的各种服务[①]。福利包含的项目很多,根据不同的标准,可以划分出不同的类型。以福利项目的提供是否具有法律强制力为标准,可以分为法定福利和非法定福利。法定福利是国家通过立法强制实施的对员工的福利保护政策,包括社会保险和法定休假制度。非法定福利是在国家强制之外由企业提供的福利项目,包括补充养老和医疗保险、住房福利以及其他各种服务项目。以员工是否有选择权为标准,可以分为固定福利和弹性福利等。在固定福利下企业向员工提供统一相同的福利项目,员工没有选择福利项目的权利;而在弹性福利下,员工在自己的福利份额范围内,可以根据自己的需求和喜好选择相应的福利项目。

6.4.2 薪酬与福利的关系:无差异曲线

工资和福利是总报酬的两个重要组成部分,在企业的总薪酬成本一定的情况下,福利和工资比例应该怎么决定呢?我们利用无差异曲线对此进行分析,如图 6.4 所示。

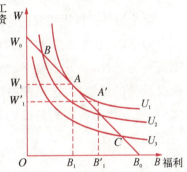

图 6.4 工资和福利的关系

员工的效用与他们的工资福利水平挂钩。人们用工资购买所需的商品或服务,并从中获得效用,而福利本身就是雇主提供的商品或服务,因此工资越高人们的效用越高,福利越高人们的效用满意度也就越高。对员工来说,福利和工资有一定的替补性:低工资可以由高福利来替补;高工资可以在一定程度上抵消较低的福利水平。用 U 代表员工的效用,B 代表福利,W 代表工资。员工获得的效用是福利和工资的一个函数,即 $U=U(W,B)$。在图 6.4 中,U_1、U_2、U_3 代表员工的无差异曲线,每条无差异曲线都是所有能够给工人带来同等效用水平的工资和福利组合的集合。不同的无差异曲线代表的效用水平不同,从原点向右,曲线代表的效用水平越来越高。

可以看到 U_1 曲线上有两个工资和福利的组合 (W_1,B_1) 和 (W'_1,B'_1)。W_1、B_1 组合代表比较高的工资和较低的福利。W'_1、B'_1 组合代表的是比较低的工资和比较高的福利。这两个组合给员工带来的效用是一样的。假设企业中,年老员工使用的医疗养老的福利比年轻员工要大。如果企业中,老年员工的比例高,医疗养老福利支出就会比较大,企业就会倾向于选择 (W'_1,B'_1) 组合。反过来说,如果企业员工的年龄结构偏年轻化,则会偏好选择提供 (W_1,B_1) 这一组合。

---

① "Employee Benefit Programs", http://www.eridlc.com/index.cfm?fuseaction=textbook.chpt20.

同时，预算约束线 W_0B_0 表示的是雇主所提供的所有报酬的总和，包括工资和福利。由预算约束线和无差异曲线，可以得出最优的工资和福利组合。在图 6.4 中，当 W_0B_0 与 U_1 相切时，可以得出工资—福利的最优组合，在该点上工人获得最大效用。A 点为预算约束线 W_0B_0 与无差异曲线 U_1 的切点，对员工而言，该点的 W_1 和 B_1 的组合显然是最好的，在这个点上，工人能够实现效用的最大化。B 和 C 这样的点虽然也在同一条预算约束线上，但它们带来的效用显然比 A 点的效用要小，B、C 点分别位于无差异曲线 U_2、U_3 上；当 B、C 两点沿着预算约束线向 A 点不断调整时，员工的效用就会持续增加。但在 A 点，不存在继续调整以增加效用的余地，也就是说，在 A 点的工资与福利组合实现了员工效用的最大化。但是由于员工的偏好存在差别，不同人的无差异曲线通常也是不同的。因此每位员工的工资福利最优组合点也可能不同，我们这里仅假设所有工人的偏好都是相同的。

6.4.3 企业提供福利的经济学分析

企业为员工提供福利的原因有很多种，也很复杂，如政府对工资和物价的管制、工会的推动、雇主的推动、政府的推动以及福利的成本优势等①。而且很多情况下，工资具有黏性，易升不易降，会使得企业的人工成本逐步攀升，但是福利在提供时确有较强的灵活性，这也使得很多企业愿意为员工提供福利。这里我们仅就成本优势、税收优惠和福利提供的外部性三个方面进行分析，另外福利的提供也存在一定的局限性。

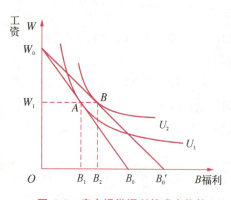

图 6.5 雇主提供福利的成本优势

首先是成本优势，在前面的分析中我们假定企业和员工是以同样的价格购买福利，但是在现实生活中，企业往往能以更优惠的价格购买到商品和服务。如图 6.5 所示，企业能以更低的价格购买福利，使得预算约束线变得更为平坦，即同样金额的货币能购买更多的福利，预算约束线由 W_0B_0 变为 W_0B_0'。在相同的工资水平 W_1 下，企业可以提供的福利由 B_1 增加为 B_2。也就是说，在每一工资水平上，企业都能在不增加其总支出的前提下提供更多的福利。此时工资福利组合 (W_1, B_2) 位于更高的无差异曲线 U_2 上，员工的效用水平增加。

其次是税收优惠。员工福利可划分为两大类：一类是具有递延支付性质的货币收

---

① 乔治·T·米尔科维奇、杰里·M·纽曼：《薪酬管理》（第 9 版），北京：中国人民大学出版社，2008 年，第 314—315 页。

入(包括各类基本社会保险和补充保险等);一类是实物性的报酬或服务,如商品折扣券、各种休假、托儿服务等。从员工角度来说,员工向各类基本的社会保险以及符合政府规定的补充性保障计划所缴纳的费用都属于税前列支项目,免缴个人所得税。而且,实物性质的福利本身就不需缴税,因此福利对员工而言有很大的吸引力。另一方面,企业通过改变总报酬的支出结构,提供福利在某种程度上也能降低企业的纳税负担。根据法律规定,基本社会保险费中的雇主缴费是以员工的工资为基数缴纳的,因此工资增加,意味着雇主所要缴纳的保险费也要随之增加。相比之下,相同数量的福利,则会减少企业的成本支出。

再则是福利的外部性,即福利在吸引、保留和激励员工方面的作用。企业可以利用员工福利计划间接的增加某一类型员工的实际收入,进而达到吸引和激励这一部分员工的作用。例如,雇主发现已婚的、尤其是已有孩子的成年人的流动率更低、生产率更高的话,雇主可以提供一些只有这类人才能享受到的福利,如为员工子女提供教育补助、提供托儿服务、为家庭成员提供健康保险等。通过这种福利结构的安排雇主能用相对较少的成本吸引和保留某一类型的员工。如图6.6所示,图中包括企业的等成本曲线、代表单身雇员保留效用的无差异曲线U_1及代表已婚雇员保留效用的无差异曲线U_2。单身雇员由于没有家庭负担,偏爱高工资和低福利,而已婚雇员则更偏好福利(如家庭健康计划)。如果企业想雇用已婚雇员,则可以提供高福利和低工资的收入组合B,这样已婚的人就会更愿意申请该公司的工作。单身的人则不大可能申请,因为这种工资福利组合不能满足他们的保留效用,所以通过适当的福利类型和项目的安排可以起到一定的吸引和保留员工的作用。

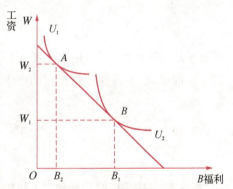

图6.6 用工资和福利组合吸引特定员工

资料来源:〔美〕罗纳德·G·伊兰伯格、罗伯特·S·史密斯:《现代劳动经济学:理论与公共政策》(第八版),北京:中国人民大学出版社,2007年。

除了上述三方面的优势以外,福利也存在着一定的局限性,这种局限性主要体现在福利导致员工失去了对其全部报酬的自由处置权①。在其他条件都相同,即不存在税收优惠的情况下,与递延性支付和实物福利相比,人们可能更偏爱相同数量的现金收入,因为有现金人们可以随心所欲地购买任何自己喜欢的福利。因此,福利效用的大小取决于个人的偏好,即雇员的需求及这种需求给其带来的满足程度。由于个人偏好的差异性,统一安排的福利不可能满足所有员工的异质性偏好,因此同样的福利给

---

① 仇雨临主编:《员工福利概论》,北京:中国人民大学出版社,2006年,第22页。

不同的员工带来的效用是不同的。

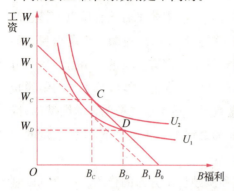

图 6.7 企业统一福利对员工效用的影响

资料来源：Neilson, William S., 2007, *Personnel Economics: Incentives and Information in the Workplace*, New Jersey: Pearson Education, Inc., p. 255.

如图 6.7 所示，W_0B_0 为企业的预算约束线，员工最优的工资和组合点为 C 点，但是此时企业向所有员工提供相同的 D 点的工资和福利组合，相对于 C 点，D 点提供了更多的福利，同时工资也相对较少。对于企业来说，C 点和 D 点在成本上是没有区别的，因为两者位于同一条预算约束线上。但是，对某一类型的员工来说，D 点的工资和福利组合使其效用下降了，因为 D 点位于较低的无差异曲线 U_1 上。那么对这类员工来说，相当于企业支付他的总报酬从 W_0B_0 降低到 W_1B_1。例如，一家企业向员工提供托儿服务，但是那些没有孩子的员工则不享受这份福利，因此在这种情况下，对于没有孩子的员工来说，其效用水平是下降的。正是这种异质性的偏好，在某种程度上促进了自选福利，即弹性福利计划的产生和应用。

本 章 小 结

资历薪酬是按照年龄和服务年限制定基本薪酬的薪酬体系。薪酬随工人在同一企业不中断工作时间的延长而增长。人力资本投资模型、延期支付合同理论、匹配理论等都对资历薪酬作出了解释。延迟支付合同实际上是一种陡峭的年龄—薪酬曲线，在员工进入企业工作初期，员工得到的工资小于劳动的边际产品价值，随着时间推移，两者之差越来越小，合同结束时，即员工临近退休时的工资大于劳动边际产品价值。这样的合同尽可能减少了在雇主很难监督工人的情况下工人的偷懒渎职行为。延期支付合同中存在的委托—代理关系并不涉及生产率的增长问题，薪酬增长的原因是雇主把逐渐增加的资历薪酬体制看作雇用关系中内在的约定。

绩效薪酬即将员工的收入与绩效水平挂钩的薪酬制度。从总体上绩效薪酬计划可以分为基于个体层面的薪酬计划和基于群体层面的薪酬计划。基于个体的绩效薪酬计划包括计件工资、计时工资、绩效加薪、绩效奖金等。基于群体层面的绩效薪酬计划关注员工薪酬与团队、组织绩效之间的关系，员工与组织分享收益，共担风险，主要包括收益分享计划、利润分享计划、员工持股计划、股票期权计划、团队奖金等。

高管人员的薪酬分为四个部分：基本工资、年度奖金、股票期权及其他。对高管薪酬影响因素的实证研究主要集中在企业层面的因素和高管个人层面的因素。企业层面的因素包括企业业绩、企业规模、公司治理结构等，高管个人层面的因素包括工作特征、身份、年龄、任期等方面，这里我们重点关注年龄和任期两个方面。

除此之外，员工福利也在企业薪酬管理中扮演着非常重要的角色，是企业总报酬体系中不可或缺的组成部分。在企业的薪酬成本一定的情况下，员工的工资水平与福利水平存在一定程度的替代关系。企业为员工提供福利的原因有很多种，也很复杂，如政府对工资和物价的管制、工会的推动、雇主的推动、政府的推动以及福利的成本优势等。

复习思考题

1. 简述延期支付合同理论，分析为什么陡峭的年龄—薪酬曲线能达到激励效果？
2. 简述绩效薪酬计划的类别。
3. 简单分析基于个体的绩效薪酬计划和基于组织的绩效薪酬计划的优缺点。
4. 简述高管人员的激励组成。
5. 分析高管人员薪酬的决定因素。
6. 简述工资和福利的替代关系。
7. 试从经济学角度分析企业的福利制度。

案例分析

融创公司薪酬体系问题在哪里？

两年前，某国有企业与刚进入国内的某外资企业合资成立了融创电子商务有限公司。身处一个非常有潜力的行业，融创的发展突飞猛进，2006年销售额达30亿元人民币。然而在公司快速发展的过程中，内部却出现了一些矛盾，员工们无心工作，怨声载道，而这一切的焦点都集中在薪酬上。

"我在这里工作比在原来的国有企业累多了，为什么还是按原来的标准给我发工资？"

"同是一个公司的职员，为什么他的工资标准比我高出这么多？"

"凭什么外企过来的人就能拿那么高的工资？"

融创公司的薪酬体系到底出现了什么问题，为何引发如此多的员工不满？融创高层管理者一致认为是人事组成结构的复杂性导致了薪酬体系的内部不公平。融创公司的在职人员由三部分组成：国有企业派来的；外资企业派来的；融创向社会招聘的。这就使公司的薪酬存在着三种体系：国有企业派来的是将原来的工资标准平移过来，外资企业派来的员工拿着很高的外资企业补贴，合资公司招聘的员工按照合资公司的标准领取薪酬。这三种薪酬体系造成了员工矛盾的激化。

鉴于这种情况，融创公司决定进行薪酬改革，统一薪酬标准。然而，改革并没有消除员工的不满，反而使矛盾进一步升级。由于公司高层大部分是国有企业派来的管理者，因此改革后实行的薪酬体系带有浓厚的国企色彩，而这与注重追求效率和激发员工积极性的外企薪酬标准形成了鲜明的反差，于是公司中国企员工与外企员工之间的矛盾不可避免地被激化了。

在融创新制定的薪酬标准中，固定的基本工资和岗位工资占有很大的比重，而浮动的绩效工资只占有很少的一部分，少到基本无法体现员工之间素质、能力的差异。例如，一个普通业务员的月薪是2 000元的话，那么他的固定部分是1 800元，而浮动部分只有200元。这是典型的国有企业薪酬标准，目的是为了让员工有一种稳定感。但是，外资企业大多希望自己的员工有一种压迫感，他们会把绩效工资提得很高，让员工之间素质、能力的差异在薪酬上有所体现，促使员工在这种差异的激励中不断进取。于是，不同文化下薪酬标准的差异使员工之间的内部公平受到冲击。

明显的国企薪酬文化还体现在绩效工资的考核上。绩效工资扣的多，奖励的少。公司领导层为了稳定，制订了大量限制性条款，甚至有下班忘记关电脑扣绩效工资50元的规定。员工在这种薪酬文化的影响下，天天只会想着不要犯错误。而外企的薪酬文化是以激励为主，他们考核指标中更多的是如何给员工增加绩效奖金的条款。这样的差异体现在公司里，必然会引发大量从外企过来的员工的不满。

岗位价值体现不公平也是矛盾的焦点。国有企业以公平为主，外资企业注重效率。融创公司内部，各部门岗位的基本工资和岗位工资都没有拉开距离，大家基本上都是一样的，这看起来公平，但是从外企过来的员工对此的抱怨声一浪高过一浪。他们认为公司内各部门各岗位职责不一样，承担的责任、工作的难度都有很大的差异，这种差异体现在员工的能力、工作量上，这样"一碗水端平"，的确有失公平。

资料来源："融创公司薪酬体系问题在哪？"牛津管理评论，http://oxford.icxo.com/htmlnews/2007/04/12/1035362_0.htm，2010年3月10日下载。

结合案例中所反映的融创公司的背景信息，分析其薪酬改革失败的原因，并结合本章所学的知识，提出一个合适的薪酬改革方案。

推荐阅读资料

1. 〔美〕罗纳德·G·伊兰伯格、罗伯特·S·史密斯:《现代劳动经济学:理论与公共政策》(第八版),北京:中国人民大学出版社,2007年。
2. 〔美〕爱德华·拉齐尔:《人事管理经济学》,北京:生活·读书·新知三联书店、北京大学出版社,2000年。
3. 杨伟国:《劳动经济学》,大连:东北财经大学出版社,2010年。
4. 巴里·格哈特、萨拉·L·瑞纳什:《薪酬管理——理论、证据和战略意义》,上海:上海财经大学出版社,2005年。
5. 乔治·T·米尔科维奇、杰里·M·纽曼著,董克用等译:《薪酬管理》(第9版),北京:中国人民大学出版社,2008年。
6. 〔美〕杰尔·S·罗森布鲁姆:《员工福利手册》(中文版),北京:清华大学出版社,2007年。
7. Edward P. Lazear, Kathryn L. Shaw, 2007, "Personnel Economics: The Economist's View of Human Resources", *National Bureau of Economic Research*, Cambridge, MA.
8. Martocchio, Joseph J., 2001, *Strategic Compensation: A Human Resource Management Approach*, New Jersey: Prentice-Hall.
9. George T. Milkovich, Jennifer Stevens, 2000, "From Pay to Rewards—100 Years of Change", *ACA Journal*, Vol. 9, No. 1, pp. 6–18.

网 上 资 料

1. 中国人力资源学习网,http://www.hrlearner.com/
2. 美国薪酬协会(WorldatWork),http://www.worldatwork.org/waw/home/html/home.jsp
3. 国际员工福利基金会(International Foundation of Employee Benefit Plans),http://www.ifebp.org/

第 7 章

绩 效 管 理

 学习目标

在现代企业的人力资源管理体系中,绩效考核作为约束、激励员工的手段,在其中扮演了非常重要的角色。对于企业来说,绩效考核不仅仅是为了企业对员工的晋升、解雇、发放奖金等管理行为提供依据,更重要的是能够切实起到提升员工绩效的作用。本章从经济学角度来考察企业的绩效考核制度,学习本章,应掌握企业选择不同绩效考核主体的原因,理解绩效考核在提升员工绩效的过程中所起的作用,了解绩效考核中一些常见的政治行为。

 引 例

J公司的绩效考评之惑

J公司是2002年成立的房地产公司,自成立后一直处于高速发展的状态中,设立了销售部、项目拓展部、策划部、工程部、设计部、总工室、预算部、人力资源部、财务部等9个部门。根据公司发展需要,由人力资源部牵头,在公司内部推行了全面的绩效管理。

2008年4月7日

刚上班不久,人力资源部张经理就找到工程部李经理,提出工程部的第一季度考核结果没有区分度,胜任力维度都是四分,没有体现差别,要求修改。李经理心想:工程部这几个工程师各有各的专业,怎么相互比较他们的专业能力呢?还有,工程部这几个人整天在外面出差,我都没见他们几次,怎么给评价呢?如果不给满分,员工不满意怎么办?再说,什么才算优秀的团结协作,我自己都不清楚,怎么打分呢?

想了半天,李经理召开了部门会议,提出了人力资源部的意见,最后提出按照季度轮流来,每人会得到一次第一,也会得到一次倒数第一。

做通了员工的工作后,李经理终于把合格的考核表交给了人力资源部,但是李经理还是没有弄明白绩效考核在弄些什么名堂。

2008 年 4 月 8 日

今天李经理得到了消息,工程部上个季度的考核得了一个差评,他气势汹汹地找到了人力资源部的张经理,提出了自己的意见。上个季度工程部虽然将项目延误了,但这是由于设计部临时修改图纸造成的,并且在本季度已经把项目进度赶回来了,为什么不能将分数补回来呢?人力资源部张经理也很无奈,提到考核是根据季度进行的,而不是按项目进行的,上个季度的考核结束后,即使项目进度赶回来了,也没法补回分数的。

李经理很不满意,明明项目延后不是由于本部门的原因,并且在后面的项目进程中把时间抢回来了,但是还是得了差评,人力资源部的工作太死板了。

J 公司的绩效考核让员工乃至领导都充满了疑问:

各部门工作环环相扣、相互影响,绩效考核如何推进?如何客观地评价员工的工作绩效?流程性工作是按项目进度还是季度进行考核?

资料来源:"绩效考核引发的战争",《人力资源》,2009 年 3 月(下半月)。

上面的案例中提到 J 公司引入了绩效考核作为企业以及员工绩效提升的工具,但是在绩效考核的过程中遇到了很多问题,包括考核标准如何制定,考核主体应该由谁担任等。综合来看这些问题发生的原因,是 J 公司对于什么是绩效、什么是绩效考核的基本概念也没有搞清楚。这是企业绩效考核没有发挥作用的一个重要原因。绩效考核包括了以下几个重要问题,即绩效考核的主体、标准以及绩效考核中的政治行为。

7.1 绩效考核的主体

绩效根据不同的层面包括了企业绩效、团队绩效以及个人绩效。对于员工来讲,绩效是按照其工作性质,完成工作的结果或履行职务的结果。换句话说,就是组织成员对组织的贡献,或对组织所具有的价值。在企业中,员工工作绩效具体表现为完成工作的数量、质量、成本费用以及为企业作出的其他贡献等。绩效考核就是针对企业中每个员工所承担的工作,应用各种科学的定性和定量的方法,对员工行为的实际效果及其对企业的贡献或价值进行考核和评价。这其中的关键问题是谁来负责考核和评价工作,即绩效考核主体问题。

7.1.1 绩效考核的不同主体

从传统上来看,绩效考核主要由员工的直接上司来执行,员工的直接上司向员工传达绩效考核的结果。当然,现在有越来越多的其他方法被应用,包括直接上级评价、同事评价、自我评价、评价委员会评价、下级评价以及客户评价等。

第一,直接上级评价。大多数的绩效考核中,都是由上级主管人员给出对于员工的评价,这种做法是有一定道理的。上级主管人员一般情况下是最便于对下属雇员的绩效进行观察和评价的人,同时他们往往需要对下级的绩效情况负责,他们下级的绩效情况同时也是对他们绩效考核的一个很重要的方面。

第二,同事评价。绩效考核信息的另一个来源是被评价员工的同事。在一定的时候,上级主管人员无法总是观察到员工的行为,这个是符合情理的,尤其是当员工的人数较多的时候,上级主管人员无法对每个员工的行为都进行观察,这时候他进行绩效考核的依据主要是一贯的印象,这就容易出现偏差。而同事不仅通晓工作的要求,而且也是最有机会观察到员工日常工作活动的人。员工的同事能够给绩效考核带来全新的角度,而这些角度对于准确衡量员工的绩效水平是十分有利的。现在,同事或团队成员对某位雇员进行评价的做法越来越普遍。

第三,自我评价。现在来看,雇员的自我评价虽然并不经常作为绩效考核信息的唯一来源,但是它提供的信息是非常有价值的。一般认为,没有谁会比雇员本人更了解自己的工作行为。并且一般来讲,他对自己的本员工作有着更深的了解。但是,员工自我评价存在的问题在于:雇员们对他们工作绩效作出的评价,通常要高于他们的主管人员或同事对他们作出的评价[①]。另外,在绩效面谈的过程中,主管人员必须了解员工对自己绩效的看法,从而将两者的焦点集中在有分歧的领域。员工的自我评价对于员工看法的获得是非常有意义的一个信息来源。

第四,评价委员会评价。许多企业还利用绩效评价委员会来进行绩效评价。这些委员会一般包括雇员的直接上级和三到四位其他方面的主管人员。相对于来自上级主管或同事的绩效考核方式,评价委员会的评价来自不同的评价者,不可避免地存在分歧,这些分歧往往来自不同层次的评价者从自己的角度察看雇员工作绩效的结果,经过讨论得到的综合结果往往能够具有更高的评价者内部信度或者一致性。

第五,下级评价。下级评价往往是以匿名的形式由下属对其上级管理人员进行评价的一种方式,又被称作自下而上的反馈。来自下属的反馈能够深刻体现员工的人际

---

① 加里·德斯勒:人力资源管理(中文版),北京:中国人民大学出版社,2003年。

关系和管理风格,能够帮助组织确定员工的发展需要,同时下属评价也是评价个人领导力的极好方法。

第六,客户评价。在某些行业中,比如服务性行业,员工所从事的工作要求其直接为客户提供服务,客户指标对于企业财务绩效的驱动力比较明显,很多公司将客户纳入到自己的绩效评价体系上来,考察客户的满意度、市场占有率等,就更显得理所当然。从美国的情况来看,1996—2006年间,所有的新增岗位实际都是由服务行业提供的[①]。因此,客户对于员工绩效的反馈对于企业获取竞争优势显得尤为重要。

7.1.2 不同考核主体的选择

上级评价是绩效考核的一个主要形式,但现在其他的考核主体也越来越多的出现。企业是如何考虑绩效考核主体的选择?怎么样的绩效考核主体是有效的呢?我们试图从经济学的角度考察这个问题。

对于企业来说,影响其绩效考核效果的因素主要有两方面:评价工具因素和评价者因素[②]。评价工具因素在国内外的研究中比较成熟,涉及考核形式、组织的政策和程序、心理测量学工具等,概言之,它着眼于解决两个问题——评价指标的准确性和标准的适当性。经过学者的大量理论和实证研究以及从业者的实践反馈,目前已经形成了非常成熟的绩效考核方法体系,比如KPI考核法、平衡记分卡、目标管理法、全面质量管理在绩效考核领域的应用等等。但是,就算有一套科学合理的绩效考核体系,考核的结果也并不一定客观公正,它往往还受到许多其他因素的影响,比如评价者因素、被评价者因素,以及两者的相互关系。由于这些因素的存在会影响到考评效果,考评主体的选择是绩效考评中一个需要权衡的问题。

由于不同的考核主体都会有其自身的优缺点,因此,考核主体的增加会增加信息来源,从而促使考核结果的准确性,但是每增加一个考核主体都会存在边际成本的递增,企业会理所当然地选择对其边际收益最大、边际成本最小的考核主体,直到边际收益等于边际成本。以某行业为例,假设每增加一个考核主体会导致其支出费用5个单位,选择不同主体对其收益如表7.1所示。企业按照效益最大化原则,理性抉择的结果就是选择上级、同事、自己作为考核主体。

表7.1 不同主体边际收益

主体	上级	同事	自己	下级	客户	评价委员会
边际收益	10	8	6	4	2	1

---

① Bureau of Labor Statistis, 1997, "Employment and Earnings", Washington, DC: U. S. Department of Labor.
② 吴铮、孙健敏:《绩效评估中的政治因素》,《经济与管理研究》,2006年第2期。

当然,实际情况中随着考核主体的增加,边际收益的变化可能没有那么简单,但是企业在选择考核主体的时候,会遵循最终边际成本等于边际收益的这个思路,从而达到利润的最大化。

7.1.3 360度绩效反馈技术

学术界和实践界越来越推崇多来源的评价技术。"360度绩效反馈技术"也称为"多来源评价技术",它是指绩效考核所搜集的信息来源与围绕一个雇员所存在的方方面面的人,包括他(她)的上级、下级、同事、自我、评价委员会以及内部或外部客户。我们从边际成本和边际收益相等的原则来理解360度考核技术的应用。

360度绩效反馈技术在产生的初期受到了企业的欢迎,企业发现这个技术相对于单一信息来源的考核方式能带来更多的收益。从心理测量的角度来看,通过"多特征—多评价者"矩阵,多来源评价者可以保证多重评价指标的汇聚效度。从内容效度的角度来看,多种评价者由于可以对被评价者的工作行为有大量的多角度的观察,从而可能提高评价的内容效度[1]。操作层面上,使用多来源评价者可以拓宽绩效评价过程中相关人员的参与,因此增加了他们的兴趣和承诺;对于被评价者来说,他们可能认为相比单一来源的评价,多来源评价的绩效考核系统会更加公平和容易接受,所以更受他们欢迎。在法律层面上,由于前文所述操作层面的原因,也可以很好地避免企业陷入评价偏见、歧视倾向的法律纠纷之中。更为重要的一点是,选择使用多来源评价者还能对绩效管理强调过程与改进的思想有所贡献,这是因为使用多来源的评价者可以对个人改进和完善提供更多的绩效反馈,比如,一个人可能只是在他作为下属的角色上存在绩效不足,那么由他的上级作出的评价反馈就对他未来的发展改进更有针对性[2]。

但是,多来源评价技术并不是完美的,最大的缺陷就是评价成本非常高,还可能带来复杂的文案工作,如果使用不当很可能得不偿失。另外,不同来源的评价者在组织中被赋予了不同的角色,他们很可能会基于自己工作的相关方面来对被评价者的绩效发展作出不同的期望,从而对被评价者的绩效感知并不一致。不同角色评价者的绩效感知是否应该一致仍然是学者对多来源评价技术的一个争论。因此,该技术要成熟地应用于企业当中,即使其确实能够促进考核的精确度或者在财务上体现出作用,仍然应该致力于研究如何减少不必要的成本。

---

[1] Borman, Walter C, 1974, "The Rating of Individuals in Organizations: An Alternate Approach", *Organizational Behavior & Human Performance*, Vol. 12, No. 1, pp. 105-124.

[2] Dennis P. Bozeman, 1997, "Interrater Agreement in Multi-Source Performance Appraisal: A Commentary", *Journal of Organizational Behavior*, Vol. 18, No. 4, pp. 313-316.

7.2 绩效考核的规则

上一节中我们讨论了比较常见的几个绩效考核主体,一般来讲,上司作为最为常见的主体而存在,在现有的实践中,下属作为一个积极的信息反馈的主体的地位也显得越来越重要,笔者认为企业选择哪方作为绩效考核主体,选择几个主体,都会遵循一定的规律,从360度绩效反馈技术的发展过程来看,绩效考核主体的选择同样是受到边际收益与成本规律的约束的。本节进而讨论绩效考核中的另外一个重要问题,即绩效考核的规则,具体来讲,主要包括了绩效考核的频率和标准问题。

7.2.1 绩效考核的频率与标准

上面提到的企业进行绩效考核需要解决的四个问题中,有两个问题是有关于绩效指标和标准的。一般来讲,指标指的是从哪些方面对工作产出进行衡量,比如说考核销售人员的销售量;而标准指的是各个指标分别应该达到什么样的水平,比如说销售量达到400万元。考核者通过对被考核者的实际工作产出与绩效标准进行比较,从而考察其是否胜任本职工作。如果能够达到标准就提供确定的晋升或者奖励以激励员工提供企业所需要的行为。如果不能够达到标准,就进行一定经济上的惩罚,如果连续达不到标准就证明该员工无法胜任工作,要对其进行培训、调岗或者辞退。因此,绩效的指标和标准是否科学合理是绩效考核能否达到引导员工行为的一个重要因素。

考核频率的定义比较容易理解,指的是企业在一定时间内考核的次数。一般来讲,绩效考核的频率越高,考评周期越短,意味着考评越有效。首先,企业的绩效考评就好比设备的自我检测反馈系统,考评的频度、季度和月度考评,也存在每周考评甚至每日考评,实践中需要具体把握[1]。考核频率越高,就越能及早地发现和解决问题。其次,员工的工作表现是逐月不同的,考评周期越短,考评结果受考评者近因效应的影响越小,客观性和准确性越高。第三,由于激励需要及时性,随着考评频度的提高,考评的激励效果将迅速上升。但是考评周期越短,同时意味着考评次数增多,考评者的工作量和考评难度加大。如果超过了企业经营的具体状况和企业管理的实际水平,不但会造成不必要的人力资源浪费,而且会造成绩效考评工作实际上难以认真开展,最后只能敷衍了事。实际上管理界和学术界对绩效考评频率并没有形成同一标准,既有按年度、半年考核的,也有按季度、月份甚至按日考核的。在实际操作过程中,考核的频率与考核的管理目的以及工作的性质有关。考核可能用于年度奖金的发放或者半年一度的晋升。对于行政职能部门可以按照季度或者年度考核,但是对于工程部则根据

---

[1] 肖鸣政、杨京涛:《绩效考评与管理中的十大问题》,《中国行政管理》,2007年第6期。

项目进度考核。对于考核频率长短的协调是绩效考核的一项重要工作。

评价工具在国内外的研究中比较成熟,涉及考核形式、组织的政策和程序、心理测量学工具等,概言之,它着眼于解决两个问题——评价指标的准确性和标准的适当性。经过学者的大量理论和实证研究以及从业者的实践反馈,目前已经形成了非常成熟的绩效考核方法体系,比如 KPI 考核法、平衡记分卡、目标管理法、全面质量管理在绩效考核领域的应用等。

绩效指标的提取是伴随着对于绩效概念研究的深化而不断发生变化的。绩效指标解决了一个考什么的问题,实质上,提取怎样的指标反映了企业对于绩效概念理解的异同。对于绩效的理解,经历了一个绩效是结果、行为或者结果和行为的共同体的过程,同样,绩效考评的指标提取也经历了一个仅仅重视财务结果,到如今将个人潜力、个人素质、工作态度等纳入绩效考核的范畴的过程。当企业对于绩效的理解演变为关心绩效生成的过程,关心驱动绩效的因素(Performance Driver)时,其已经接近于绩效管理的意图——关注未来。

业绩评估要求订立绩效标准,绩效标准是业绩衡量的水准和基点。为了有效,它们应与每项工作所期望得到的成果相联系,不能任意建立。绩效标准包括了绩效指标,绩效指标是对于企业总体目标的一个分解,一个比较完善的指标体系能够支撑企业战略的实现。人力资源管理理论中比较强调员工行为对于企业战略的支持作用,而绩效考核就是引导员工行为的重要工具,通过设置绩效指标对员工的努力方向进行引导。比如企业鼓励员工创新,并且将新产品的销售额作为绩效指标存在,这时候就会引导员工致力于创新性活动。

绩效标准的依据可以通过工作分析收集。可能没有比美国邮包服务公司的工作细节标准更好的例子了。在 UPS,有超过一千多的工业工程师研究和计量工人表现的每一个方面,引用《华尔街时报》的报道,他们是这样为司机制定标准的:约瑟(Joseph)从他银灰色的邮运卡车上跳下来走向一间办公室……在他身后几步远,一位 UPS 的工业工程师马乔里(Marjorie)手里拿着数字计量器。马乔里数着约瑟的步数,计量他询问顾客的时间,记录着他被交通情况和在弯道、按门铃、过人行道、上楼梯和喝咖啡所占用的每一秒钟。UPS 公司并不把标准当作教条,但标准能提供可计量性。公司的副总裁拉里(Larry. P. Prekion)这么说:"我们尽力去设计好工作并使之可以计量,这是我们成功的关键。"对于管理层来说,了解卓有成效的工作业绩的特性是重要的。工作分析应与对雇员业绩的细致分析联系起来,一开始就明确雇员应具备哪些特征才能在一项工作中取得成功。这种调查可揭示管理层在过去使用的成功业绩标准是否是正确的,当然不是要去修正正在运用的定义和标准,而是运用时注意"自律",管理层应更留意将来的业绩标准而不是过去使用的。

7.2.2 绩效考核规则的委托代理框架

从绩效考核的目的来看，绩效考核是否成功在于其是否激励员工付出更大的努力，我们从经济学的角度对绩效考核的标准进行分析，讨论单一的绩效标准与多重的绩效标准哪个更有利于激励员工，绩效标准过高和过低对会员工激励产生什么样的影响。

这里我们首先用委托代理框架来分析绩效考核和激励问题，将股东和员工（包括中高层管理者和基层员工）的关系理解为委托代理的关系，股东是委托人，而员工是代理人，员工通过工作为公司带来收益，而直接收益人是股东。委托代理框架应用范围很广，它可以应用于企业股东和CEO之间的关系，也可以应用于诉讼人和律师之间的关系，甚至一个城镇的市民和市长之间的关系也能够利用它来进行分析。

委托代理关系困境（一般指的是代理问题）一般出现在两方的利益以某些方式存在差异的时候。委托人往往是关注自己的利益以及支付给代理人的报酬，而代理人则关注自己收入的最大化。如果两者的利益分配缺乏足够的协调，代理人可能会忽视两者存在的代理关系。比如委托人仅仅支付给代理人不多的报酬，却让其完成过于复杂的工作，代理人就会不重视代理关系。举个简单的例子，某公司为了在市场上赢得优势而要求部门经理们强调创新，但却并没有安排相关的机制来支持，这时候如果创新对于部门经理没有实际的利益，经理们是不会按照公司的想法行事。代理问题的其他例子数不胜数，比如公司股东和CEO之间也存在利益不一致，股东要求的是高投资回报，而CEO要求的是薪酬和市场声誉，这时候如果没有合适的约束，CEO会采用市场并购来提升自己的声誉，不论这种行为是否会对企业有利。

公司会考虑应用完备契约对员工行为进行管理。完备契约指的是规定了每一方对另一方承担的责任和享有的权利，并规定如何解决预期在交易中可能出现的每一种意外情况。完备契约可以将期望的员工行为与其工资直接联系起来。但是，现在工作的复杂性使得很多情况下完备契约不可能存在。首先，委托人期望的行为往往很明确，比如期望员工加强创新，但是即使委托人能够观察到员工的行为，也很难得知员工的实际努力水平，存在隐蔽行为，即代理人的行为无法观察到。这时候，任何根据代理人行为而支付报酬的合同都是无法实施的。其次，由于专业化分工的深入，代理人会比委托人更了解工作本身，比如CEO绝对比股东更了解公司运行的相关信息，这时候存在隐蔽信息的问题，委托人不可能以这些信息为基础对代理人支付报酬。

企业采用了很多方法来统一雇员和企业之间的利益。任何一个把雇员当前或者将来的收益同工作业绩相挂钩的机制，都可以看作提供激励并解决代理问题的一种尝试。通过绩效考核了解员工的绩效并加以评价分级，按照预定的方案与奖金、加薪、分红、股票期权、晋升、解雇的威胁甚至同事认可、假期等员工重视的事物与绩效考核的结果相联系,是解决委托代理问题的一个办法。

7.2.3 绩效考核是否能起作用

上面讲到了人力资源管理理论中,企业引入绩效考核的作用在于通过将员工的业绩和报酬相联系,来提高员工的绩效。这里我们从经济学的角度探讨绩效考核是否能够实现激励员工的目的,以此来理解企业是否应该为员工的业绩制定标准并且与报酬相联系。

我们假定企业雇用一个销售员进行销售工作,他努力工作的时间为 t,并且 t 增加一个单位会为单位带来 1 000 元的收益。此时单位能够确定他工作,但是无法确定他是否在努力地工作,因此通过完备契约来对其进行约束是没有效果的,这里存在隐蔽行为。对于销售员来说,假定努力工作的时间增加会对其产生成本 C,成本可能包括工作疲劳、访问客户的额外花费等[①]。假定员工的成本曲线 $C(t)$ 根据下式确定:

$$C(t) = \begin{cases} 0 & t \leqslant 40 \\ 1/2(t-40)^2 & t > 40 \end{cases}$$

该函数表示员工每月努力工作时间若小于 40 小时,对他来说则不存在成本问题;但若超过 40 小时,对其来说,每增加一个小时,会增加 $(t-40)$ 元的成本。

我们在委托代理的框架下理解单位是否应该进行绩效考核,必须理解单位和员工拥有不同的目标。单位关注的是总收益 T 与支付给员工报酬的差额,因此他们希望员工尽可能多地努力工作,然后支付给员工尽可能少的报酬,但是支付给员工的报酬往往会影响员工的努力工作水平,单位在这里会面临支付给员工多少报酬的权衡,单位的目标是希望为员工增加的一元工资为带来的收益能够大于一元。员工关注的则是净报酬 M,即单位支付的报酬与工作成本的差额,因此对于员工来讲,是否努力工作取决于努力工作带来的边际收益和边际成本的权衡,如果边际收益大于边际成本,员工会选择努力工作,反之则不会。因此,单位是否进行绩效考核,是否将绩效考核结果与员工收入联系在一起,对员工行为是有影响的。具体怎么影响,我们来看以下的一个例子。

首先,假设单位选择不进行绩效考核,仅仅提供一个固定工资 1 000 元,销售员会理所当然地选择不高于 40 小时的努力工作时间。这时候,单位最多能够获得 4 000 元的总收益,扣除员工报酬 1 000 元,单位获得的利润 P 为 3 000 元。

其次,我们假设单位进行绩效考核,并且将员工收入与业绩挂钩,员工报酬是 1 000 元加上 10% 的销售额提成。我们已经知道销售员努力工作一个小时会给单位带来

[①] 贝赞可、德雷诺夫、尚利、谢弗:战略经济学(第三版),北京:中国人民大学出版社,2003 年。

100元的销售额,因此,员工净报酬$M(t)$就是:

$$1\,000 + (0.1)(100t) - C(t)$$

员工每增加一个工作时间会增加$(t-40)$元的成本,同时能够为单位带来100元销售额,根据假设,员工能够获得10元的提成。员工会根据边际成本等于边际收益的原则确定最优的努力工作时间,这里对$M(t)$进行求导,得出员工净报酬最大化的工作时间为50小时。

此时,单位的利润P是$5\,000-(10\%)5\,000-1\,000=3\,500$,员工的净报酬$M$为$(10\%)5\,000+1\,000-50=1\,450$,单位和员工都实现了收入的增加,因此,进行绩效考核对于单位和员工都是有利可图的。

另外,我们可以发现佣金率会影响员工的努力程度,若将佣金率提高至20%,固定工资不变,员工净报酬$M(t)$变为:

$$1\,000 + (0.2)(100t) - C(t)$$

对$M(t)$进行求导可得到净报酬最大化的时候,员工的努力工作时间为60小时,此时单位的利润P是$6000-(20\%)6\,000-1\,000=3\,800$,员工的净报酬$M$为$(20\%)6\,000+1\,000-200=2\,000$。

那么,是否佣金率越高越好呢?答案是否定的。对于企业和员工来讲,佣金率代表着两者的利益分配,单纯从企业角度考虑问题,必然存在着一个最优的佣金率使得企业的收益和工资支出达到一个平衡的水平,当佣金率达到100%时,员工就会获得全部的收益,这是现实中不可能存在的。

一系列研究表明,一些业绩评估相对简单的工作通过绩效考核能够获得企业利润的增加。哈利(Harry Parsch)和布鲁斯(Bruce Shearer)利用英国哥伦比亚植树公司的工资单进行了类似的研究。他们的结论是与固定工资的报酬机制相比,采用计件工资后三个种植者的工作效率提高了22.6%[1]。

7.2.4 简单客观指标的无效性

上述以销售员为例证明了绩效考核的有效,但是销售员的工作是一维的,他仅仅需要决定该投入多大的努力,但是大多数的工作都必须选择努力在多种任务或者同个工作的不同维度的分配。对于这类工作的绩效考核,人力资源理论强调了要提取全面的绩效指标,认为绩效指标要全面覆盖所有的期望行为。但是,经济学的多任务委托代理模型提供了不同的看法。

---

[1] Harry Parsch and Bruce Shearer, 2002, "Piece Rates, Fixed Wages, and Incentive Effects: Statistical Evidence form Payroll Record", *International Economic Review*, Vol. 41, No. 1, pp. 53-92.

在简单的委托代理模型中,我们仅考虑了代理人仅从事单项工作的情况。在现实生活中,许多情况下代理人被委托的工作不止一项,即使是一项,也有多个维度。因此,同一代理人在不同工作之间分配精力是有冲突的。而委托人对不同工作的监督能力是不同的,有些工作是不容易被监督的。例如:生产线上工人的产品数量是容易监督的,而产品的质量监督有难度。霍姆斯特姆和米尔格罗姆(Holmstrom and Milgrom)证明,当代理人从事多项工作时,从简单的委托代理模型得出的结论是不适用的[①]。在有些情况下,固定工资合同可能优于根据可观测的变量奖惩代理人的激励合同。霍姆斯特姆和米尔格罗姆模型的基本结论是:当一个代理人从事多项工作时,对任何给定工作的激励不仅取决于该工作本身的可观测性,而且还取决于其他工作的可观测性。特别是,如果委托人期待代理人在某项工作上花费一定的精力,而该项工作又不可观测,那么,激励工资也不应该用于任何其他工作。

假设销售员的工作可以分为两类,一类是产品销售,一类是公司产品的宣传工作。照传统的委托代理模型,我们可以知道如果按照固定工资制度对销售员进行付酬,销售员没有得到足够激励。假定公司按照固定工资加佣金的方式付酬,很可能能够起到销售业绩改善的作用。但是在这里的假设中,销售员的工作不再是单一的产品销售,还包括了宣传工作,他面临着一个进行分配"努力"的问题。这里的问题很显然,销售员在产品销售上增加一单位努力,能够增加佣金收入;而在宣传工作上增加一单位努力,是无法增加收入的。因此,理所当然销售员会选择忽略宣传工作,而集中注意力在销售工作中,甚至作出影响公司声誉的事情。例如,在提供信用服务的 Dun & Bradstreet 公司,规定销售人员只有当客户在公司的信用报告服务订购超过上一年时才能得到佣金,在 1989 年公司遇到了大量的诉讼,是关于销售人员在进行推销时,对客户进行欺骗性的销售,虚报了客户上一年的用量,意图用这个方法使得客户扩大订购量。这时候短期订量增加的代价是公司名誉的受损。可见,我们必须谨慎提取合适的绩效指标。

人力资源管理理论中强调的是指标的全面性,但是并没有回答在一个复杂工作中,当某些任务难以考核时,绩效考核如何开展,业绩如何和报酬挂钩。多任务的委托代理模型框架提供了一些解决办法:第一,取消将业绩与报酬挂钩的政策,采用固定工资制度。这种办法不能对员工提供激励,但是它也有优点,它能促使员工完成一些对企业很重要,但是无法进行准确评估的任务。第二,用直接监督和主观业绩评估的办法,来加大激励的力度。将主观业绩评价、直接监督与客观指标结合起来,是解决问题的一个办法。但是,它有效的一个前提在于评估者能够观察到员工的活动,了解他们

---

① B. Holmstrom & P, Milgrom, 1994, "The Firm as an Incentive System", *American Economic Review*, Vol. 84, No. 4, pp. 972–991.

是否进行那些企业鼓励从事、却不会改进可评估业绩的活动,同时还能够观察到员工是否做那些企业不支持员工从事,却能够改进可评估业绩的活动。

7.2.5 绩效标准的棘轮效应

我们这里还观察绩效标准的制定。在绩效标准的制定过程中,企业往往倾向于参考过去的业绩,通过一定幅度的增加来确定现在的业绩标准,这被认为能够对员工提供激励。但是,经济学提供了不同的看法,认为可能在长期的合作过程中,当员工了解这一点后,反而会降低努力程度。

委托代理模型的棘轮效应模型认为委托人将同一代理人过去的业绩作为考核的标准,因为过去的业绩包含着有用的信息。问题是,过去的业绩与经理人的主观努力相关。代理人越是努力,好的业绩可能性越大,自己给自己的"标准"也越高。当他意识到努力带来的结果是"标准"的提高,代理人努力的积极性就会降低。这种标准业绩上升的倾向被称为"棘轮效应"。霍姆斯特姆(Holmstrom,1994)等研究了相关的问题。在他们的模型里,经理和股东之间风险分担存在着不一致性。原因是经理把投资结果看成是其能力的反映,而股东把投资结果看成是其金融资产的回报。人力资本回报和资本回报的不完全一致性,使得股东在高收益时,认为是资本的生产率高,从而在下期提高对经理的要求。当经理认识到自己努力的结果是提高自己的考核标准,其努力的积极性就会降低。因此,同样是在长期的过程中,棘轮效应反而会弱化激励机制。

7.3 绩效考核的产业政治学

绩效考核的目的是为了提高员工的绩效。但是如前所述,假如我们选择了合适的绩效考核主体、合适的绩效考核标准和考核流程,那么,是否就一定能够实现预期的效果呢?绩效考核中是否会有人的问题出现,从而影响考核的效果?事实上,只要与人有关的问题就很难不涉及产业政治学的东西,在这里我们从管理学和经济学的角度来考察绩效考核的产业政治学。

7.3.1 影响绩效考核效果的政治因素

"政治因素"被视为与评价者特征相关的、影响绩效考核效果的另一重要因素。由于组织中存在资源的稀缺,潜在的利益冲突总是存在,即使企业拥有完备的绩效评价工具,也难以保证绩效评价结果的客观公正、真实准确,因为管理者会受到人情关系、结果记录在案、员工未来发展等方面主观考虑的影响,国外的研究将这种影响因素定义为政治因素①。政治因素可以归纳为两方面：评价者与被评价者关系、评价者的主观考虑。

第一，评价者与被评价者的关系。评价者和被评价者的熟悉程度（人际熟悉度和任务熟悉度）会影响总体评价，但是这种影响会依赖于评价的形式②。另外，托马斯（Thomas Decotiis）和安德烈（Andre Petit）提出，评价者与被评价者在组织中的层级越近，评价者作出正确评价的能力越强，从而绩效考核效果更好③。内维尔（Neville T. Duarte）、简（Jane R. Goodson）、南希（Nancy R）研究了客观绩效、上下级关系的质量和该种上下级关系的持续期这三者的交互作用对绩效考核的影响④。上下级关系的质量涉及"领导—成员交换"（Leader-Member Exchange, LMX）的概念。员工可以被领导归到其小组内（in-group），被领导信任，这种关系称为高 LMX；也可以被领导归到其小组外（out-group），被领导疏远，这种关系称为低 LMX。研究结论是，在长期和短期，高质量的"领导—成员交换"中员工的绩效会得到较高评价，不管他们被客观测量到的绩效如何；在短期，低质量的"领导—成员交换"中员工得到的绩效评价与其客观的绩效一致，但是在长期中与客观绩效无关。

第二，上级评价者的主观考虑。研究者认为上级评价者出于很多主观上的考虑而偏离了准确的绩效评价，这些考虑包括：为了塑造一个好团队、好上司的印象；获得组织给予的奖励；避免给下属员工带来负面的结果；避免他人的质疑等。

7.3.2 被评价者的政治行为

在人们日常生活中，一般认为，员工的政治行为对员工的职业成功有着重要影响。萨尔玛（Salmon）指出"经理们依然倾向于雇用和提拔那些聪明的、懂得政治的人"、"组织政治比工作表现更能影响公司人事方面的决定"⑤。艾伦（Mayes Allen）则认为组织政治是组织成员获得利益或升迁的一种有效方法⑥。但是，一直没有学者对此进行实证研究，一般来讲，绩效考评是决定对员工奖惩、去留、晋升和加薪的主要依据，绩效考评结果对员工的职业生涯有着重要的影响，因此员工在努力工作的同时，会试图运用各种政治技巧来影响绩效考评结果。

---

① 吴铮、孙健敏：《绩效评估中的政治因素》，《经济与管理研究》，2006 年第 2 期。
② Paul O Kingstrom, Larry E Mainstone, 1985, "An Investigation of the Rater-ratee Acquaintance and Rater Bias", *Academy of Management Journal*, Vol. 28, No. 3, pp. 641-653.
③ Thomas Decotiis and Andre Petit, 1978, "The Performance Appraisal Process: A Model and Some Testable Propositions", *Academy of Management Review*, Vol. 3, No. 3, pp. 635-646.
④ Neville T. Duarte, Jane R. Goodson, Nancy R. Klich, 1994, "Effects of Dyadic Quality and Duration on Performance Appraisal", *Academy of Management Journal*, Vol. 37, No. 3, pp. 499-521.
⑤ Salmon &. Rosemary, R. W, 1977, *Office Politics for the Utterly Confused*, McGraw-Hill Book Company.
⑥ Mayes, B. T, Allen, R. W, 1977, "Toward a Definition of Organizational Politics", *Academy of Management Review*, Vol. 2, No. 4, pp. 672-678.

黄忠东、陶学禹通过访谈、问卷调查等多种方法,初步探讨了我国组织政治行为的评价结构,分析了员工政治行为与员工个人绩效的关系①,主要研究结果如下:我国组织员工政治行为的结构要素包括讨好奉承、塑造良好形象、自我宣传、建立联盟、贬低竞争对手和利益交换等方面。基于这一结构的组织政治行为量表具有良好的结构效度和信度。员工的政治行为与员工绩效考评结果有一定关系。那些善于运用软的政治影响策略如讨好奉承、塑造良好形象等策略的员工更易获得好的绩效考评结果。常见的政治行为一览表见表7-2。

表7-2 员工的常见政治行为

1. 合理性(理性说服)	选择性地使用事实和信息进行看起来符合逻辑或理性的论证	11	12
2. 讨好奉承	提出请求前先进行吹捧,表示友好等	47	1
3. 正式联盟	争取组织中他人的拥护以提高自己的影响,建立小团体等	42	2
4. 树立良好形象	用自我抬高、以身作则、打扮得体等手段影响他人	30	4
5. 利用信息	通过保留、歪曲、添加等方法选择性运用信息	12	11
6. 推卸责任	把某项工作或者决策的责任转嫁到别人身上	19	6
7. 找替罪羊	把失误推到不该受责备的他人身上或外部因素上	15	9
8. 使用外部专家	通过聘用外部专家来支持自己立场	5	18
9. 与上司建立亲密关系	与上司广泛接触,建立私人关系	37	3
10. 操纵规章制度	以公司规章制度为由,赞同或者反对他人的要求	3	20
11. 运用奖惩	运用奖励或者惩罚要挟他人服从	7	16
12. 利益交换(谈判)	通过谈判互换利益以达到一个特定的效果	16	8
13. 高层权威	从直接上级或者更高层次上级那里得到支持	13	10
14. 强制要求	直接用强制方式提出要求和命令服从	2	21
15. 借用道德规范	通过社会规范和道德标准推行自己的决策或维护自己形象	20	5
16. 贿赂送礼	贿赂和送礼,施以小恩小惠	17	7
17. 贬低竞争对手	通过削弱竞争对手来实现自己目的	8	15
19. 孤立抵制	威胁辞职不干、单方面停止合作、态度冷酷、严峻、不友好	1	22
20. 运用个人关系	运用外部私人关系,亲戚朋友施加影响	10	13
21. 获得他人支持	通过多种方式获得公司同事支持	9	14

资料来源:黄忠东、陶学禹,《组织政治行为评价结构及其与个人绩效关系的实证研究》,《经济管理》,2005年第12期。

---

① 黄忠东、陶学禹:《组织政治行为评价结构及其与个人绩效关系的实证研究》,《经济管理》,2005年第12期。

7.3.3 绩效考评导致的合作问题

与人相关的问题很难不涉及合作、士气以及企业文化的考虑,这些因素相对于其他的一些概念来讲更模糊,也更难量化,拉齐尔(Eward P. Lazear)在《人事管理经济学》中探讨了绩效考评可能导致出现影响员工团结和士气的问题。绩效考评和工资体系可以建立在相对绩效或者绝对绩效基础上。当以相对绩效的形式进行绩效考评时,由于员工之间的工资以员工之间的排名为基础,因此可能出现不利于生产率提高的员工竞争,员工可能会希望甚至采取一些不光彩的手段使其他员工生产率降低。这是运用相对报酬而非绝对报酬的一个必然结果。对此,拉齐尔提出了下面四个解决方案。

第一,在不同的工作小组之间引入竞争。当员工在不同的竞争小组中,员工的努力水平就会在不损害重要的合作关系的前提下而得到提高。

第二,根据小组产量支付工资。将团队的产出作为一个考核指标从而以此为基础向成员支付工资,这个时候会一定程度强化员工之间的合作。

第三,根据合作情况支付工资。员工的合作情况是个很难量化的指标,这取决于管理者的主观评价,作为管理者要发现员工的不合作行为,在一定环境下是很困难的。

第四,利润分享计划是一个很好的选择,但是同样存在着搭便车的情况,很难解决工作团队中高绩效员工的激励问题。

员工之间的合作关系一般认为是有利于员工的绩效的提高的。有一项研究研究了澳大利亚的一家跨国银行及其305家分行,发现企业中的合作气氛是被程序公平、工会谈判的意愿、管理者与工会分享信息的意愿所影响,并且,研究发现管理者与员工之间的合作关系能够促使更高的生产率和更好的客户服务[1]。

7.3.4 产业政治的经济学分析

根据上述,绩效考核可以根据客观的业绩指标,也可以根据主观的业绩评估。相比客观的业绩指标评估,根据考核者主观印象的主观业绩评估,往往更容易受到考核者与被考核者关系,考核者的主管考虑的影响。

主观业绩评估被引入绩效考核中,原因在于由于工作的复杂性,绩效标准不可能覆盖所有企业期望的行为。这时候我们希望引入雇员主管、客户或者同事的主观评价,对于他们来说,可能更容易辨认一个员工在某些行为上的优劣。比如,顾客对于服务员对其服务周到程度的评价,包括了优秀、较好、及格、不及格四个

---

[1] Stephen J. Deery and Roderick D. Iverson, 2005, "Labor-Management Cooperation:Antecedents and Impact on Organizational Performance", *Industrial and Labor Relations Review*, Vol. 58, No. 4, pp. 588-609.

方面,为企业对服务员进行评估提供了有效的信息。当这些信息被引入绩效考核中后,员工可能会试图去影响这方面的打分。因此,我们要考虑主观评价的成本:第一,考核者的主观考虑产生的成本;第二,考核者与被考核者的关系。这两个因素使得考核结果有可能偏离的客观结果。因此,我们在评价绩效考核方法的优劣的时候,必须考察他们的成本收益,并对其进行权衡。这里我们将风险承担和规避结合到对于员工行为的分析中去,来看不同风险偏好类型的员工可能对于政治行为的偏好。

首先讨论在客观业绩指标评估下,公司销售员的业绩直接取决于销售业绩,这时候,不论是什么风险偏好的员工都会倾向于提高自己的销售业绩。如果引入主观业绩指标,销售业绩一定程度上取决于销售主管对于销售员努力程度的判断,假设销售业绩占60%,主观评价占40%。销售员面临着是否对主管进行奉承讨好等政治行为,如果进行这些政治行为,必然导致销售上的努力投入减少,假设销售业绩是努力的增函数,则销售业绩下降,导致这一块的收入减少。而销售主管是否喜欢销售员进行奉承讨好取决于销售员的努力和其个人的偏好,其个人偏好是随机的。

销售员的收入$W=W_1+W_2+W_3$,其中,W_1是佣金收入,假设为销售量的20%。W_2是奖金,取决于销售主管对销售员努力程度的评价,分为优秀、良好、及格、不及格四个不同等级。W_3是基本工资,是不变的。销售员的努力程度以努力时间来衡量,每个月努力工作时间总量假设为40小时,$T=T_1+T_2$,其中T_1是努力工作的时间,T_2是进行政治行为的时间,每单位T_1的增加会导致销售量增加100美元,而每单位T_2增加会导致销售主管主管评价的变化,这里假设每投入十个单位努力,评价等级就会上升一级。而T_1在10小时以下,销售员的努力程度为不及格,10—19小时为及格,20—29小时为良好,30—40小时为优秀、不及格、及格、良好、优秀对应的奖金分别是0、1 000、2 000、3 000美元。

员工为如何选择努力时间的分配?这取决于其对自身利益的最大化的权衡。如果将所有时间都投入到努力工作,他可以得到800元的佣金收入加上3 000元的奖金收入,共计3 800元。我们发现30—40小时段的工作时间,即使对主管进行奉承,由于评价等级已经是最高,因此奉承的行为是无效的,因此在这种激励机制下销售员选择40小时努力工作时间是最优的,这时候能够避免员工的政治行为。

员工没有进行政治行为的原因在于进行政治行为是有成本的,而收益却无法弥补成本。我们来改变假设,假设销售主管的主管评价与员工的努力工作时间无关,直接取决于员工和自己的关系,员工投入在奉承活动的时间在10小时以下,销售员的努力程度为不及格,11—20小时为及格,21—30小时为良好,31—40小时为优秀,其他不变。这时候员工进行不同的时间分割的结果如表7.3。

表 7.3　员工时间分割与收入列表

工作时间(小时)/收入(美元)	佣金收入	奖金收入
40	800	0
30	600	1 000
20	400	2 000
10	200	3 000
0	0	3 000

可以发现,这时候选择 10 小时进行工作,30 小时进行奉承上级等政治活动,对员工来讲是最有利的,可以获得 3 200 美元的最高收入。因此,员工会根据政治活动的成本收益来选择努力时间的分配,如果一个单位的时间投入到政治活动的收益能弥补带来的佣金损失,员工会毫不犹豫选择政治活动,直到两者相同。而政治活动能够带来多大收益取决于单位的文化、政治气氛、领导风格等软性的因素所决定的绩效考核风格。当然,这里没有考察道德的因素,我们不能否认会有人因为道德的因素来排除单纯的经济上的得失的衡量,强调"贫贱不能移"是我们的主流道德意识所强调的东西,尽管大多数人在奉行西方的经济人原则来决定自己的行为,但还是有很多例子表明了操守、道德的力量。

7.3.5　相对绩效评价中的产业政治学

上文中提出,相对绩效评价由于其特点会导致可能影响生产率的竞争方式,比如工作之中不相互配合。而实证研究的结果认为员工间的相互合作对于绩效的取得是个很关键的因素。拉齐尔提出了几个解决方案,包括了在不同小组间引入竞争,将团队绩效作为考核的指标之一,对于合作精神进行主观评价等。我们从经济学的角度来分析这些解决方案的选择是否合适。

首先假设公司销售员的报酬是根据相对业绩进行排定的,最后三名将会被淘汰。这个方法的优点是使得员工的报酬能够与努力和能力挂钩,排除了经济情况和其他随机因素的干扰。但是,由于薪酬取决于相互间销售业绩的比较,很容易在整个团队内部形成对于客户的争夺,很明显,这种考核机制不利于团队合作。公司考虑将销售部门分为各个工作小组,然后将不同小组的业绩总和作为指标引入到相对绩效考核中去,比如个人绩效占 50%,团队绩效占 50%。很明显,这帮助了各个团队内部加强合作,以取得良好的绩效,每组的组员会致力于团队绩效的改善。但是,团队绩效可能取决于某个关键组员的个人绩效,这样的考核方式对于这些组员的个人激励是无效的。如果考虑将整个销售部门的业绩总和作为基础支付部门成员工资,这在一定程度上能够改善合作情况,但是同样不能解决搭便车的问题。

这里我们得到一个结论：不论是采用什么样的考核方式，直接监督和主观评估总是和客观的绩效评估共同起作用。绩效考核会带来风险和多任务的问题，通过直接监督常常能够弥补，但是直接监督需要耗费管理资源。根据我们对于相对业绩评估标准和绝对业绩评估标准的讨论，如果一个雇员行为的目的在于降低其他雇员的绩效，而且企业能很容易监测到这种情况，相对业绩评估就较好，因为企业可以利用监测来减少这类雇员的报酬。另一方面，如果企业能轻易获得干扰雇员绩效的其他因素，如外界经济状况，那么绝对业绩评估标准就较好。

本 章 小 结

在现代企业的人力资源管理体系中，绩效考核承担了一个非常重要的角色。企业试图通过绩效考核引导员工的行为，激励员工更努力地工作。

绩效考核主要的问题在于考核的主体、考核的标准以及考核的频率。不同的考核主体由于其不同角度的考核方式各有优劣，考核角度越多，所获得的信息一般来讲越真实，但是企业要承担的成本也越大，企业需要在其中掌握好平衡。考核的标准可分为主观标准和客观标准，在多任务的工作的考核过程中，我们发现仅仅客观标准难以实现激励员工的作用，还要通过主观标准和直接监督来加以弥补。

另外，我们关注了绩效考核中存在的政治行为。政治行为源于考核者与被考核者的关系以及上级的主观考虑。员工对于是否进行政治行为同样会进行经济上的权衡。

复 习 思 考 题

1. 简述不同绩效考核主体的优缺点。
2. 试从经济学角度分析不同绩效考核主体的选择。
3. 360度考核方式与其他方式相比，有什么优势？
4. 以委托代理的框架理解绩效考核是否能发挥作用？
5. 为什么要应用直接监督和主观评价对客观绩效考核指标进行补充？
6. 相对业绩考核方式会容易产生什么样的员工政治行为，如何避免？

案例分析

索尼常务董事：绩效主义毁了索尼

2006年索尼公司迎来了创业60年。过去它像钻石一样晶莹璀璨，而今却变得满身污垢、暗淡无光。因笔记本电脑锂电池着火事故，世界上使用索尼产锂电池的约960万台笔记本电脑被召回，估计更换电池的费用将达510亿日元。

多数人觉察到索尼不正常恐怕是在2003年春天。当时据索尼公布，一个季度就出现约1000亿日元的亏损。市场上甚至出现了"索尼冲击"，索尼公司股票连续两天跌停。坦率地说，作为索尼的旧员工，我当时也感到震惊。但是，回过头来仔细想想，从发生"索尼冲击"的两年前开始，公司内的气氛就已经不正常了。身心疲惫的员工急剧增加。回想起来，索尼是长期内不知不觉慢慢地退化的。

"激情集团"消失了

所谓"激情集团"，是指公司初创期的那些不知疲倦、全身心投入开发的集体。在创业初期，这样的"激情集团"接连开发出了具有独创性的产品。索尼当初之所以能做到这一点，是因为有井深大的领导。

井深大非常重视的是技术人员的自发的动机，由于自发动机的促动，从事技术开发的团体进入开发的忘我状态时，就成了"激情集团"。要进入这种状态，其中最重要的条件就是"基于自发的动机"的行动。比如"想通过自己的努力开发机器人"，就是一种发自自身的冲动。

与此相反的就是"外部的动机"，比如想赚钱、升职或出名，即想得到来自外部回报的心理状态。如果没有发自内心的热情，而是出于"想赚钱或升职"的世俗动机，那是无法成为"开发狂人"的。

"挑战精神"消失了

今天的索尼员工好像没有了自发的动机。因实行绩效主义，员工逐渐失去工作热情。在这种情况下是无法产生"激情集团"的。为衡量业绩，首先必须把各种工作要素量化。但是，工作是无法简单量化的。公司为统计业绩，花费了大量的精力和时间，而在真正的工作上却敷衍了事，出现了本末倒置的倾向。

并且，因为要考核业绩，几乎所有人都提出容易实现的低目标，可以说索尼精神的核心即"挑战精神"消失了。因实行绩效主义，索尼公司内追求眼前利益的风气蔓延。这样一来，短期内难见效益的工作，比如产品质量检验以及"老化处理"工序都受到轻视。

团队精神消失了

索尼公司不仅对每个人进行考核,还对每个业务部门进行经济考核,由此决定整个业务部门的报酬。最后导致的结果是,业务部门相互拆台,都想方设法从公司的整体利益中为本部门多捞取好处。

过去在一些日本企业,即便部下做得有点出格,上司也不那么苛求,工作失败了也敢于为部下承担责任。另一方面,尽管部下在喝酒的时候说上司的坏话,但在实际工作中仍非常支持上司。后来强化了管理,实行了看上去很合理的评价制度。于是大家都极力逃避责任。这样一来就不可能有团队精神。

资料来源:根据新浪网"索尼常务董事:绩效主义毁了索尼"整理,http://games.sina.com.cn/t/n/2007-01-08/1126182491.shtml,原文刊登于日本《文艺春秋》2007年1月刊,作者为索尼公司前常务董事、作家天外伺郎。

结合本案例,分析索尼公司的绩效管理的问题到底出在了什么地方?是由于引入了绩效管理才导致了这个结果,还是不好的绩效管理导致了这个结果?

推荐阅读资料

1. 〔美〕罗纳德·G·伊兰伯格、罗伯特·S·史密斯:《现代劳动经济学:理论与公共政策》(第八版),北京:中国人民大学出版社,2007年。
2. 〔美〕爱德华·拉齐尔:《人事管理经济学》,北京:生活·读书·新知三联书店、北京大学出版社,2000年,第8—65页。
3. 〔美〕贝赞可、德雷诺夫、尚利、谢弗:《战略经济学》(第三版),中国人民大学出版社,第505—506页。

网上资料

1. 中国人力资源学习网,http://www.hrlearner.com/
2. 美国管理协会 AMA(American Management Association),http://www.amanet.org/

第 8 章

团　队

  学习目标

现代企业的竞争已经不再是单枪匹马的角逐,而是全体员工的较量。凡优秀的企业,必定是集合了众人努力和智慧的团队,企业的成功也不再是领导者个人的成功,而是整个团队的成功。通过本章学习,可以系统地了解团队在企业管理中的运用,理解企业应在何时使用团队,并在此基础上掌握如何选拔合适的团队成员,其中要重点掌握团队激励问题,从而了解团队理论是如何帮助企业获得高绩效的。

  引　例

团队精神创造团队奇迹

沙姆斯基(Art Shamsky)曾因创作《出色的赛季》(*The Magnificent Seasons*)一书而闻名,他曾是纽约大都会队的外场手兼一垒手。据他回忆,在 1969 年之前,大都会队在各赛季接二连三地惨败,之后,他们仿佛突然之间成为一支强队,迅速走红,并赢得了世界巡回赛的冠军。

在被问到大都会队何以能有如此奇迹般的转变时,沙姆斯基毫不犹豫地将奇迹归功于教练吉尔·霍奇(Gil Hodges):"是他将球队紧紧地团结在了一起,如果不能将天才的球员融合为一支团队,我们是拿不了巡回赛冠军的。"沙姆斯基回忆,那个时候全国各地都能感受到种族和宗教间的紧张关系,然而,大都会队的队员之间则没有出现任何矛盾,正是因为团队的形成,才能帮助大都会队获得胜利。

对于一支具有世界水准的冠军队伍来说,人人平等和相互尊重一定并且仍将一直是它的重要基石,无论这支队伍是在体育界还是在产业界,优秀的业绩往往取决于卓越的团队。伟大的教练鼓舞着队员,帮助他们成为团队中的一分子。当然,团队成员的合作也是不可或缺的动力。

波士顿凯尔特人队杰出的后卫球员鲍勃·库西(Bob Cousy)尽管是个出色的投球手,能灵活自如地控制运球并能拿到比原本已经让人惊叹的纪录还要高得多的得分,然而,他闻名遐迩之处却在于在最佳的时机将球传给队友,让他们去进攻得分。

正因为如此,鲍勃·库西凭借"不看人传球"、"背后传球"掀起了篮球运动的一场革命。前凯尔特人队球星汤米·海因索恩(Tommy Heinsohn)回忆说:"一旦球到了鲍勃的手里,我们其他人就立马活跃起来,你根本不用担心什么,他一定会找到我们。当你站在最佳得分点的时候,球就会立刻传到你手上。"在迈克·乔丹刚刚加入篮球队的时候,教练迪恩·史密斯(Dean Smith)就对他讲:"迈克,要是不会传球,你就不会打球。"

可见,是团队精神带领这些优秀的队伍和天才的成员走向成功,但凡出色的教练和团队,都懂得怎样利用团队精神来实现组织的目标,即使是那些在奥林匹克赛场上参加个人项目的运动员,又有哪一个不是得到了教练、队友和家人的支持?正如星光璀璨的奥斯卡颁奖典礼上,获奖者说得最多的一个单词是"Thanks",没有哪块金牌、哪个奖杯是单凭一个人的力量获得的。每个人都拥有支持自己的团队:教练、老师、同事、朋友、家人和一些素昧平生的人,甚至整个国家和人类,都在为你呐喊助威!

资料来源:改编自 Linda Eve Diamond, Harriet Diamond,2007,"*Teambuilding That Gets Results:Essential Plans and Activities for Creating Effective Teams*",Sourcebooks,Inc.,pp. 4-5.

正如案例中谈到的一样,团队可以以超强的凝聚力演绎出一幕幕的奇迹,它合理地利用了每一个成员的知识和技能协同工作,从而实现组织的目标。近年来团队工作方式得到了很大的发展,拉齐尔和肖(Edward P. Lazear & Kathryn L. Shaw)研究指出,1987—1996年大公司问题解决型团队所占的比例从37%上升到66%[1]。为了让

---

[1] Edward P. Lazear, Kathryn L. Shaw, 2007, "Personnel Economics:The Economist's View of Human Resources", National Bureau of Economic Reserch, Cambridge, MA.

个体在一起有效工作,我们应该理解什么时候应该使用团队,在团队中如何激励员工,如何选择团队成员等问题。

8.1 团队的收益与成本

事实上,人类在很早的远古时代就已经懂得运用"团队"来提高生产效率了,之所以采用团队的形式从事生产和劳动,从本质上说,就是因为人们共同工作要比单个人更富有成效,团队的整体绩效高于个体的简单相加。管理学家罗宾斯认为,团队是由两个或者两个以上的,相互作用、相互依赖的个体,为了特定目标而按照一定规则结合在一起的组织①。我们将团队(Team)定义为,由员工和管理层组成的一个共同体,它合理利用每一个成员的知识和技能,协同工作,一起解决问题,达成共同目标。团队的基本要素通常被总结为 5P 要素,即目标、人、定位、权限、计划②。当我们对"团队"有大致了解之后,接下来的问题就是,企业在什么时候使用团队才是恰当的?从经济学的视角出发,最基本的结论是,当企业使用团队所获得的效益高于使用单个个体而获得的效益总和时,就应该使用团队,换句话说,如果企业使用团队的效益高而支付的成本低时,"团队"就成为企业经营管理的恰当选择。因此,我们考虑团队能够为组织创造的收益,其中有三个方面较为重要,分别是互补性、专业化和知识传授;同时,考虑团队可能带来的成本,如信息不对称、恶性竞争、搭便车效应等。

8.1.1 团队的互补性收益

团队之所以能够创造比单个个体简单相加更高的绩效,互补性是非常关键的因素。当特定员工与其他员工的工作有较强的互补性时,共同劳动就可以为企业创造最大的效益。这里分为两种情况:一种是就工作任务本身而言,一个人无法完成某一项任务时,需要建立团队共同完成这项任务;另一种是与工作期限有关,一个人无法按时间要求完成工作,而一个团队却可以在最后期限之前把工作做完。

借用捕鱼的例子详细说明互补性为团队创造的经济效益。查理和约翰都是渔民,年轻的查理天生是捕鱼的好手,只要运气好碰到鱼群,往往满载而归。年老的约翰虽然没有查理精力旺盛,但多年的捕鱼经验教会他识别不同鱼类频繁出没的时节和海域,因此常常收获颇丰。有一天渔村里来了两个商人,史密斯给出 10 000 英镑的高价收购新鲜鱼虾 X 吨,规定交货期限为两周后的首个交易日,如果延迟两周交货,他只支

---

① 斯蒂芬·罗宾斯:《组织行为学:理解工作团队》,北京:清华大学出版社,2008 年。
② Johnson, David W., Johnson, Frank P. 1991, *Joining Together: Group Theory and Group Skills* (4th ed.), Englewood Cliffs, NJ, US: Prentice-Hall, Inc., p.53.

付 5 000 英镑。商人克里斯则需要 Y 吨的金枪鱼,并且愿意支付 20 000 英镑,约定 4 周的交货时限。查理心想,凭自己的能力,在 4 周内捕到 X 吨新鲜鱼虾应该没问题,但是那样只能得到 5 000 英镑;如果跟克里斯做生意,自己又不知道去哪里找那么多金枪鱼,可能到最后花了时间和精力却一分钱都得不到。此时约翰也在心里盘算,自己捕鱼速度慢,但 4 个星期应该能捕到 X 吨新鲜鱼虾,这样可以得到 5 000 英镑的酬金,金枪鱼一般出没在远海的几片海域,恐怕单靠自己无法在 4 周内捕到 Y 吨。于是,他们决定一起签下史密斯和克里斯的订单,合作完成任务。在约翰的带领下,两人用了 2 周的时间就捕到了 X 吨的新鲜鱼虾,顺利完成史密斯的订单,获得 10 000 英镑的酬劳,剩下两周的时间,约翰将查理带到金枪鱼经常出没的远海海域,最终也顺利完成了克里斯的订单,获得 20 000 英镑的酬金。1 个月的辛苦劳动,换来了每人 15 000 英镑的收入。

在上述事例当中,查理和约翰各有所长而又各有所短,如果他们各自行动,市场上也只有一份可完成的订单,那么他们当中只有一个人能够获得 5 000 英镑的收入。面对高额市场利润,他们选择组成团队完成任务,此时互补性在其中发挥了巨大优势,从而促使他们不仅按期履行了史密斯的订单,还达成了原本靠单个人不可能实现的目标,共同盈利 30 000 英镑。这就是共同工作使总体效益大于部分之和的典型案例。因此,我们可以推出一个在团队理论中非常有用的一般性原则:当总体效益大于部分之和时应该使用团队。

8.1.2 团队的专业化收益

专业化是亚当·斯密在别针工厂的例子中提出的经典案例[1]。标准的生产流水线就是团队生产,团队的每个成员都分工从事一项很小、很明确的任务,分工的事实使得每一项工作都更有效率,每一个零件都与另一个零件配套,因此我们常常可以预见的事实是,一辆从头到尾都由一名员工装配的汽车需要花费大量的时间,而且质量也不如一群专家装配的好。换句话说,专业化从某种角度可以理解为劳动分工的产物,而劳动分工是组织生产的一种方法,让每个劳动者专门从事生产过程的某一部分,从而更熟练地完成工作任务,为组织创造更高的总产出。当我们考虑专业化如何为团队创造总体大于部分之和的效益时,可以回到上述捕鱼的例子中。查理和约翰的技能具有互补性,是否可以理解为,查理在捕鱼方面更为专业,而约翰在识别捕鱼区方面是专家。团队之所以能够创造高出个体之和的效益,正是因为团队成员在完成工作任务的过程中,每个人都在工作流程的某个方面有特长、有分工,当所有的专家协同工作的时候,能够保证任何一个环节都以最优的质量和最快的速度在进行。

---

[1] Adam Smith, 1863, *An Inquiry into the Nature and Causes of the Wealth of Nations*.

8.1.3 团队的知识传授收益

团队是由人组成的,不同的人有不同的信息域,也就带来了团队中的知识传授。知识传授为团队创造效益有赖于两个前提条件:一方面,由于分工的存在,团队成员的专业化不能过强,否则无法实现信息的有效沟通和成员间的互相学习;另一方面,每个成员掌握的信息必须既有联系又有区别。我们利用三个简单的图形来表示团队中存在知识传授的情况①。首先来看,当团队成员之间掌握的信息几乎不重合且各自的工作任务没有联系。

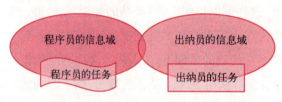

图 8.1 信息域不重叠且工作任务无联系

资料来源:根据〔美〕爱德华·拉齐尔:《人事管理经济学》,北京:生活·读书·新知三联书店、北京大学出版社,2000年,第306页整理。

如图 8.1 所示,程序员和出纳员的信息域差不多完全分离,程序员掌握的信息出纳员完全不懂,而出纳员需要的信息程序员也一无所知。再来看两个人的工作任务,他们对自己完成任务所需要的大部分信息都能够掌握,但是对于小部分未知的信息,双方都无法为彼此提供帮助。毫无疑问,如果在这样的团队当中,知识传授是不会发生的。

与此相反的,如果团队成员之间掌握的信息大量重叠且需要完成相同的工作任务。如图 8.2 所示,甲会计师和乙会计师同时通过注册会计师考试并且具有的知识和经验几乎完全相同,也就是说,甲和乙的信息域基本上是重叠的。当他们的工作任务是 A 时,不管是甲还是乙,都可以独立完成,基本不需要知识传授。但是,当他们的工作任务是 B 时,单个会计师无法完成全部工作,由于他

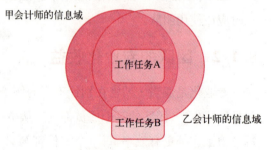

图 8.2 信息域重叠且工作任务相同

资料来源:根据〔美〕爱德华·拉齐尔:《人事管理经济学》,北京:生活·读书·新知三联书店、北京大学出版社,2000年,第307页整理。

们的信息域又大量重合,因此可能发生很少的知识传授,这样的团队比较适合于专业性极强且任务比较单一的情形。

以上两种情况都是比较极端的团队组织形式大部分的团队组织形式是第三种情况,团队成员之间的信息域有重叠也有区别,彼此拥有能够给对方创造价值的信息,如图 8.3 所示。以典型的销售团队为例,假设团队由产品经理和销售经理组成。产品经理负

---

① 〔美〕爱德华·拉齐尔:《人事管理经济学》,北京:生活·读书·新知三联书店、北京大学出版社,2000年,第 303—3078 页。

责组织市场信息的搜集和市场推广策划,而销售经理负责产品销售渠道的开发和实施营销策略。因此,产品经理和销售经理的信息域有重叠的部分,也有不同的部分,同样地,他们需要完成的任务也是既有区别又有联系。此时,产品经理完成任务还需要从销售经理处了解各区域市场份额和主要的目标群体等,销售经理也需要产品经理为其提供全面的产品知识,

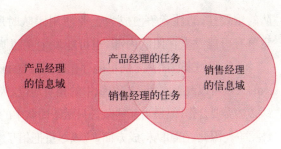

图 8.3　信息域不完全重叠且工作任务不完全相同

资料来源:根据〔美〕爱德华·拉齐尔:《人事管理经济学》,北京:生活·读书·新知三联书店、北京大学出版社,2000.1,第 308 页整理。

他们恰好可以帮助对方完成工作。此时,知识传授在团队中最好地发挥了作用。

8.1.4　团队的成本

企业在经营管理中使用团队,固然是因为诸多经济效益的存在,但这并不表示团队不会给企业带来任何负面影响。讨论团队可能产生的问题,才能对团队进行全面的成本效益分析,这对于研究企业如何恰当地使用团队来说,将大有裨益。换句话说,任何决策都是既产生效益,又须支付成本的,当效益大于成本时,这一决策就能创造价值。因此,团队可能导致的负效益,就是企业使用团队所必须支付的成本,这些成本来源于信息不对称、恶性竞争以及搭便车效应等。

团队之所以会产生信息不对称的问题,主要是由团队规模导致。通常来讲,大型团队容易产生沟通障碍的问题,居于团队核心的成员可能了解更多的信息,而处于团队边缘的成员,则容易接收较少甚至失真的信息;小型团队则不容易出现沟通障碍,但可能造成组织中的信息传递不充分[①]。这都是企业决定是否使用团队以及使用多大规模的团队时必须考虑的问题。企业通常会组建各式各样的团体,如职工代表大会、工会、妇女组织等,人们出于各种目的相互交流,单单在沟通上面就要花费大量时间,更别说想要统一认识并最终达成决议。会议作为典型的团队工作方法,有时候会使团体变得极为混乱,大家各执己见甚至针锋相对已是不错的情形,最糟糕的是争论到最后才发现讨论的主题早已相去甚远。还有的时候,大的团体内部又形成很多小的派别,表面上沟通仍在继续,但实际上已经毫无意义。从沟通的角度看,团队越小越容易实现充分地讨论并集中意见,但这并不是十分合理的解决之道。太小的团队也会带来成本,因为大型团队拥有较大的可共享信息域。

除了团队的规模以外,团队的构成也很重要,因为每个人都会倾向于与某类人合作更为愉快,况且,团队内部的合作一般要多于团队之间的合作,正是由于合作之于团

---

① C. L. Pearce, P. A. Herbik, 2004, "Citizenship Behavior at the Team Level of Analysis: The Effects of Team Leadership, Team Commitment, Perceived Team Support, and Team Size", *The Journal of Social Psychology*, Vol. 144, No. 3, pp. 293-310.

队的重要性,恶性竞争便成为企业使用团队时所必须面对和解决的问题。同样,恶性竞争有可能发生在团队内部,也可能发生在团队之间[1]。

首先我们来看团队之间可能存在的恶性竞争。每个团队都希望别的团队失败,因为别人的失败可以改善本团队在组织中的相对地位,从而获得更多的组织资源。类似地,团队内部必然需要合作,但是当某些荣誉只赋予团队中的少量成员时,很可能会导致团队内部的恶性竞争。因此,在团队构成方面,应该尽量把相互影响并且工作任务有紧密联系的人分在同一个团队,适当的时候可以下达强制他们与其他团队合作的指令[2]。在团队激励方面,更多地以整个团队或项目整体作为支付报酬的对象,同时又能在激励团队成员付出高于平均绩效水平的努力之间把握平衡,也可以为解决恶性竞争问题提供很好的思路。

正如我们之前说到的,团队可能导致内部成员之间的竞争关系,这是因为某些只针对个人的利益是稀缺的。然而,如果完全以团队为整体进行激励,那么特定员工在团队中工作的具体产出就很难观察,因为很难观察个人的产量,那些不努力工作的员工就能藏在整个团队的成功或失败之后,这就是搭便车效应。

搭便车效应最容易导致的成本是对组织资源造成浪费。当成员不用承担自己行为的全部后果,就很可能使每个人都不受约束而胡乱耗费公共资源。团队中很多原本不应该支出的花费正是由于搭便车效应所导致的。其次,当组织以整个团队的绩效支付报酬时,员工个人付出努力所得到的回报将会被全体成员分享,这会导致团队成员降低努力水平,最终损害组织效益。由于承受工作痛苦的员工不能得到全部的好处,团队整体的努力水平就会降到有效水平之下。并且,搭便车效应总是容易发生在规模较大的团队中,当团队较小时,监督的可行性和利益集团的联盟使得搭便车基本无法实现,但在大型组织中,这个问题可能会造成不可估量的后果[3]。当个人间的工作活动有联系时,搭便车效应会有所减轻。与同一领域的其他人建立合伙关系的一个好处是能更容易地评价另一个人的工作。当一名合伙人能够准确地评价出另一名合伙人的绩效时,搭便车效应也就失去了存在的空间。

8.2 团队经济学

基于上述简单讨论,本节以简单博弈论、公共物品论和数学推导三种方法为例[4],分析

---

[1] A.C. Amason, H. J. Sapienza, 1997, "The Effects of Top Management Team Size and Interaction Norms on Cognitive and Affective Conflict", *Journal of Management*, Vol. 23, No. 4, pp. 495–516.

[2] De Dreu, C. K. W. & Weingart, L. R., 2003, "Task Versus Relationship Conflict, Team Performance, and Team Member Satisfaction: A meta-analysis", *Journal of Applied Psychology*, Vol. 88, No. 4, pp. 741–749.

[3] Kerr, Norbert L., Bruun, Steven E., 1983, "Dispensability of Member Effort and Group Motivation Losses: Free-rider Effects", *Journal of Personality and Social Psychology*, Vol. 44, No. 1, pp. 78–94.

[4] Neilson, William S., 2007, *Personnel Economics: Incentives and Information in the Workplace*, New Jersey: Pearson Education, Inc., pp. 145–149.

企业组建团队所面临的成本和收益,以及为解决管理问题所应采取的应对措施。

8.2.1 简单博弈论

企业是否选择团队的组织形式事实上取决于效益和成本,利用博弈论的方法可以解出最优均衡,从而得出恰当的组合。可以假定:首先,团队中有成员 A 和 B,每个成员只有两种选择,要么付出 1 个单位的努力,要么付出 2 个单位的努力;其次,假定员工 A 每付出 1 个单位的努力企业需要花费 20 美元,员工 B 每付出 1 个单位的努力企业需要花费 10 美元;再次,1 个单位的努力可以为企业创造一定的效益,其中的 30 美元用于奖励团队工作,由成员平分。

根据上述假定,如果两个员工都付出 1 个单位的努力,企业会给予团队 60 美元的奖励,由于成员 A 和成员 B 的工作成本不一样,因此成员 A 和 B 的净收益分别为:

$$R_A = 60/2 - 20 = 10 \text{ 美元}$$

$$R_B = 60/2 - 10 = 20 \text{ 美元}$$

同样,如果两个员工都付出 2 个单位的努力,企业会给予团队 120 美元的奖励,此时成员 A 和成员 B 的净收益分别为 20 美元和 40 美元。但是,如果两人的努力程度不同,成员 A 付出了 2 个单位的努力,而成员 B 只付出了 1 个单位的努力,团队将得到 90 美元的奖励,此时成员 A 和成员 B 的净收益分别为:

$$R_A = 90/2 - 40 = 5 \text{ 美元}$$

$$R_B = 90/2 - 10 = 35 \text{ 美元}$$

如果反过来成员 A 付出了 1 个单位的努力,成员 B 付出了 2 个单位,则成员 A 的净收益为 25 美元,成员 B 的净收益也是 25 美元。如表 8.1 所示。

表 8.1 博弈论分析

		成员 B	
		1 单位努力	2 单位努力
成员 A	1 单位努力	10,20	25,25
	2 单位努力	5,35	20,40

资料来源:改编自 Neilson, William S., 2007, *Personnel Economics: Incentives and Information in the Workplace*, New Jersey: Pearson Education, Inc., p.146.

也就是说,在团队成员效率不等的情况下,当所有成员付出的努力程度相同时,所获净收益与其效率呈正比;当所有成员付出的努力程度不同时,效率较高的员工能够为团队创造更多的收益,而效率较低的员工付出的努力程度越多,与其他成员的收益差距就越大。因此,团队形式有利于促进低效率的员工改善工作方法从而提高工作效率。

8.2.2 公共物品论

产品是公共物品需要满足两个条件:非排他性和非竞用性。非排他性指的是物品不会只让某些人消费,而不让另外一些人消费。例如,收音机广播任何拥有收音机并能调到该频率的人都可以收听,因此具有非排他性。非竞用性指的是物品不会因为一个人的消费而使另一个人的消费受到阻碍。不同的人可以同时收听到收音机广播,故收音机广播具有非竞用性。

当公司基于团队产出而平均分配团队成员的收入时,员工努力所产生的效益就是一种公共物品。付出努力的员工并不能阻止团队成员分享收益,因此,该效益在一定程度上具有非排他性;同时,如果收益被等分给所有成员,任何成员提高或降低收益的决定都不会影响其他成员的收益,因为公司会承担或占有这部分收益,因此具有一定的非竞用性。在团队生产的环境下,公共物品是团队成员努力所产出的效益,如果其他成员可以不付出任何努力而分享这一报酬,那么每个成员都会倾向于"搭便车"。如表8.2所示,假设团队中有两个成员,每个成员对团队的初始贡献为10美元,每位成员可以为团队贡献10美元或者不贡献。产出效益是贡献的1.5倍,由两个成员平均分配。

表8.2 公共物品论的博弈模型

		成员 B	
		贡献10美元	贡献0美元
成员 A	贡献10美元	15,15	7.5,17.5
	贡献0美元	17.5,7.5	10,10

资料来源:改编自 Neilson, William S., 2007, *Personnel Economics: Incentives and Information in the Workplace*, New Jersey: Pearson Education, Inc., pp. 147-148.

假设员工 A 的贡献为 I,员工 B 的贡献为 C,则员工 A 的最终收益为:

$$R = (10-I) + 1.5 \times (I+C)/2$$

此博弈的纳什均衡为员工 A 和员工 B 的贡献都为0。也就是说,当团队效益具有公共物品的性质时,为"搭便车"创造了最好的条件,因此会大大有损团队成员的努力程度。当然,现实情况中,团队要获得奖励就必须达到一定的目标,并且团队内部也存在考核和监督。因此,设定合理优化的组织目标,组建规模恰当的团队,以及给予团队成员中的特殊贡献者嘉奖,都是避免团队收益成为公共物品的有效手段。

8.2.3 数学推导法

假设一个团队中有 n 个成员,每位成员的报酬由三个部分组成,其中部分报酬与工作的努力程度 e 相关。一是该员工自己的工资 s,二是本团队其他成员带来的收益分享 T,则每个成员分享的收益为 T/n,三是团队共同努力得到的奖励,该部分收益用 $G(e)$ 表示,则每位成员所得收益为 $G(e)/n$。假设该员工努力的成本为 $C(e)$,其净收益为:

$$R(e) = s + T/n + G(e)/n - C(e)$$

假设该员工满足约束条件,那么只有右侧两个部分的大小取决于付出的努力程度,所以其他两个部分跟边际条件无关。边际条件为:

$$MG(e)/n = MC(e)$$

$MG(e)/n$ 表示每增加 1 个单位的努力,该员工所分享的收益增加量,$MC(e)$ 为每增加 1 单位的努力所需付出的成本增加量。当团队的规模增大时,每付出 1 单位努力所能分到的收益就会减小,即当 n 增大时,$MG(e)/n$ 下降。原因是团队中任何成员努力所带来的收益都要与所有成员共同分享,因此团队成员越多,每个成员所获得的收益就越小。当边际成本等于边际收益时,团队成员的收益是最大化的,因此团队规模越大,成员愿意付出的努力就越少。

因此,团队形式在生产方面的确优势显著,然而基于团队的激励却有可能产生很多问题。无数的事实已经证明,团队规模的确定对于激励团队工作和创造组织绩效至关重要,企业在作出团队决策时必须慎重权衡团队生产创造的效率增量与成本增量之间的关系。

8.3 成员选择

企业经过团队的成本和收益分析之后,或许能够恰当地作出何时使用团队的决策。但是,建立团队还涉及许多问题,其中,成员的选择对于成功组建团队来说就非常重要。很多团队的失败往往不是由于成员的能力欠缺,而在于成员之间的合作与搭配出了问题[1]。因此,企业在挑选团队成员的过程中,除了重视员工的经验和技能以外,还要了解员工的个性特征和价值观是否与团队目标和工作任务的要求相符,才有可能

---

[1] Edwards, B. D., Day, E. A., Arthur, W. Jr. & Bell, S. T., 2004, "Relationships among Team Ability Composition, Team Knowledge Structure, and Team Performance", Manuscript submitted for publication.

组建高效率的团队①。那么,如何将合适的人挑选出来呢?这就涉及选择机制的问题。最常见的办法是由团队领导自己挑选团队成员,当员工们彼此更为熟悉时,也可能由员工自己组建团队,一些组织还制定有规范的轮换机制,充分了解后选择出效率最高的合作者②。

8.3.1　定期轮换

将定期轮换作为一种团队成员的选择机制,主要是考虑到个体之间的差异性,每个人都有自己擅长做的事和不擅长做的事,更甚者连自己都无法作出正确的自我评价,更别说让管理者全面了解自己。在这样的情况下,充分的工作轮换就能发现一名员工最擅长从事的工作以及与之共事时能使他效率最高的团队成员,从而确定这名员工适合加入哪支团队。试想,如果一个人在整个职业生涯中都与同一支团队一起工作,他就永远不能发现,如果他与另一群人一起从事另外的任务,原本可以更有效率。

定期轮换的方法很多,企业可以尝试不同的团队构成,在每个员工都轮换几次之后,确定最佳组合。比方说,有 4 名员工分别是甲、乙、丙、丁,起初,甲和乙共事,丙和丁共事,6 个月之后,甲与丙合作,乙和丁合作,再过 6 个月,甲跟丁一起,乙和丙一起,经过 18 个月的时间,让每个员工都有时间与其他员工合合作,从而确定效率最高的组合方式。

同时,定期轮换还有一个好处是最大限度地利用了知识传授效应递减的规律。每个人都有自己的特点,掌握不同的信息域,信息从一群人传授给另一群人可能创造价值,但这种价值可能随着个体在群体中加入的时间而逐渐递减。典型的实例是芝加哥银行实行多年的"首席学者计划"。首席学者白天在银行工作,晚上去芝加哥大学或西北大学商学院上课,整个计划持续两年。在这两年的时间里,首席学者要在银行的四个职位上工作,每个职位工作 6 个月。让这些员工在不同的职位上轮换,可以使他们获得有价值的工作经验,并将他们学习到的理论知识传授给周围的人,同时,公司也可以从中对他们进行全面的了解。

因此,当知识传授产生的收益递减较为显著时,定期轮换机制可能会发挥更为有效的作用。举个简单的例子,对于一个制作点心的学徒工来讲,他与法式面包师一起工作 6 个月,就可以学到很多法式面包的烘焙方法,如果继续与法式面包师共事,固然

---

① Barrick, Murray R., Greg L. Steward, Mitchell J. Neubert and Michael K. Mount, 1998, "Relating Member Ability and Personality to Work-team Processes and Team Effectiveness", *Journal of Applied Psychology*, Vol. 83, No. 3, pp. 377－391; Porter, Christopher O. L. H., John R. Hollenbeck, Daniel R. Ilgen, Aleksander P. J. Ellis, Bradley J. West and Henry Moon, 2003, "Backing Up Behaviors in Teams: The Role of Personality and Legitimacy of Need", *Journal of Applied Psychology*, Vol. 8, No. 3, pp. 391－403.

② Katzenbach, Jon R., Smith, Douglas K., 1993 "The Wisdom of Teams", *Small Business Reports*, Jul, pp. 68－71.

可以学到更多的东西,制作技术也会更为娴熟,但如果重新给他安排一位中式面点师傅做搭档,他可能学到的更多,因为他过去从来没有接触过中式面点师傅。但是,现实的状况并不总是收益递减,由于与别人沟通和建立信任需要时间,只有这样才能充分了解他人,这个过程有时是相当漫长的,当你好不容易熟悉了职位职责并与同事建立起友好的关系,却又要被轮换到全新的环境中去,这样的调整很可能造成个人特有的人力资本损失。

那么,企业在决定是否采用定期轮换方式确定团队成员的时候,不得不权衡这两个互相对立的效应——知识传授产生的收益递减效应可能要求更频繁地轮换,而团队特有的人力资本比较大时,又最好把员工留在原来的岗位上[①]。如何决策呢?这里有一个基本的原则是:当知识是非常独特的并与另外一群人相关时,定期轮换团队成员可能更为有效;如果由于员工来自不同的专业领域而使得沟通很困难,就要为建立融洽的工作关系留出更多的时间并保持相对稳定的人员构成,即使一定要调整,组建新团队的间隔也应当适当延长。

8.3.2 轮流选人

从某种程度上讲,团队实行轮流选人的成员选择机制类似于游戏规则。假设有两支球队,A队和B队,还有四名新球员是安迪、巴罗、卡尔和艾利克,将分别加入两支球队。于是A队和B队决定由各自的队长轮流选择加入本队的新成员,已知两支球队对四名新球员的评价顺序如表8.3所示。

表8.3 团队的偏好

A队的偏好(从高到低)	B队的偏好(从高到低)
安 迪	巴 罗
巴 罗	卡 尔
卡 尔	艾利克
艾利克	安 迪

资料来源:根据〔美〕爱德华·拉齐尔:《人事管理经济学》,北京:生活·读书·新知三联书店、北京大学出版社,2000年,第325页整理。

假设效率原则要求安迪和卡尔加入球队A,而巴罗和艾利克应该加入球队B,尽管球队A对巴罗的偏好超过卡尔,可球队B也这么认为。如果效率原则认为巴罗应该加入球队B,那么其他球员不变时,巴罗对球队B的价值一定是超过了他对球队A的价

[①] Marks, M. A., Sabella, M. J., Burke, C. S. & Zaccaro, S. J., 2002, The Impact of Cross-training on Team Effectiveness, *Journal of Applied Psychology*, Vol. 87, No. 1, pp. 3–13.

值。两支队伍都想要他,但球队 B 更想要他。类似地,两支队伍对卡尔的偏好都超过了艾利克,但卡尔对球队 A 的额外价值超过了他对球队 B 的额外加值。因此,效率原则要求他加入球队 A。

那么,当球队 A 和球队 B 开始轮流选人时,假设由球队 A 先选,他们第一个要的肯定是安迪,接下来轮到球队 B,于是 B 队的队长也毫不犹豫地选择了巴罗,接着球队 A 把卡尔要了去,而球队 B 要了艾利克。如此便符合了效率原则,实现了合理分配。但是,如果是由球队 B 优先选择呢?那么,B 队队长还是会首选巴罗,球队 A 接着要走安迪,然后,球队 B 如愿以偿地选走卡尔,球队 A 被迫接受艾利克。如此则破坏了效率原则。

也就是说,在轮流选人的选择机制中,效率原则能否实现取决于谁优先行使选择权,而这恰恰是任何团队选择方案都避之不及的,不会有任何一个团队会将这种不确定性纳入自己的成员选择机制,因为有可能承受很大的风险。如果不考虑其他任何条件,让团队轮流挑选团队成员,往往会导致团队成员分配不合理[①]。因此,在轮流选人的机制中,有必要让团队对自己选择的后果负责,因为他们的选择既会影响自己,也会影响别的团队。

8.3.3　竞价选人

与轮流选人不同的一种方法是让团队竞价招入成员,即竞价选人,这种方法类似于拍卖,团队自由竞价,直到没有人超过最后的报价,最终由出价最高的团队获得该名成员。因此,为了吸引想要的成员,团队必须让出一部分利润,但也会相应地影响团队成员们的收入。

首先,让我们来看安迪的拍卖情况。由于安迪对球队 A 的价值要远远大于对球队 B 的价值,因此,球队 A 会拿出比球队 B 更多的利润作为竞价来得到他,则安迪最终会加入球队 A。那么,对于巴罗来说呢?可以看出,巴罗对球队 B 的贡献是大于对球队 A 的贡献的,因此球队 B 愿意报出高于球队 A 的价格来赢得巴罗。同样的机制也适用于卡尔和艾利克。球队 A 愿意为卡尔花的钱超过球队 B,而球队 B 愿意为艾利克花的钱则超过球队 A。因此,安迪和卡尔最终会加入球队 A,而巴罗和艾利克最终会加入球队 B。由此可见,拍卖通常能导致资源的合理配置,它在分派团队成员方面比轮流选人的机制更为可取。

事实上,竞价选人的机制与市场竞争规律极为接近,与猎头公司在市场上发掘优秀人才所采取的策略是一致的。比方说,职业经理人作为市场上的稀缺资源,不同特

---

① LePine, J. A., 2003, "Team Adaptation and Postchange Performance: Effects of Team Composition in Terms of Members' Cognitive Ability and Personality", *Journal of Applied Psychology*, Vol. 88, No. 1, pp. 27-39.

点的职业经理人对于不同的企业有不同的价值。长期从事某个领域工作的职业经理人,如果创造出高于业界其他公司的业绩,就会引起同行的密切关注,如果想使优秀的职业经理人跳槽到本企业任职,毫无疑问必须支付高于其原有企业支付的薪酬。

8.4 团队外在激励

企业想要建立一支充满凝聚力和战斗力的团队,应该更多地从团队发展的内在驱动力入手,而团队激励就是至关重要的环节[1]。团队激励包括很多方面,如奖金、荣誉、利润分享、文化以及机遇等。如果团队的工作成果可以被细致地观察到,那么员工所获得的报酬就不仅取决于团队的整体表现,也包括自己的贡献,比如,为律师事务所拉来业务的员工总是可以得到更为丰厚的报酬,因为他提供的机会提高了企业的价值[2]。但在大多数情况下,团队的工作成果却很难细分,这也正是搭便车效应存在的根源。无论如何,团队激励仍是不可或缺的,并且仍将是高绩效团队的重要内驱力。

8.4.1 团队奖金

团队奖金是比较直接的一种激励方式,作为货币激励来讲,团队奖金通常发给从事相对短期项目的小型团队[3]。比方说,在建筑领域就常常运用团队奖金的方式激励员工们在工期限定的时间内完成工作任务,奖金的发放也有很多种方式,但总额的确定只取决于特定的工程和特定的建筑工人。很典型的例子是在比赛中打入不同阶段的足球队因此会获得奖金,并且谁都知道,最终赢得冠军杯的足球队将得到一大笔巨额奖金,平均分到每个球员身上也是不小的数目,最奇怪的是在比赛中起到关键作用的球员并不会比其他球员得到的奖金多。

在这个例子中,我们发现团队奖金的运用存在三个前提条件:一是团队的规模要比较小;二是团队的成果要能够明确的衡量;三是奖励的项目通常是短期的。首先,在大型团队中,搭便车效应比较明显。当建筑工程队只有 10 个人时,每个人的表现都很容易被其他人观察到,大家都会互相督促并努力工作,争取按时完成任务。当建筑工程队有 200 人时,工人们甚至彼此都不认识,又怎么去互相监督呢,这一方面会导致工作积极性的降低,另一方面也会使得工人们惩罚那些偷懒工人的责任心减少,大型团

---

[1] Kerr, N. L., & Tindale, R. S., 2004, "Group Performance and Decision Making", *Annual Review of Psychology*, Vol. 55, pp. 623-655.

[2] Fred S. Mc Chesney, 1982, "Team Production, Monitoring, and Profit Sharing in Law Firms: An Alternative Hypothesis", *The Journal of Legal Studies*, Vol. 11, No. 2, pp. 379-401.

[3] V Rousseau, C Aube, A Savoie, 2006, "Teamwork Behaviors: A Review and an Integration of Frameworks", *Small Group Research*, Vol. 37, No. 5, pp. 540-570.

队中的成员常常对懒惰行为漠不关心,因为在大型团队中,任何奖励或惩罚的降临,也会被分摊得掀不起波浪。其次,团队奖金只有奖励给那些成果能够被明确衡量的团队,激励才有明确性和目标性,并且能够最有效地挖掘团队成员的潜能。最后一点也是非常重要的一点,奖金支付必须具有及时性,因此,奖励的项目也必须是短期的。一方面可以确保获得奖励的成员也是付出努力的成员,另一方面也用最快的方式表明付出就有回报,否则将对团队成员的积极性造成重大打击。

8.4.2 显性的利润分享

利润分享是团队劳动报酬的另一种普遍形式,包括显性的利润分享和隐性的利润分享两种模式。显性的利润分享通常是在某一年里,公司依据利润直接给予员工一定的货币奖励。隐性的利润分享通常体现为较高利润所带来的较高的加薪,在这种情况下,利润分享是隐性的,但在本质上又确实是利润分享。

在典型的利润分享计划当中,每个员工得到的份额通常并不一样,因为利润分享的具体数额与员工的薪金有关,具体说来,就是将待分配的利润按员工的基本薪金的相对比例进行分割。我们先将该计划涉及的全体员工的年度基本薪金总额界定为相关工资总额,那么,员工 j 在待分配利润中能够得到的份额为:

$$员工j的份额 = (员工j的年度基本薪金)/(相关工资总额)$$

也就是说,在显性的利润分享计划当中,员工的基本薪金越高,其得到的奖励份额就越大。而通常能够在企业中获得较高基本薪金的员工,就有可能是其在职位、能力或任职年限方面较有优势,给予这部分员工更多的利润奖励,在一定程度上也是对他们贡献和企业忠诚度的肯定。

确定员工在待分配利润中的份额以后,还要确定用以实行利润分享计划的数额在利润总额中的比例,从而计算出确切的待分配利润。总的待分配利润的计算方式很多,不同的企业通常都有各自的财务制度,用一个包括有该年的工资报酬、成本以及市场竞争水平等因素的公式计算得出。这一激励措施与收益分享计划在很多方面都非常类似,待分配利润不仅取决于当年的利润水平,还取决于当年利润与过去的平均利润之间的差额等,一般说来,在计算过去的平均利润时,最近几年通常会占据较大的权重。

然而,尽管利润分享计划常常被认为是一种激励机制,但作为团队激励,其效果可能是非常有限的。因为涉及利润分享的员工团体通常很大,而团体中的大部分员工并不在一起工作,搭便车效应就会占据绝对优势。实际上,利润分享计划更多地倾向于一种风险分担机制,即它在资本所有者和劳动者之间分散了风险。企业经营得好,股东和员工共同受益;企业经营得不好,股东固然要承担代价,但员工也因此失去了得到奖励的机会,碰到公司业绩急剧下滑的年景,员工们甚至会遭遇减薪裁员的冲击[①]。因此,从风险共担的角度讲,利润分享实际上是将企业的全体员工作为一个整体团队进行激励,其团队激励作用还是不容忽视的。

8.4.3 隐性的利润分享

那么,如果企业并不明说要给予员工们利润奖励,但因为年度任务指标的出色完成为企业赢得了丰厚的利润增长,因此给予了员工比以往更高的加薪幅度,那又如何解释呢?实证研究表明,员工劳动报酬同其他指标一样,与企业的总体盈利水平是紧密相关的[②]。当企业利润高时,往往员工的工资也比较高。如果企业某年的效益很好,就可能给予比效益差的年份更多的加薪。也就是说,较高的利润带来较高的加薪,那么员工同样是在间接地分享企业利润,本质上仍是利润分享的一种形式。

与显性的利润分享计划一样,企业的大多数员工都将参与进来,毕竟,显性的利润奖励常常只有小部分作出了突出贡献的员工能够获得,比如团队奖金和股票期权等。因此,隐性的利润分享计划可能会占到整个利润分享中的大部分比例,甚至超过其他各种显性奖励的总和,这一点在美国的企业中体现得更为明显。为了搞清楚隐性利润分享计划的重要性和它给企业带来的成本,可以做如下分析:

假设某企业的财务制度允许员工工资按以下公式随企业利润的变动而变动:

每年的平均加薪率＝通货膨胀率＋0.2×(实际利润率－期望利润率)

根据公式可以看出,如果实际利润率等于期望利润率,平均加薪率就等于通货膨胀率,这意味着员工的实际境遇并没有得到改善。如果实际利润率为15%,期望利润率为10%,那么加薪率就高于通货膨胀率1%,或者0.2×(0.15－0.1),这将使企业工资总额提高1%。

如果我们把工资总额这1%的增加额与显性激励方式的成本做比较。由于团队奖金、股票期权和利润奖励等方式在大部分企业中,只有少数人可以获得,尤其是股票期权这种激励形式,往往只针对高级管理层,因为只有对这些能够独立、明显地影响企业盈利水平的员工,股票期权才有激励效果。因此,可能这些显性激励方式针对的员工数量仅占员工队伍的3%,但这部分员工的报酬却占到企业工资总额的15%。

假设有一项奖金计划规定奖金额由如下公式计算得来:

有资格获得奖金的员工的奖金额＝基本薪金×(实际利润率－期望利润率)×λ

[①] Felix R. Fitzroy and Kornelius Kraft, 1987, "Cooperation, Productivity, and Profit Sharing", *The Quarterly Journal of Economics*, Vol. 102, No. 1, pp. 23-35.

[②] Devine, D. J., 2002, "A Review and Integration of Classification Systems Relevant to Teams in Organizations", *Group Dynamics*, Vol. 6, No. 4, pp. 291-310.

公式中的 λ 是企业选定的一个参数,假设 λ 为 1,如果实际利润率比期望利润率高出 5 个百分点,那么每个有资格的员工都可以得到相当于其基本薪金 5% 的奖金,如果只有占工资总额 15% 的 3% 的员工有资格获得奖金,那么企业的总成本是(工资总额×5%×15%),则该项奖金计划的成本只占整个工资总额的 75%,少于为全体员工加薪所花费的成本。当然,各个企业可以根据各自的企业文化和运营实际调整计算参数,使隐性激励的成本高于或低于显性激励,从而以最少的付出实现最大的激励。

8.4.4 利润分享的有效性

衡量利润分享是否有效的指标很多,常用的包括生产效率、企业成本效益比和员工满意度等。众多研究显示,利润分享对于企业管理是有积极作用的。海切尔和罗斯(Hatcher & Ross,1991)通过对利润分享计划在制造业企业中的应用进行研究,发现该计划使得工人能够更好的配合团队工作,并且更加关注绩效[1]。斯卡佩罗(Scarpello,1995)等人指出,利润分享计划之所以得到广泛应用,是因为该计划直接将绩效与薪酬挂钩,增加了员工在企业管理中的参与度,提高了企业整体的生产效率水平和员工对工作的满意程度,并且利润分享计划的实施节约了企业的监督资源[2]。随着利润分享计划在各行各业的使用,道格拉斯等人(Douglas & Craig)发现该计划不仅有利于提高传统制造业的绩效,在服务业同样发挥作用,它使团队工作的效率得到改善,激励了员工的组织公民行为和对薪酬的满意度,大大提高了组织绩效[3]。2005 年,马修等人(Matthew & Dugal)对利润分享计划的有效性进行总结,认为该计划主要从四个方面影响组织绩效,即员工吸引和保留、工作动机、培训开发和企业文化[4]。

有关利润分享计划有效性的实证研究也取得了大量成果。裴迪等人(Petty,Singleton and Connell)针对电力企业进行了研究,对比实施利润分享计划企业和未实施利润分享计划的事业部,结果显示在 12 项客观绩效指标中,实施利润分享计划的事业部有 11 项都领先于未实施该计划的事业部,并且为企业节约了近百万成本[5]。1999年,阿瑟和杰夫共同对一家汽车配件制造工厂进行了研究,研究采用了该厂实施利润

---

[1] Hatcher L. and Ross T. L., 1991, "From Individual Incentives to an Organization-wide Gainsharing Plan: Effects on Teamwork and Product Quality", *Journal of Organizational Behavior*, Vol. 12, No. 3, pp. 169-183.

[2] Scarpello, V., Ledvinka J. and Bergmann T., 1995, *Human Resource Management: Environments and Functions*, 2nd ed, Cincinnati, OH: Southwestern College.

[3] Douglas B. and Craig L. Pearce, 1999, "An Exploratory Examination of Gainsharing in Service Organizations: Implications of Organizational Citizenship Behavior and Pay Satisfaction", *Journal of Managerial Issues*, Vol. 11, No. 3, pp. 363-378.

[4] Matthew H. R. and S. Dugal., 2005, "Using Employee Gain Sharing Plans to Improve Organizational Effectiveness", *Benchmarking: An International Journal*, Vol. 12, No. 3, pp. 250-259.

[5] Petty M., Singleton B. and Connell D. W., 1992, "An Experimental Evaluation of an Organizational Incentive Plan in the Electric Utility Industry", *Journal of Applied Psychology*, Vol. 77, No. 4, pp. 427-436.

分享计划前 2 年和实施计划后 5 年共计 7 年的时间序列数据。研究发现与实施利润分享计划之前相比,企业成本得到节约,粗略估算,实施计划后的 5 年为企业节约下接近 1 500 万美元的成本。另外,该厂实施利润分享计划之后,工人的缺勤率下降了 20%,员工抱怨也大大减少①。综上所述,利润分享计划在多数情况下确实能够提升企业绩效,包括改善工作方式、优化管理体系、提高生产效率等;此外,利润分享计划能够提高员工的工作满意度,增强员工的组织承诺;最后,该计划有利于更充分地发挥团队工作模式的优势,是与团队生产密不可分的重要激励方式。

8.5 团队内在激励

在团队激励机制当中,货币形式的激励运用非常广泛,也比较容易引起人们的关注,然而在更多的时候,激励不仅来自物质需要的满足,还来自心理上的认同感和归属感。良好的工作氛围、领导的充分授权、上下级之间的互相鼓励、高级管理层的口头肯定等,都是无形的激励方式,其作用甚至不亚于直接的金钱奖励。这里我们主要围绕团队探讨两种非物质的激励形式,即团队文化的塑造和群体规范的树立,是如何凭借其影响力促使团队创造高绩效的。

8.5.1 团队文化

团队文化的重要性,越来越受到人们的关注。一个团队如果有良好的文化,团队成员就能够在轻松愉快的环境中工作,他们彼此信任,有共同的目标,能够互相合作,有可能爆发出极强的创造性和战斗力②。在那些没有团队文化或者成员之间没有在意识和价值观上达成共识的团队里,很可能出现人与人之间的关系冷漠,缺乏沟通和信任,甚至面对责任互相推诿,内耗严重而最终无法实现目标③。毛泽东形容没有文化的军队是没有战斗力的军队,更是赋予了团队文化崇高而不可或缺的地位。

德国著名管理大师马克斯·韦伯给文化下了一个经典的定义:文化归根结底是一种行为方式,它存在于个体之外并对个体的行为产生约束和激励。那么,我们是否可以将团队文化理解为能够对团队成员的行为产生约束和激励作用,并得到全体团队成

---

① Arthur J. B. and Jelf G. S., 1999, "The Effects of Gain-sharing on Grievance Rates and Absenteeism Over Time", *Journal of Labor Research*, Vol. 20, No. 1, pp. 133–145.
② Sherriton, Jacalyn and James Stern, 1997, *Corporate Culture/Team Culture: Removing the Hidden Barriers to Team Success*, New York: American Management Association.
③ Gettman, D. J., 2001, "An Investigation of the Shared Mental Model Construct in the Context of a Complex Team Task Doctoral dissertation, Texas A & M University; Nielson, T. M., 2001, "Organizational Citizenship Behavior as a Predictor of Work Team Performance", Doctoral dissertation, University of Tennessee, 2001.

员一致认同的价值理念。可见,文化是一个团队的灵魂,是团队核心竞争力的源泉。建设团队文化的目的是培育团队士气,使团队成员能以团队文化为内在驱动力,激发工作热情、学习积极性、职业责任心和集体荣誉感,同时为团队树立远大的共同愿景,促使团队成员共同努力、共同进步。具体来讲,团队文化从四个层面对团队发挥着不可忽视的作用,如表 8.4 所示,分别是形象层面、行为层面、制度层面和价值观层面,逐层深入。

表 8.4　团队文化的激励作用[①]

团队文化层次	激 励 作 用
形象层面	团队文化能够规范、统一团队的外部形象,打造团队品牌
行为层面	团队文化能够规范组织架构,指导团队成员的行为统一、明确
制度层面	团队文化能够形成高效、严谨、规范、系统的管理方式和管理制度
价值观层面	团队文化能让团队成员产生一致的理念和精神信仰,明晰团队的发展方向

实际的生产运营当中,优秀的团队文化帮助企业实现成功的例子不胜枚举,简单地像肯德基和麦当劳,为什么它们在世界范围内都能取得巨大的成功,即使不了解其中秘密的人,一走进它们的连锁店,也可以一眼从其企业形象和员工行为中体会到文化的力量。杰克·韦尔奇曾经说过:"如果你想让列车时速再快 10 公里,只需要加一加马力,若想使车速提高一倍,可能就必须换铁轨了。资产重组可以在短时间内提高公司的生产力,但若没有文化上的改变,就无法维持高速发展。"日本神户制钢所,为了提高本企业研发部门新进年轻员工的研发能力,开始推行一种被称为"兄弟制度"的互助共学方式[②]。所谓的"兄弟制度"就是每位新员工必须与一位在神户制钢所工作达 5 年以上的资深研究员结拜为兄弟。在共同工作的过程中,兄长负责新员工的培养教育,作为弟弟的新员工必须谦虚求学,为"大家庭"的发展献计献策。由于"兄弟制度"的推行,使得新老员工之间建立起"亲缘"纽带,虽然非血缘关系,但朝夕共处、相互切磋的团队生活方式在员工之间培育了兄弟般的情谊,使得一向冷漠的研发部门变成人情味很浓的合作团队,从而激发出更丰硕的成果。

8.5.2　团队的群体规范

群体规范和团队文化在某些范畴上是存在交叉的,但在这里,我们更强调群体规

[①] 影响力中央研究院专家组:《五行管理:卓越团队管理的 5 把利剑》,北京:电子工业出版社,2009 年。
[②] 改编自新浪网良言堂:第八维 团队文化,http://ad4.sina.com.cn/book/1/30/3/180/index/1306.html。

范的潜在强制性①。当企业的绝大部分员工共同形成了工作习惯或交往氛围时,这种规则便很难被打破。例如,如果一家企业的正常下班时间是晚上6点,但是长期以来员工们已经习惯了在晚上7点后才离开,那么久而久之,即使在晚上6点以前完成了全部工作,为了遵守潜在的游戏规则,大部分员工仍不会准时下班,这便是最简单的群体规范。显而易见的是,群体规范作为团队激励的一种特殊方式,很多时候是通过强制措施得以保证的。如果企业中有人不遵守潜规则,每天准时上下班并且不会受到任何的损失,那么他会一直这样,长此以往所带来的最糟糕的结果,就是让那些留下来完成更多工作的员工效仿,最终推翻旧有的规范,建立新的准时上下班的规范,这在很大程度上会降低企业的运转效率,甚至损害组织利益。因此,当组织中出现违反群体规范的成员时,他可能面临被批评、孤立等惩罚②。大学校园中最普遍的一条规范是在食堂排队就餐并将餐具送到收洗台,所以我们会发现一个有趣的现象,那就是大学新生常常不小心插队并遭到众人的责备,或是就餐完毕后忘记收拾餐具而受到别人的督促,但在很短的时间以后,他们就会很快适应并成为强制别人遵守规范的一员。

本 章 小 结

现代企业的生产方式越来越朝着小型化、专业化和集约化的方向发展,这一趋势将极大地促使团队生产方式引领现代管理的风潮。因此,认识到团队对于企业管理的重要性,并且科学合理地发挥其应有的作用,势必有助于提高企业利润、促进企业的健康持续发展。团队理论最为关键的三个方面分别是团队产出的经济效益分析、团队成员的选择和团队激励。

首先,团队产出的两个主要效益是互补性和专业化。企业让拥有不同专长且工作任务紧密联系的员工合作,不仅能弥补彼此未知的知识领域,也使各自熟悉的技能得到充分发挥。互补性和专业化两大效益共同支撑着高效团队的持续性运转。此外,正是由于互补性和专业化的存在,团队当中不可避免地会发生知识传授,这是团队管理产出的另一重要效益,当个人拥有与其他成员相关的独特技能时,知识传授发挥的效用最大。

其次,要组建一支拥有卓越绩效的团队,成员的选择无疑是重中之重,不仅要根据员工具备的知识、经验和技能等确定角色分工,更要对员工的个性特征、价值

---

① Gully, S. M., 2000, "Work Team Research: Recent Findings and Future Trends", in: M. M. Beyerlein (ed.), *Work Teams: Past, Present, and Future*, The Netherlands: Kluwer Academic Publishers, pp. 25-44.

② Sosik, J. J. & Jung, D. I., 2000, "Work-group Performance Characteristics and Performance in Collectivistic and Individualistic Cultures", *Journal of Social Psychology*, Vol. 142, No. 1, pp. 5-23.

取向和实际意愿等角度进行深层次的考虑,使团队成员的各个方面都实现充分匹配。当然,优秀人才作为稀缺资源必然受到青睐,处理得不好不仅无益于团队绩效,甚至会产生负效益,因此我们不得不考虑一种公平的选择机制。竞价选择和成员轮换,既兼顾了团队的偏好,也实现了市场均衡。

最后,设计科学合理的激励措施,是组织为团队提供支持的最有效方式。团队激励措施有很多,针对不同的企业发展阶段、不同的团队规模、不同的工作任务和不同层次的员工,需适用不同的激励措施。货币激励与精神激励并用,短期激励与长期激励共举,必定能够打造出忠诚、高效的卓越团队。

复习思考题

1. 团队与群体的主要区别是什么?
2. 试用团队的5P原则描述你曾经所在团队(学习、体育、表演等)的特征。
3. 试解释团队管理是如何产生经济效益的。
4. 企业利用团队管理模式受到哪些因素的影响?
5. 使用团队可能带来哪些问题?
6. 试在课堂宣讲活动中自行组建团队,并交流团队成员之间的角色与分工是如何确定的。
7. 利用博弈论的观点解释团队成员的选择机制。
8. 针对创业团队自行设计激励方案。
9. 利用薪酬管理理论相关的知识制定一套利润分享计划。

 案例分析

唐僧团队管理的至理名言

《西游记》中的唐僧团队,近年来逐渐被很多优秀企业家奉为典范。阿里巴巴的总裁马云,就非常欣赏唐僧团队,他认为《西游记》的故事将现代企业管理的许多原则运用得惟妙惟肖,值得细细揣摩。唐僧团队无疑具备了所有理想团队的角色:德者、能者、智者、劳者。德者领导团队,能者攻克难关,智者出谋划策,劳者执行有力。虽然每个成员都或多或少地有不足,但总的来看,唐僧团队是个非常成功的团队,历经九九八十一难,最终修成正果。想要知道其中的秘诀吗?那就让我们来看看下面的至理名言吧。

德者居上

对于企业领导人来说,要有意识地淡化自己的专业才能,用人为能,攻心为上。有人曾经这样说,大老板只要有两项本事:一是胸怀;二是眼光。有胸怀就能容人。刘备胸襟小点,眼里就只有两个把兄弟,后来才有"蜀中无大将,廖化为先锋"之说;曹操雅量大点,地盘实力也就大点,到他儿子就有改组汉朝"董事会"的能力。目光如炬,明察秋毫,洞若观火,高瞻远瞩,有眼光就不会犯方向性错误。唐僧既非捉妖高手,又不会料理行程上的事务,只要坚持取经不动摇,嘴里念念紧箍咒,便一切搞掂。他是许多董事长、总经理学习的榜样。

智者在侧

《封神演义》里有姜子牙、《三国演义》里有诸葛亮、《水浒》里有吴用……如此深厚的历史积淀,中国企业的领导怎么可能不知道军师的重要性?但中国企业里缺少猪八戒这样的新型智者——好吃懒做却爱动脑子。说猪八戒是智者,一是猪八戒之所以需要"八戒",因为他从不掩饰个人需求,是一只奉行自由主义的特立独行的猪,不会头脑发热,不会被"普度众生"的理想煽动,他的理想是回高老庄娶媳妇,他的立场基于真实感受,没有专心取悦唐僧的动机;二是他从不忽视言论自由的权利,取经路上议论风生,而且多是反对意见。

能者居前

孙悟空是优秀的职业经理人,他的才能吴承恩先生已作完整的表述。需要关注的是他和唐僧(总经理)以及观音(执行董事,资方代表)的信用关系。孙悟空不是一条狗,也不是一般的人才,而是一个"人物",在团队里是不可替代的。孙悟空是有独立人格的人,有意愿和能力尊重约定,观音与孙悟空谈判的结果是以解放换责任,这个约定是孙悟空真正的"紧箍咒",签订了合约就认真去做,百折不挠。所以,唐僧在领导孙悟空时,紧箍咒作为最后手段,虽然用过,但孙悟空从来没有因为要放弃保卫唐僧的责任而被念紧箍咒。唐僧也不因为有了紧箍咒就事事表现控制欲。

劳者居其下

沙僧和白龙马是接近领导的工作人员。做大老板,手下神仙、老虎、狗,样样都有,"神仙"提供智力服务,"老虎"提供工作业绩,"狗"提供所谓"犬马之劳"。沙僧和白龙马的"犬马之劳"非常出色,假如说猪八戒和孙悟空还有缺陷的话,沙僧完全可以打100分,因为这样的人大多爱在领导身边闲言碎语,最难得的是少说多做,沙僧和白龙马却都做到了。

资料来源:改编自"人才配置范例:优秀的唐僧团队",中华管理学习网,http://www.zh09.

com/Article/llal/200712/311097.html。

  结合案例材料，综合运用团队理论的主要内容，从团队组成的必备要素、团队产出的经济效益、使用团队可能产出的问题、团队成员的选择以及团队激励等任一方面或几个方面，谈谈唐僧团队给予我们的启示。

推荐阅读资料

1. 〔美〕爱德华·拉齐尔：《人事管理经济学》，北京：生活·读书·新知三联书店、北京大学出版社，2000年，第8—65页。
2. 杨伟国：《劳动经济学》，大连：东北财经大学出版社，2010年。
3. Neilson, William S., 2007, *Personnel Economics: Incentives and Information in the Workplace*, New Jersey: Pearson Education, Inc.
4. Becker, Gary S., Kevin M. Murphy, 1992, "The Division of Labor, Coordination Costs, and Knowledge", *Quarterly Journal of Economics*, vol. 107, No. 4, pp. 1137 – 1160.
5. Meyers, Margaret A., 1994, "The Dynamics of Learning with Team Production: Implications for Task Assignment", *Quarterly Journal of Economics*, Vol. 109, NO. 4, pp. 1157 – 1184.
6. Kandel, Eugene and Edward P. Lazear, 1992, "Peer Pressure and Partnerships", *Journal of Political Economy*, Vol. 100. No. 4, pp. 801 – 817.

网 上 资 料

1. 中国人力资源学习网：http://www.hrlearner.com/
2. 美国管理协会 AMA（American Management Association），http://www.amanet.org/

第 9 章

员 工 关 系

学习目标

员工关系是组织中由于雇用行为而产生的关系,贯穿于人力资源管理的各个环节。理顺组织中的员工关系,不仅会减少劳动者与用人单位之间的法律纠纷,而且会激发组织人力资源的创造力,为组织发展发挥重要作用。本章试图遵循员工关系的"建立—维系—终断"主线,用经济学的分析范式来分别讨论员工关系管理中的集体谈判、纪律、工伤风险与补偿、买断与解雇、退休等方面。通过本章的学习,理解员工关系经济学的基本内涵。

引 例

经济大滑坡:强制休假还是裁员

各种麻烦的选择是企业经营工作的一大组成部分,尤其是在经济大滑坡的时候,其中最令人头疼的就是裁员问题。其实也可以用一种算是"无痛"的办法来解决:实行强制无薪休假制度。

这就是加州圣芭芭拉市 D. D. Ford Construction 公司在 2008 年秋季股市和房地产市场同时崩溃时所作的选择。为了大幅削减每月的成本,公司总裁道格·福特(Doug Ford)原本打算裁员,但人力资源部经理建议他用强制休假的办法来代替。

福特接受了这个计划,让他可以暂时性地迅速每月节约 6 万美元薪酬开支,同时又避免了裁员的麻烦和重新雇人及培训的成本。福特说:"我们也可以继续保护员工的利益。"此外,加州等地还允许员工在强制休假期间领取失业津贴。

那么，员工的反应又如何？"他们决定不让其中任何一个人被裁员，希望大家能够一起分担痛苦，帮公司降低开支。"福特说，"这对团队建设具有很大意义。"

虽然强制休假具有很多优点，但必须首先搞清复杂的法律问题。年薪制的专职员工和小时工分别有相应法律约束。小时工就很简单：直接减少工作时间。

不过，领取年薪的固定员工情况要更复杂些。根据美国法律，只要年薪制员工这周上了班，他们就有权领这周的薪水，除非他们选择减少工作时间。而且，只要年薪制员工工作一天，他们就有权领这天的薪水，除非他们选择减少工作时间。"在采用这种方式前，需要弄明白游戏规则。"Towers Perrin 公司负责人马克斯·考德维尔（Max Caldwell）说，该公司在工作效率培训领域处于全球领先地位。你还得考虑好强制休假的方式，不能因此损伤士气。要考虑的因素如下。

考虑自己的工作流程。"美国劳动法规定，雇主应要求年薪员工在某几周内放假，而不是连续几个月内每周休息一天。"Dorsy & Whitney 劳动法事务所合伙人道格·克里斯滕森（Doug Christensen）说。因此，如果你的工作流程更适合让员工在一段特定时间内每周多放一天假，那就需要减薪20%，改为每周32小时工作制。不过要注意，必须保证每周最低工资450美元。这意味着如果某个人现在是每周500美元，你每周减掉一天工作，他的薪水就会降低到400美元。"这不符合美国劳动法规定。"克里斯滕森说。

起草一份协议。为强制休假的年薪员工提供清晰准确的休假指导。"体现在书面上，日后可以作为保障，证明你没有要求他们那天工作。"克里斯滕森说。当然，有了智能手机和电脑后，这会变得有些麻烦，但协议还是能够帮你保证把问题说清楚了。

尽量给员工选择权。为了让员工保有一定控制感，尽量让他们自己选择休假的日子。在 D. D. Ford Construction 公司，一个部门的所有员工共同选出假期，有时一天有时两天，具体休假的日子也由员工决定。"他们觉得这也是某种程度上的自主权。"然后福特补充说，某些员工现在恢复了全职工作。

要将良好的沟通贯穿整个过程。从通知员工必须削减成本到解释具体薪酬问题，尽可能地如实告知你知道的所有情况。可能需要用分组讨论的方式来交流，让他们明白这只是暂时的，告诉他们大约多久会结束。

资料来源："经济大滑坡：强制休假还是裁员"，中国人力资源开发网（www.ChinaHRD.net），作者：D. D. I. Gutner，译者：金笙。http://www.chinahrd.net/zhi_sk/jt_page.asp?articleid=191032，2010年2月5日 20:40:10下载。

上述案例给企业提供了另一个应对经济危机的思路。2008年的经济危机给全球经济造成了重大损失,在艰难时刻,有的企业一味地追求减少人工成本而断然采取解雇员工的行动,殊不知,这样的确能够立刻将人工成本降下来,但是,到了经济复苏的时候,企业还要为招聘、培训合适的人才花费不小的人力、物力和财力。因此,善于合理管理员工关系,灵活运用各种管理方式,调动员工积极性才是更加明智和更有效率的选择。广义的员工关系涵盖了员工进入企业之后的几乎所有领域,本章的任务针对性地关注集体谈判、纪律、工伤风险、买断与解雇,以及退休等方面。

9.1 集体谈判

在国外,集体谈判是劳动者与雇主针对组织管理中的某些事项进行磋商的一种主要形式,已经成为调整劳动关系的一项非常成熟的制度和理念。集体谈判在美国已经有60多年的历史[1],主要由工会代表其会员与雇主进行谈判,内容涵盖工资、工时以及其他工作条件,后来发展到将企业金融、人事、生产决策等问题也纳入了谈判的内容中。在日本,集体谈判主要是通过劳资协会进行。劳资协会在有工会的企业中,由雇主和工会各5名代表组织,在没有工会的企业中,由雇主和劳动者代表组成。谈判的内容涉及工资、劳动调价、经营方针、改进技术、调整员工等。集体谈判中,工会扮演重要的角色,但是在我国的企业中,工会多是出于企业内部稳定的考虑,主要扮演的是沟通的角色,而企业要面对市场经济的进程,工会也应该承担起其代表和维护职工权益的作用。

将集体谈判简化成由一个雇主代表和一个工会构成的"标准的集体谈判模型"来研究谈判过程更便于理解。模型假设企业的产量只受到雇用人数的影响,即有 $q=f(n)$,而且 $f'(n)>0$, $f''(n)<0$,也就是说,边际产出为正且递减,其中 q 是产量,n 是雇用的工人数量。再进一步假设企业没有固定成本(这使得企业的收益情况主要取决其与工会谈判达成的协议),并且假设雇用第1个工人时 $pf'(0)>r$,其中 r 为保留工资(Reservation Wage),这时企业有动力按

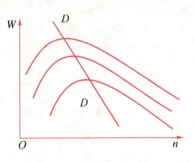

图9.1 集体谈判下企业的等利润曲线

照高于保留工资的水平雇用工人,而且存在超额利润去谈判。当 $w \geqslant r$ 时,企业就不再雇用工人,这样企业的收益函数 $\pi(n,w;p)\equiv pf(n)-wn$,其中 p 是产品销售价格,

---

[1] 苏晓红、侯朝轩:《中外员工参与企业管理的比较分析》,《河南师范大学学报》(哲学社会科学版),2004年第5期,第94页。

w 是工资。由于企业的收益情况主要取决其与工会谈判达成的协议(因为前文假设企业没有固定成本),即 $\pi(n, w; p) = G'(n, w; p)$,此时企业的等利润曲线见图 9.1。当 n 既定时,利润的大小取决于工资水平。由于存在边际产出递减规律,利润达到最大值所对应的雇用量便是各个工资水平的最大雇用量。

如果工会成员拥有对于企业而言有价值的某种专门技术,企业雇用一些工人后得到的利益要大于完全不雇用工人得到的利益,这种情况下工会代表工人和企业之间进行的谈判是有意义的。同时,这也赋予了工会某种权力,并且可以以这种权力来要求获得相应的利益 m。工会获得这种权利还需要另外一个假设,即企业希望与工会代表达成协议,承诺只雇用该工会的成员,但是并非所有的工会成员都会被企业所雇用。对于任何一个工会成员而言,他没有被雇用就会得到一个"保留工资"$(r > 0)$,可以将之视为是机会成本的"替代"[①]。那么,在谈判过程中,工会行驶权力的一个表现是以撤出劳工为威胁来获得高于"保留工资"水平的额外利润,当然它无法获得全部额外利润,因为企业会以不雇用该工会成员为威胁,这样双方都有动机达成某种协议,以便双方分享额外利润。

假设有 m 个工会成员,其中 n 个取得了 w 的工资水平,而另外 $m-n$ 个取得了 r 的保留工资[②]。并且,假设被雇用的工人是随机的,则工会成员的预期效用为:

$$U(n, w; r, m) = (n/m)u(w) + [1-(n/m)]u(r) \quad (9.1)$$

这里 $U(x)$ 指工人肯定获得收入 x 时的效用。假设 $u'(x) > 0$,$u''(x) \leqslant 0$ 工人要么是风险中立的,即 $u'' = 0$,要么是风险厌恶的,即 $u'' < 0$。

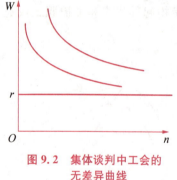

图 9.2 集体谈判中工会的无差异曲线

假设工会没有能够与企业达成协议让所有的工人在 r 的工资水平被雇用,而只有 n 个工人在 w 的工资水平被雇用,这样工会成员的收益为

$$G^U(n, w; r) \equiv n[u(w) - u(r)] \quad (9.2)$$

图 9.2 为工会的无差异曲线,在曲线中 w 和 n 的组合效用是一样的。此时,$w \geqslant r$,工人是风险厌恶的。

9.2 纪律

用人单位的规章制度常常被冠以"厂纪厂规"的名称,它是用人单位依据相关法

---

① 这个"替代"意味着可能在劳动力市场可以获得全职工作,或失业后依靠政府救济,或介于两者之间的某种状态,具体权重取决于经济中的整体失业水平。

② 这里不考虑工会操纵其成员不被雇用的情况。

律、结合本单位的实际情况而制定、在本单位内全面实施的组织劳动和进行劳动管理的规则,合法的规章制度是企业纪律管理的重要依据。《劳动合同法》第一章第四条规定用人单位在制定规章制度时必须要完全具备以下法定有效要件:制定主体合法、内容合法、程序合法三个方面。满足上述要件的规章制度才具有法律效力,才能够对全体职工和用人单位具有约束性。

依据规章制度对员工进行惩罚时要遵循一定的原则以保证惩罚的效果。由"热炉效应"延伸出来的惩罚规则,称之为热炉规则,对于惩罚有较强的指导性。表 9.1 是热炉效应与热炉规则特点的比对。

表 9.1 热炉效应与热炉规则的比对

	热 炉 效 应	热 炉 规 则
警示性	当一个正常的人看见烧得红火的热炉子时,不用拿手去摸也知道是烫手的,会烫伤人	让单位中的每一个人都明确知道只要违反规章制度就要受到相应的惩罚
一致性	每次人直接拿手去碰热炉子时都会被烫伤,没有例外	每一次违反都会受到处罚
及时性	直接拿手去碰热炉子时,手马上会缩回来,因为手立刻就会被烫伤	一旦违反规章制度迅速作出惩罚的决定并且实行惩罚
公平性	无论什么身份的人,只要直接拿手去碰热炉子就一定会被烫伤	单位中的任何人,不管身份上的差异,只要违反规章制度就要受到惩罚

此外,企业对违反规章制度的员工进行处罚时还要遵循渐进原则。国内学者宋红亮提到惩罚员工的渐进原则:人的社会行为的不当或者过失,一般总有量的积累过程,能将问题解决在萌芽状态,而不是等问题堆积如山。优秀的领导管理者,总能做到未雨绸缪,及时设立"禁止通行"的黄牌,或者对初犯者予以适当的批评、惩责,以免将来病重时下猛药[①]。R·韦恩·蒙迪和罗伯特·M·诺埃给出了渐进的纪律处分的程序[②],见图 9.4。

从某种程度上看,企业对员工违规行为进行惩罚的过程实际上是企业与员工之间的博弈。员工可以选择遵守规章制度,定义为 a_0,也可以选择违反规章制度,定义为 a_1,企业既然制定了规章制度,当然想要员工来遵守,但是,员工是否选择遵守规章制度还是决定于他得到的利益。无论员工采取何种行为,都会产生三个后果:(1) 行为成本 $c(a_i)$,是员工实施某种行为时所消耗的各种资源;(2) 企业观察到员工的行为,给予相应的回报 $v(a_i)$,也就是奖励遵守制度的行为,惩罚违规的行为,但是,企业能否准确地观察到每一次的行为,这是存在几率的 $p_b(a_i)$,也就是企业对员工行为的观测

[①] 宋红亮:《管理中惩罚的规律及应用》,《人才资源开发》,2007 年 9 月。
[②] R·韦恩·蒙迪、罗伯特·M·诺埃:《人力资源管理》(第六版),北京:经济出版社,1998 年。

能力；(3)员工得到其他方面的回报 $w(a_i)$，例如员工遵守规章制度的行为能够为其在下一次找工作时加分，这种回报的发生也有概率 $p_a(a_i)$。图 9.4 的博弈树表示的即是此博弈过程，可以看出员工遵守纪律带来的效用。

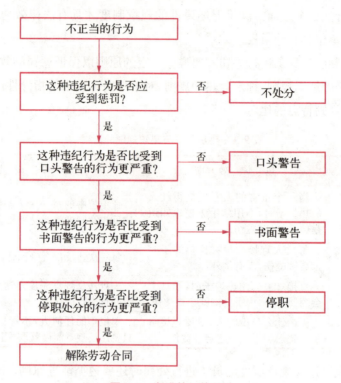

图 9.3　渐进的纪律处分

资料来源：R·韦恩·蒙迪，罗伯特·M·诺埃：《人力资源管理》(第六版)，北京：经济科学出版社，2003 年。

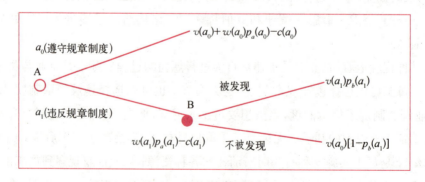

图 9.4　员工越轨行为博弈树

资料来源：毛军权，孙绍荣，《企业员工越轨行为惩罚机制的数学模型——一个理论框架》，《软科学》，2008 年 8 月，第 22 卷第 8 期(总第 104 期)。

$$u(a_0) = v(a_0) + w(a_0)p_a(a_0) - c(a_0) \tag{9.3}$$

员工违反纪律带来的效用是:

$$u(a_1) = w(a_1)p_a(a_1) + v(a_1)p_b(a_1) + v(a_0)[1-p_b(a_1)] - c(a_1) \quad (9.4)$$

因此,员工选择遵守还是违反纪律,取决于上述两种效用的大小。

员工违反规章制度必定会给企业带来损失,假设为 M,而且假设企业针对违规行为采取正确的惩罚后能够挽回一定的损失,即存在一个系数 α,取值在 0 到 1 之间,显然,企业惩罚违规的员工也会付出成本,用 α_z 表示,例如时间成本等。同样,员工遵守规章制度也会给企业带来收益,假设为 R。这样就能得到一个企业和员工博弈的矩阵,如表 9.2。

表 9.2 企业和越轨员工双方的最优策略

对象		企业	
		不实施惩罚	实施惩罚
员工	违反纪律	$v(a_0) + w(a_1)p_a(a_1) - c(a_1) - M$	$w(a_1)p_a(a_1) + v(a_1) - c(a_1) - v(a_1)(1-\alpha)M - \alpha a_z$
	遵守纪律	$v(a_0) + w(a_0)p_a(a_0) - c(a_0)R$	$v(a_0) + w(a_0)p_a(a_0) - c(a_0)R - \alpha a_z$

资料来源:毛军权、孙绍荣:《企业员工越轨行为惩罚机制的数学模型——一个理论框架》,《软科学》,2008 年第 8 期。

下面我们来分别寻找企业和员工的最优选择。员工选择遵守纪律或者违反纪律,可以用一个概率来衡量,假设为 β,那么,如果给定一个 β,企业选择实施惩罚 $p_a(a_1) = 1$ 和不实施惩罚 $p_a(a_1) = 0$ 的期望收益效用分别是:

$$\pi_A(1, \beta) = [-v(a_1) - (1-\alpha)M - c_z]\beta + (R - c_z)(1-\beta) \quad (9.5)$$

$$\pi_A(0, \beta) = -M\beta + R(1-\beta) \quad (9.6)$$

假设两式相等,可以得到 $\beta^* = \dfrac{c_z}{-va_1 + \alpha M} = \dfrac{c_z}{-v_{a_1}(\mu) + \alpha M(\mu)}$,此式的含义是:当员工违反纪律的概率小于 β^* 时,企业的最优选择是不实施惩罚;反之,则实施惩罚才是企业的最优选择;当员工违反纪律的概率等于 β^* 时,企业可以随机地选择实施惩罚或者不实施惩罚。同样,如果企业观察违规行为的能力 $p_b(a_i)$ 给定后,员工选择遵守纪律($\beta=0$)或者违反纪律($\beta=1$)的期望收益效用分别是:

$$\pi_B[p_b(a_1), 0] = [w(a_0)p_a(a_0) + v(a_0) - c(a_0)] \times 1 + [w(a_0)p_a(a_0) + v(a_0) - c(a_0)] \times 0$$

$$\pi_B[p_b(a_1),1] = [w(a_1)p_a(a_1) + v(a_0) - c(a_1)]$$
$$[1-p_b(a_1)] + [w(a_1)p_a(a_1) + v(a_1) - c(a_1)]p_b(a_1)$$

设上述两个式子相等可以得出：

$$p_b(a_1)^* = \frac{w(a_1)p_a(a_1) - w(a_0)p_a(a_0) - c(a_0) - c(a_1)}{v(a_0) - v(a_1)}$$
$$= \frac{w_{a_1}(\mu)p_a(a_1) - w(a_0)p_a(a_0) - c(a_0) - c_{a_1}(\mu)}{v(a_0) - v_{a_1}(\mu)}$$

上式的含义是：如果企业对员工的观测度小于 $p_b(a_1)^*$，员工的最优选择是违反纪律；反之，则老老实实地遵守纪律才是员工的最优选择；当企业对员工的观测力度等于 $p_b(a_1)^*$，则员工可以随机地选择遵守或者违反纪律。

9.3 工伤风险与补偿

劳动保护是国家、用人单位为使劳动者在生产、劳动过程中，身心不受到相关事故的伤害而采取的一系列诸如立法、技术规则、培训等措施。劳动保护不仅要消除和预防生产过程中可能发生的死亡、职业病、职业中毒的事故，还要为劳动创造一个安全、卫生、舒适的工作环境。劳动法律的条款就劳动保护进行了规定。1994 年颁布的《劳动法》第六章，对保证劳动的安全、卫生，规定了用人单位、劳动者以及政府相关部门的义务与责任，以防止劳动过程中的事故、减少职业危害。为了保障因工作遭受事故伤害或者患职业病的职工获得医疗救治和经济补偿，促进工伤预防和职业康复，分散用人单位的工伤风险，我国在 2004 年 1 月 1 日颁布了《工伤保险条例》，第三章"工伤认定"中规定了视为可以认定为工伤以及职业病的情形。不同行业所隐藏的工伤风险程度不同，因此工伤保险费率也会有所不同，国家也是据此来确定行业的差别费率。此外，结合工伤保险费使用、工伤发生率等情况在每个行业中确定若干个费率档次，使得工伤保险费率更具有可行性。

虽然用人单位参加工伤保险可以使得患病的劳动者获得治疗和经济补偿，也减轻了用人单位的负担，但是不足以刺激用人单位投资改善安全生产条件。大多数实行市场经济制度的欧洲国家都在工伤保险制度中，建立了刺激劳动条件改善的机制，并且西欧国家的管理经验已经证明，经济手段的刺激会对劳动条件的改善起到很大的促进作用[1]。从国家、企业、个人三个层面来看，国家制定行业标准、雇主对安全的投资、生

---

[1] 周慧文：《欧洲国家工伤保险费率管理实践及其对我国的启示——用经济手段促进企业改善劳动安全条件的尝试》，《中国安全科学学报》，2004 年第 4 期。

命价值等三个角度都可以作为研究工作场所安全水平的出发点。

9.3.1 国家制定行业作业标准角度

国家通过设定行业相关的作业标准来降低劳动者被意外事故伤害的可能性是很有必要的。设定作业标准水平可以从两个方面进行：技术标准原则和成本—收益原则。技术标准原则是将标准水平设置在现有技术条件下所能达到的最安全水平；而成本—收益原则是将标准水平设置在规制的边际成本与边际收益相抵之处。相比之下，技术标准原则较为严苛，成本—收益原则更注重经济效率。图9.5中给出了两种标准水平设计原则的直观解释。假设用人单位安全边际收益值不变，那么安全收益曲线将趋于平坦。因为提高安全是越来越昂贵的过程，所以供给安全的边际成本呈上升趋势，超越现有技术水平，增加安全变得无比昂贵，所以安全的边际成本曲线尾部十分陡峭。图9.5中的S_2点处为技术标准原则下的标准水平。S_1点处为成本—收益原则下的标准水平。

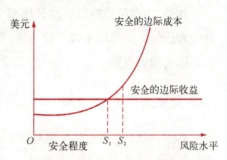

图9.5 规制标准水平的设定

资料来源：肖兴志、曾芸：《工作场所安全规制的经济学分析》，《产业经济研究》，2007年第4期。

9.3.2 用人单位对安全的投资角度

用人单位用于改善工作场所条件的投资可以视为生产成本的一部分，因此，用人单位希望投资越少越好，但是工作场所的安全性与投资又存在很大关联。图9.6描述的便是上述关系，图中横轴表示工作场所的安全水平，纵轴表示安全的收益与成本。工人的安全边际收益随安全水平的提高而逐渐下降，企业的安全边际成本随安全水平的提高而逐渐增大，当两条曲线在S^*处相交时，安全的边际收益与边际成本相等，此时安全程度达到最佳水平。边际成本曲线

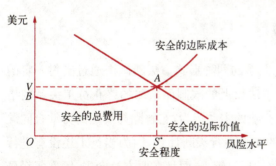

图9.6 工作场所安全程度的决定

资料来源：肖兴志，曾芸：《工作场所安全规制的经济学分析》，《产业经济研究》，2007年第4期。

下的部分（图9.6中表示为AS^*OB围成的区域）是企业所投入的总的安全费用。

9.3.3 生命价值的角度

这里介绍两个生命价值的相关理论：一是人力资本理论，主要是从生产力即人的

创造价值或收入的能力角度来定义人的生命价值;二是风险交易理论,主要是从个人对风险的权衡与交易角度来定义人的生命价值。风险交易理论认为,理性的"经济人"为降低事故发生概率会在事前采取一定的预防措施,由于任何预防措施都是有成本的,在某一事故概率水平条件下,个人会在降低风险和支付数额之间进行权衡,所以个体为预防一项死亡而愿意支付的价值被风险交易理论视为是该个体的生命价值。用等式表示:生命价值=支付意愿/风险降低标准。例如,为预防 1/10 000 概率的死亡风险,愿意支付 1 000 美元,意味着生命价值就是 1 000 万美元。

此外,生命价值的经验估计模型主要是根据可利用的工资与风险信息的特性来估计生命价值。如果以年收入作为统计数据资料的依据来衡量生命价值,我们可以得到以下形式的方程式:

$$年收入 = \alpha + \beta_1 \cdot 年死亡风险 + \sum_{i=1}^{n} \gamma_i \cdot 个人特征_i + \sum_{i=1}^{m} \psi_i \cdot 工作特征_{i+\epsilon}$$

其中,系数 β_1 表示年度风险死亡增加对年收入的影响程度,或者称之为"对生命价值的评价",这是工人在收入与死亡风险之间所达成的交易均衡。方程中的其他变量(γ_i 和 ψ_i)是用来表示对工人的年收入有影响的其他方面,例如:工人对风险知识的掌握程度、工会组织在与企业谈判时的地位、工作本身存在的风险程度等。通过对这些变量的测量,人们可以解决存在于工作风险中的诸如保险费用等问题,并以此作为对工人及其工种的其他特征的补偿。

9.4 买断与解雇

买断和解雇是企业与员工终结员工关系的两种形式。买断试图通过支付一定的补偿金诱使员工自动辞职,这通常是由于法律上的限制而采取的终止员工关系的措施,体现为员工的主动行为;而解雇则是企业的主动行为,它解除与员工的劳动合同关系。通常情况下,没有必要对年轻员工的工龄实行买断计划,因为当员工还没有进行大量的特殊人力资本投资时,被解雇招致的损失较小,而且在西方社会中,解雇年轻员工不存在年龄上的法律问题。

9.4.1 买断

买断是为了抵偿企业解雇老员工所获得的法律收益、经济收益及社会效益而出现的。在我国,买断通常是"买断工龄"或"买断身份"的简称,出现最早(可能也是最多的)是在改革开放初期,国有企业改革过程中,政府与国有企业按照职工工作时间长短,向下岗工人进行经济补偿(通常是一次性地补偿一笔现金或者非现金资产),以解除下岗工人与原国有企业的劳动关系,是实现职工由企业人向社会人转化的一种政策行为。

确定合理的买断补偿金水平对劳动者和用人单位都很重要。当企业实际需要的劳动力低于目前所拥有的劳动力数量(m)时,就会通过解雇(或买断)来减少人员。对于员工而言,经济补偿金是由外部力量,即企业和工会共同决定的[①],这是"工会偏好模型"所持有的理论[②]。

当员工花费时间做其他事情得到的收入现值超过了他们在当前企业中的生产率现值时,买断计划才会是有利可图的,拉齐尔(Edward P. Lazear,2000)通过对洛斯卡伯斯制图公司进行实证研究验证了上述结论的正确性。但是,买断的经济补偿金计划中不可忽视员工所拥有的一个"反身选择权利",这是 John Pencave (2001)提出来的[③],他通过对加利福尼亚州立大学的实证分析得出结论:薪酬如果高出 10%,其选择买断计划的可能性降低 5%—6%;提出的经济补偿金数比其他人高出 10%的员工,其离职的可能性高出 7%—8%。

员工被企业买断后,企业就不再为员工缴纳养老保险等社会保险,这样会影响员工退休后拿到的养老金的质量,因此,计算买断经济补偿金时要考虑这一因素。例如,2008 年全国职工平均工资为 29 229 元,平均月工资为 2 435.75 元[④]。世界范围内养老金替代率一般在 60%左右,假设以 60%来计算,那么员工退休时每月拿到的养老金为 1 462.65,根据国际上通用的计算月养老金的模型是:月养老金=养老保险个人账户储蓄额/120,就可以计算出到退休前只要储蓄 175 518 元,每月的养老金就能达到 1 462.65 元。当然,这种情况下将利率假设为 0 来计算的。那么,在计算买断经济补偿金时,要将已经缴纳的养老保险数从 175 518 元中刨除,就可以粗略的得出。

9.4.2 解雇

拉齐尔(Edward P. Lazear)介绍了一种粗略计算解雇成本的模型。首先,模型认为订立劳动合同不等同于实际的雇用,即劳动者和用人单位订立劳动合同后,可能被雇用也可能不被雇用,在这一背景下,模型将解雇成本定义为:劳动者签订合同之后没有被企业雇用将会得到解雇费(severance pay)Q。

---

① Alison L. Booth, 1995, "Layoffs with Payoffs: A Bargaining Model of Union Wage and Severance Pay Determination", *Economica*, New Series, Vol. 62, No. 248, pp. 551–564.
② 工会偏好模型的详细推导见谭浩:《集体谈判在中国的适用性研究——基于经济学角度的分析》,中国人民大学博士学位论文,2005 年。
③ John Pencavel, 2001, "The Response of Employees to Severance Incentives: The University of California's Faculty", *The Journal of Human Resources*, Vol. 36, No. 1, pp. 58–84.
④ 国家统计局 2009 年 4 月 9 日发布的数据,国家统计局网站,http://www.stats.gov.cn/。

假设：劳动的均衡工资水平是 W^*，A 是劳动者的保留工资，M 是劳动者给企业带来的收入，W' 是企业支付给劳动者的工资。显然，只有当满足 $(A+Q)<W'$ 时，劳动者才会选择工作，同时，只有当满足 $(M+Q)<W'$ 时，雇主才会雇用劳动者。在均衡状态下，$W'=A^*+Q$ 和 $W'=M^*+Q$，并且有 $A^*=M^*=W^*$，所以有 $W'=W^*+Q$（1）式成立。

工资水平越高，劳动者签订合同更加积极，但是此时雇主并不积极，为了抵消这种影响，劳动者给雇主一定的费用（PW^* 来表示）来鼓励雇主签订合同，这与鼓励劳动者签订合同时的补偿是相同的，其中 P 是劳动者在签订合同之后真正到企业工作的概率，则（2）式为：$PW^*=-Fee+PW'+(1-P)Q$，将（1）式（$W'=W^*+Q$）代入（2）式（$PW^*=-Fee+PW'+(1-P)Q$）中，得出 $Fee=Q$。将 W'、W^*、A、M、Q 视为是时间段 t 的函数，并且 P_t 表示在 t 时间段中，劳动者参加劳动的概率，那么（2）式可以表示为：

$$Fee = Q+(1-P_2)Q+(1-P_2-P_3)Q+(1-P_2-P_3-\cdots-P_{T-1})Q$$

员工与企业签订劳动合同之后，在实际被雇用的第一阶段没有雇用（或者即使被雇用，但是拿到的工资水平很低）那么将会得到解雇费 Q；如果有 $(1-P_2)$ 的概率在实际被雇用的第二阶段没有被雇用，将得到 $(1-P_2)Q$ 的解雇费，以此类推。

解雇成本对解雇的影响远大于对招聘的影响，并且会稍微增加雇用期限。在第一次石油危机之后，较高的解雇成本、较慢并且不确定的增长模式、较低的吸引率都能解释西方一些大国的雇用行为的特性。

"部分均衡模型"[①]是研究解雇成本对组织劳动力需求的影响[②]。假定企业只有同质劳动这一种投入要素，并且企业面临的是不变的弹性需求函数。企业的选择解雇或者雇用劳动者的决策过程就是对预期劳动产品的边际收入贴现值以及工资成本贴现值的权衡过程。当企业解雇时，解雇一名工人所放弃的边际劳动产品收入的预期贴现值等于解雇一名工人所节省的工资成本贴现值减去当前支付的解雇成本。

在此基础之上，可以用"全面均衡模型"[③]来研究解雇成本对工作流动性的影响。由于收益规模递减规律的存在，解雇成本虽然减少了员工的流动率，但是对经济效益也有消极的影响，尤其是对社会的总体就业有着相当大的负面影响。拉

---

① Samuel Bentolila, Giuseppe Bertola, 1990, "Firing Costs and Labour Demand: How Bad is Eurosclerosis?", *Review of Economic Studies*, Vol. 57, No. 3, pp. 381-402.

② 具体可以参阅 Samuel Bentolila 和 Giuseppe Bertola（1990）发表的"Firing Costs and Labour Demand: How Bad is Eurosclerosis?"，对部分均衡模型有较为详细的解释，此外作者还分析了解雇成本如何决定劳动力边界水平和平均劳动力需求，并且在解雇成本远大于雇用成本的假设前提下讨论了贴现值、资本回报率、自愿退出率等其他参数如何影响这种决定关系。作者给出的模型为讨论不确定状态下，制度规制对企业就业政策的影响提供了有用的分析框架。

③ Hugo Hopenhayn, Richard Rogerson, 1993, "Job Turnover and Policy Evaluation: A General Equilibrium Analysis", *The Journal of Political Economy*, Vol. 101, No. 5, pp. 915-938.

齐尔(Edward P. Lazear)利用欧洲、美国、加拿大、日本等22个发达国家29年的数据验证了一个有趣的结论：企业从无需支付解雇成本，演化到企业支付三个月的解雇成本，会使美国的失业率升高5.5%，如果再变化到支付十年的解雇成本，这一行为的变化将会使得就业率减少1%[1]。这一数字在美国意味着超过100万个工作岗位的减少。"全面均衡模型"对于检验解雇成本如何影响个体企业的决策原则具有指导意义，但是要注意的是该模型的分析中忽略了政策对隐性或不完全劳动合同特性的影响，分析仅强调了政策的长期或稳定效应，没有考虑经济对政策改变的短期反应。另外，由于计算的原因，分析没有包括物质资本。如果将物质资本计算在内，结论可能更为明显，因为这些政策可能鼓励企业进行资本对劳动的替代。

9.5 退休

退休是指根据国家相关规定，劳动者因为年老或者因工、因病致残而完全丧失劳动能力进而退出工作岗位，例如1978年6月国务院颁发的《关于工人退休、退职的暂行办法》和《关于安置老弱病残干部的暂行办法》（国发[1978]104号）。劳动者达到国家的法定退休年龄，即男年满60周岁，女工人年满50周岁，女干部年满55周岁，在基本养老保险覆盖范围并且参加保险缴费期限满15年，即可在退休时开始领取养老金。世界银行于1994年发表的一份政策研究报告认为，一个完整的养老金制度不仅应当能够有效地保护老年人，而且还要能够促进经济。要达到这两个方面的目标，各国现行的养老制度就必须按照一个多支柱的制度模式进行改革。这个多支柱的制度模式主要包括：(1) 公共管理的强制性制度；(2) 私人经营的强制性储蓄制度；(3) 自愿储蓄制度。无论是公共养老保险还是企业年金，都会影响劳动者的对工作的偏好，一般意义上而言，养老保险与工作时间之间则是负相关关系，也就是说，养老保险减少了劳动者的工作时间。相对于公共养老金计划，企业年金计划相会对劳动者的退休行为产生更大的影响。

9.5.1 养老金与退休年龄相关联的理论模型

各国法律中规定了劳动者退休的年龄，在理论上，退休年龄与养老金的覆盖面还是存在一定的关联性的，下面用一个模型来解释。

劳动者将会在收入预算约束（$Y=V+P$）和时间约束（$L=T-R$）下，追求最大化效

---

[1] 〔美〕爱德华·拉齐尔：《人事管理经济学》，北京：生活·读书·新知三联书店、北京大学出版社，2000年。

用 $U[V(t),L(t)]$。当效用 $U[V(t),L(t)]$ 最大时,劳动者选择时点 R 退休。模型中系数含义:R——劳动者的退休年龄;T——劳动者的死亡年龄;L——退休期间的年限;Y——劳动者终身收入的现值;V——劳动者退休前的薪酬合计现值;P——养老金福利的现值。

学者对该模型的验证结果揭示:养老金覆盖可能引起提前退休,也可能引起推迟退休,视替代效应和收入效应的综合影响而定,并且养老金覆盖对不同年龄段的劳动力供给影响也不同:50 至 62 岁人有更高的劳动力供给;62 至 64 岁人的受到的影响不大;65 至 69 岁人劳动力供给减少[①]。

9.5.2 收益激励模型

公共养老保险和企业年金,都会在劳动者的退休决策机制中起到激励的作用,收益激励模型(Social Security Benefits Incentives Model)可以反映出这种作用力。

模型假设:保持养老金水平的情况下,劳动者推迟退休,则会直接导致拿养老金的年限减少,相应就会减少养老金的总收入,而此时即便是提高养老金的水平,也无法弥补损失的话,劳动者会选择继续工作,继续推迟退休。劳动者在 a 岁时所能获得的养老保险财富的现值用 SSW_a 表示,通过衡量继续工作对养老保险财富水平的影响,劳动者作出是否退休的决策。用 SSW 表示相邻的两年里所能获得的养老保险财富的净现值:$SSW = SSW_{a+1} - SSW_a$。当 SSW 为正值时,也就是说晚退休更划算,能够增加劳动者的财富总量;反之,当 SSW 为负值时,退休将会是更好的选择。当然,现实中的情况比这个模型更为复杂,例如会涉及养老保险的缴费率、折旧费、劳动者存活的概率等等,这些系数会直接影响 SSW 的取值。加入这些系数后,也只是过程复杂,而原理还是一样的,在这里不做赘述[②]。

格鲁伯和维因(Johnathan Gruber, David Wine,1998)利用上述模型,采用美国、德国、瑞典以及丹麦等高社会保险的国家的相关数据进行研究得出了很有借鉴意义的结论:如果领取养老保险的法定年龄推迟 3 年,每个国家的老年劳动者的劳动参与率都会明显减少[③]。国内学者汪泽英和曾湘泉使用我国 2000 年 42 个城市企业参保职工抽样调查数据,运用上述"社会养老保险收益激励模型"研究我国城镇企业职工退休时间

[①] 具体的选取过程是:1969 年(起始调查年度)58 至 63 岁人口样本,随后每隔两年调查一次直至 1971 年;考察样本在以下三个工作期间是否被私人养老金覆盖——1969 调查开始时的工作、在此之前的工作、最长时间的工作。通过四个尺度来调查:个人是否不工作、是否全职工作(每周多于 35 小时)、是否职业工作(持续十年以上)、每周工作小时数,以避免由于仅使用一个尺度衡量养老金而导致的由年龄和劳动力供给造成的偏差。

[②] 加入相关系数之后的详细推导可查阅汪泽英、曾湘泉:《中国社会养老保险收益激励与企业职工退休年龄分析》,《中国人民大学学报》,2004 年第 6 期。

[③] Johnathan Gruber, David Wine, 1998, *Social Security and Retirement around the World*, The University of Chicago Press.

的选择倾向：现行的企业养老保险制度激励职工按法定年龄退休,而不是推迟退休年龄;在条件允许时,职工趋向于提前退休①。

9.5.3 家庭成员的退休模型

如果在养老保险的研究中,我们将退休视为是劳动者减少工作时间、离开工作岗位而偏好闲暇的选择,我们就可以参照微观经济学中的"家庭的收入—闲暇选择模型"来研究家庭中丈夫和妻子的退休问题。

为了使计算简便,模型中忽略了税收和工资增长率,此时家庭的效用函数为：

$$U(L_1, L_2, G) - \lambda[(T-L_1)W_1 + (T-L_2)W_2 + Y - PG]$$

模型中丈夫和妻子的闲暇量分别用 L_1 和 L_2 来表示, G 为家庭的综合消费量, P 为家庭的综合消费量(G)的价格,丈夫和妻子的小时工资率分别为 W_1 和 W_2, Y 代表的是家庭的潜在非劳动收入(如公共养老保险、私人养老保险,遗产等), T 是丈夫的预期寿命。

如果丈夫的工作时间用 H 表示,那么就有 $L = T - H$, 由于 L_1 可以表示为 P、W_1、W_2 和 Y 的函数,所以可以得到 $H = H(W_1, W_2, P, Y)$。

9.5.4 个人储蓄

在个人储蓄模型中,一些是在美国发展起来的相对比较成熟的经验模型,其中最简单的是生命周期模型,该模型描述了劳动者在青年或中年时期的开始储蓄,准备年老时用来消费。除此之外,还有非线性预算约束模型、期权价值模型(Option Value)、动态规划模型。

生命周期理论认为,一个典型的理性消费者追求其终生效用最大化,因此,他受到终生收入与终生支出之间实现平衡的预算约束,并且,该消费者在其任何时刻的消费与他当期的收入基本无关而是取决于他一生的全部收入。未来寿命的不确定性决定了人寿保险存在的价值,它的作用在于消除了这种寿命不确定性带来的影响。未来寿命的不确定性还导致了人们更倾向于现在消费而不是选择以后消费,那么,人在生命长度的概率分布已知的情况下人们如何以最优的方式消费他的资产使效用最大化就成为了一个经济学的选择问题。死亡率也开始整合到生命周期理论的分析框架中来了,米切尔和麦卡锡(Mitchell & McCarthy)在美国男性周期人口生命表为基准表(并且标准利率为 5%)的基础上提出了五种标准比较生命表：死亡年龄分布图、A/E 法、预期余命方法、终身年金的现值法、内部

---

① 汪泽英、曾湘泉：《中国社会养老保险收益激励与企业职工退休年龄分析》,《中国人民大学学报》,2004年第6期。

收益率法,这几种方法各有特点①。

非线性预算约束模型假设劳动者在整个生命周期内退休行为只有一次,那么基于效用最大化的理论,劳动者会在潜在商品消费所带来的效用与退休闲暇所带来的效用之间进行权衡,然后作出选择。此时,劳动者面临的预算约束如图9.7所示。纵轴表示潜在的商品消费;横轴表示劳动者的年龄,这里假定劳动者进入退休选择期的初始年龄为54岁,如横轴最左端显示,T表示劳动者的死亡年龄。图中 AB 表示没有公共养老金计划的劳动者面临的预算约束,A 点表示进入退休选择期的劳动者的初始财富积累,AB 向右上方倾斜表示劳动者每推迟一年退休,工作收入增加带来的潜在商品消费的增加。为了达到效用最大化,当享受退休闲暇带来的效用与少工作一年的工资收入(即对潜在商品的消费带来的效用)带来的效用相等时,劳动者选择退休。

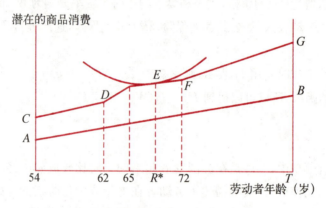

图 9.7　商品消费与退休年龄权衡

资料来源:车翼、王元月:《养老金、退休和模型——对美国退休经验模型的综述》,《中国人口学》,2007 年 第 1 期。

期权价值模型假设企业年金是影响个人退休行为的主要因素。模型的核心思想是:劳动者通过比较他立即退休的价值和推迟每一年退休的折现价值,然后选择是否继续工作,也就是衡量劳动者在某一年龄点退休所放弃的继续工作的机会成本的大小。由此,期权价值等于未来劳动者退休的折现价值减去立即退休的价值,如果期权价值为正,则劳动者保留对工作的选择权;若期权价值为负,则劳动者立即退休。用公式表示即是:假定 $EV(t)$ 是 t 岁是劳动者选择退休的期望值,$EV(r)$ 是 t 岁后的任意一年退休期望值,则退休决定函数为:$G(r) = EV(r) - EV(t)$。如果 $G(r) < 0$ 劳动者会选择在 t 年退休,如果 $G(r) > 0$,劳动者会延迟退休的时间。

---

① Mitchell, Olivia S. and McCarthy, David, 2001, "Estimating International Adverse Selection in Annuities", Pension Research Council Working Paper, Wharton School, Philadelphia, PA: University of Pennsylvania.

动态规划模型与期权价值模型相同,也是劳动者比较退休与推迟退休两个时期的效用大小,然后作出是否退休的决策,两者的区别在于:动态规划模型是比较将来第 j 年的总效用与第 $j+1$ 年的总效用。如果第 $j+1$ 的效用高于第 j 的效用,劳动者就选择退休,反之,则继续工作[①]。

本 章 小 结

集体谈判是劳动者与雇主针对员工关系进行磋商的一种主要形式,已经成为调整员工关系的一项成熟的制度。标准的集体谈判模型有助于我们较好地理解集体谈判过程。

合法的规章制度是企业纪律管理的重要依据。从某种程度上看,企业对员工违规行为进行惩罚的过程实际上是企业与员工之间的博弈。企业既然制定了规章制度,当然想要员工来遵守,但是,员工是否选择遵守规章制度还是决定于他得到的收益。

工伤风险补偿机制不仅要使得患病的劳动者获得治疗和经济补偿,而且也要刺激企业投资改善安全生产条件。从国家、企业、个人三个层面来看,国家制定行业标准、雇主对安全的投资、生命价值等三个角度都可以作为研究工作场所安全水平的出发点。

买断和解雇是企业与员工终结员工关系的两种形式。买断试图通过支付一定的补偿金诱使员工自动辞职,这通常是由于法律上的限制而采取的终止员工关系的措施,体现为员工的主动行为;而解雇则是企业的主动行为,它解除与员工的劳动合同关系。

退休是指劳动者因为年老或者因工、因病致残而完全丧失劳动能力进而退出工作岗位的行为。解释退休行为的模型有:养老金与退休年龄相关联的理论模型、收益激励模型、家庭成员的退休模型、个人储蓄模型。

复 习 思 考 题

1. 试解释集体谈判模型。
2. 从博弈角度分析企业惩罚违反规章制度的员工的条件。

[①] 用函数表示这个选择过程:$W_t = \max\{\overline{W_{1t}} + \varepsilon_{1t}, \overline{W_{2t}} + \varepsilon_{2t}\}$,其中 $\overline{W_{1t}} = U_w(Y_t) + \beta\pi(t+1 \mid t)E_tW_{t+1}$; $\overline{W_{2t}} = \sum_{r=t}^{S}\beta^{r-t}\pi(r \mid t)U_r[B_r(t)]$。这里,$\beta$ 是折现因子,S 表示劳动者寿命的最后一年,$\pi(r \mid t)$ 表示劳动者的存活概率。如果 $\overline{W_{1t}} + \varepsilon_{1t} < \overline{W_{2t}} + \varepsilon_{2t}$,则劳动者选择退休;如果 $\overline{W_{1t}} + \varepsilon_{1t} > \overline{W_{2t}} + \varepsilon_{2t}$,则劳动者选择继续工作。

3. 如何理解工伤补偿经济学。
4. 从经济学角度分析家庭成员退休计划的制订。

 案例分析

为维权农民工被迫"开胸验肺"

河南新密市刘寨镇农民张海超因怀疑在工厂得了"尘肺病",长年奔波于郑州、北京多家医院反复求证,而职业病法定诊断机构——郑州市职业病防治所给出的专业诊断结果,引起他的强烈质疑。在多方求助无门后,张海超被迫作出了"开胸验肺"的悲怆之举,以此证明自己确实患上了尘肺病。

无法确诊的"尘肺病"

今年28岁的张海超先后在郑州振东耐磨材料有限公司、郑州中岳塑化技术有限公司务工。2007年8月,张海超感觉身体不适,还有咳嗽、胸闷症状,随后一直当作感冒治疗。后来,张海超来到郑州市第六人民医院拍胸片检查,显示双肺有阴影,但不能确诊病情。意识到病情严重的张海超此后到河南省人民医院、郑州大学第一附属医院、河南胸科医院等各大医院就诊,几家医院均告诉他患上了"尘肺",并建议到职业病医院进一步诊治。

"从2004年8月到2007年10月,我在振东耐磨公司打工,车间里有很多粉尘。"张海超说,被医院诊断为"尘肺病"后,他怀疑是在公司打工期间得的这个病。

为了确诊,2009年1月,张海超到了北京,他先后在北京多家医院就诊,得出的结论也为"尘肺病"。但是,由于张海超就诊的各大医院都不是法定的职业病诊断机构,这些医院在出具的诊断结论中只能用"疑似尘肺"和"不排除尘肺"等表述。

程序繁琐的"鉴定"之路

根据职业病防治法的有关规定,职业病的诊断要由当地依法承担职业病诊断的医疗机构进行,职业病检查需要用人单位出具职业史证明书、职业健康监护档案、职业健康检查结果、工作场所历年职业病危害因素检测评价资料等多种证明。

张海超最初去申请职业病诊断时,他曾经工作过的振东耐磨公司却不愿出具有关证明手续。理由一是张海超并没有长期在企业里工作,而是时断时续;二是他离开振东耐磨公司后,又到中岳塑化公司上过班。在相关部门的协调下,振东耐磨公司才不得已提供了证明。张海超终于在2009年5月12日去郑州市职业病防治所进行诊断。然而5月25日,郑州市职业病防治所对其诊断为"无尘肺0+期(医学观察)合并肺结核",拿到这个结果后,张海超不予认可。

无奈之下,张海超再次来到郑州大学第一附属医院,要求做手术开胸检查。"主治大夫告诉我,从胸片上就能判断是尘肺,再动手术没有必要,也很危险。"在张海超的强烈要求下,医院最终为他做了手术。手术后的肺检结果为:"肺组织内大量组织细胞聚集伴炭木沉积并多灶性纤维化"。

资料来源:新华网,http://www.gd.xinhuanet.com/newscenter/2009-07/19/content_17138331.htm。

结合本案例,你认为企业与农民工之间的员工关系最大的问题是什么?企业应该如何维持与农民工之间的员工关系?

推荐阅读资料

1. Derek C. Jones and Jan Svejnar, 1985, "Participation, Profit Sharing, Worker Ownership and Efficiency in Italian Producer Cooperatives", *Economica*, New Series, Vol. 52, No. 208, pp. 449-465.
2. Gary B. Brumback & Thomas S. Mcfee, 1982, "From MBO to MBR", *Public Administration Review*, Vol. 42, No. 4, pp. 363-371.
3. Jennifer Hunt, 2000, "Firing Costs, Employment Fluctuations and Average Employment: An Examination of Germany", *Economica*, Vol. 67, No. 266, pp. 177-202.
4. Mitchell O. S. and G. Fields, 1984, "The Economics of Retirement Behavior", *Journal of Labor Economics*, Vol. 2, No. 1, pp. 84-105.
5. 汪泽英、曾湘泉:《中国社会养老保险收益激励与企业职工退休年龄分析》,《中国人民大学学报》,2004年第6期。

网上资料

1. 中国人力资源学习网,http://www.hrlearner.com/
2. 中国人力资源开发网 HR 知识库 http://www.chinahrd.net/knowledge/

第 10 章

人力资源管理的绩效

  学习目标

人力资源管理是否支撑了企业的战略,是否为企业在市场竞争中优势地位的获得贡献了实实在在的力量,是否存在最优的人力资源管理理论?这是人力资源管理领域的学者和从业人员近年来非常关注的问题。本章关注了近年来关于战略人力资源管理理论的研究,学习本章要理解人力资源管理与员工绩效和企业绩效的关系,掌握高绩效管理体系的相关理论,理解最优人力资源管理的内涵。

  引　例

星巴克:把员工当伙伴

星巴克董事长霍华德·舒尔茨昨天在上海"SNAI-ASU 企业家高层论坛"上,讲述了一个不以赚钱为目的的星巴克故事:创始人童年生活的阴影反而造就了星巴克这样一个全新的以员工为伙伴的新型企业;星巴克建立了美国历史上第一个"期股"形式,即公司所有员工都将获得公司的股权;其管理的精髓就是关注员工的成长。

关注员工长期成长

在众多 MBA 教学案例中,星巴克一直被称为用人典范,并被誉为全球最佳雇主。在业界,星巴克并不是薪酬最高的企业,其 30% 的薪酬是由奖金、福利和股票期权构成的,中国的星巴克虽然没有股票期权这一部分,但其管理的精神仍然是关注员工的成长。

中国星巴克有"自选式"的福利,让员工根据自身需求和家庭状况自由搭配薪酬结构,有旅游、交通、子女教育、进修、出国交流等福利和补贴,甚至还根据员工的不同状况给予补助,真正体现人性化管理的真谛,大大增强了员工与企业同呼吸、共命运的信心。

这一企业文化的形成源自舒尔茨的童年经历。他昨天在上海再次讲述他的童年故事:从小在纽约的贫困街区长大,父母没有固定收入来源,7岁时,当卡车司机的父亲外出送货时脚踝受伤后,企业没有给予健康保险和工资,使得父亲在身体和自尊上都受到极大伤害。

亲眼目睹这一点,对舒尔茨的世界观形成产生极大影响,从而萌发出要打造一个不一样的企业的信念,"在维护股东利益与社会良心责任中建立一个平衡"。

所有员工持有公司股票

1987年,舒尔茨购买了星巴克咖啡公司,他建立了美国历史上第一个星巴克"期股"形式,即公司所有员工都将获得公司的股权,获得健康保险,尽管"刚开始是有亏损的"。1982年,星巴克美国上市,市值3亿美元,14年后的今天,星巴克市值已接近300亿美元。而这使得"成功与员工、顾客共享"。"与员工形成互相信任的伙伴关系,信任和真诚才会传递到顾客,股东的长期价值才会增加。"这才是舒尔茨不以赚钱为目标的"为商之道"。

这一理念同样带到中国。1999年,星巴克在北京开出第一家分店。截至2005年年底,这家全球最热门的咖啡连锁店在中国内地的18个城市仅有165家咖啡店,与其在美国拥有的近5 000家连锁店相比,中国市场开拓的速度远远不够。但是,并没有在中国赚钱的星巴克仍然带进了其"员工伙伴"理念,中国的雇员也成为星巴克的合作伙伴,员工的家庭成员同时成为星巴克交谈和关注的对象。

让顾客看到信任

"信任"已经是当今社会的稀缺品,但舒尔茨执著地要找回它,建立它。他说,在美国,有一项令人感慨的研究结果:40年前,当产品推广经理要推广产品时,只要在电视上播放30秒的广告,90%看到广告的人都认为广告是真实的,如果有机会购买的话,90%看到广告的人会去购买;但40年后的今天,同样的广告,大多数人不再相信,只有10%的人会去购买。"推销者违背了其对员工、团队、顾客的承诺,造成了信任的遗失。"舒尔茨说,他希望星巴克的品牌让员工、让顾客重新看到"信任",包括在中国,在世界各地,"而赚钱不是最主要的"。

案例来源:"星巴克:把员工当伙伴",中国人力资源开发网,http://www.chinahrd.net/zhi_sk/jt_page.asp? articleid=103517,2009年10月25日下载。

从案例中我们看到了星巴克公司的人力资源管理给他们公司带来的影响,公司关注员工成长,支持员工持股并不能直接从财务上看到收益;相反,财务上能够看到的是人力资源上的支出进一步扩大。但是,星巴克公司取得了巨大的成功,原因在于企业高效的人力资源管理带给了他们相互信任的员工关系,这样的企业氛围激励员工提供高绩效,从而支持了星巴克公司的成功。这个案例带给我们的思考就是:人力资源管理是否能够支持财务指标,公司战略的实现?什么样的人力资源管理能够支持公司更具备竞争力?是否能够有一个最优的人力资源实践的组合?

10.1 人力资源管理与员工绩效

人力资源管理从最初单个的管理手段,到如今已经初步成为体系的管理系统,其最终目的都是提升员工绩效以及组织绩效。人力资源的从业人员和学者们都在不断寻求最优的人力资源管理实践,这个探索的过程贯穿了人力资源学科发展的整个过程。本节包括了早期的经典研究和近年来该领域的发展,其中高绩效管理系统为这个问题的解决提供了重要的思路,我们将在第二节重点论述高绩效管理系统与员工绩效关系的相关研究。

10.1.1 早期经典研究

关于人力资源管理与员工绩效的早期经典研究主要有泰勒的科学管理理论、吉尔布勒斯夫妇的动作研究以及梅奥的人际关系理论三种。泰罗(Frederick W. Taylor,1856—1915)提出科学管理的核心就是管理要科学化、管理要标准化、管理要倡导精神革命、管理要实现劳资双方利益的一致。科学管理的内容有五个方面。第一,进行动作研究,确定操作规程和动作规范,确定劳动时间定额,完善科学的操作方法,以提高工效。第二,对工人进行科学的选择,培训工人使用标准的操作方法,使工人在岗位上成长。第三,制定科学的工艺流程,使机器、设备、工艺、工具、材料、工作环境尽量标准化。第四,实行计件工资,超额劳动,超额报酬。第五,管理和劳动分离。实施科学管理的结果是提高了生产效率,而高效率是雇员和雇主实现共同富裕的基础。因此,泰罗认为只有用科学化、标准化的管理替代传统的经验管理,才是实现最高工作效率的手段。科学管理理论应用的一个成功案例就是福特公司利用甘特图表(Gantt Chart)进行计划控制,创建了世界第一条福特汽车流水生产线,实现了机械化的大工业,大幅度提高了劳动生产率,出现了高效率、低成本、高工资和高利润的局面。

福兰克·吉尔布勒斯(Frank B. Gilbreth,1868—1924)夫妇采用观察、记录和分析的方法进行动作研究,以确定标准工艺动作,提高生产效率。同时,他们制定了生产流程图和程序图,至今仍被广泛应用。他们主张通过动作研究,可以开发工人的自我管理意识;他们开创疲劳研究先河,对保障工人健康和提高生产率的影响持续至今。

梅奥(George Elton Myao,1880—1949)在美国西方电器公司霍桑工厂进行了长达九年的著名的霍桑实验,真正揭开了对组织中人的行为研究的序幕。霍桑实验的初衷是试图通过改善外部条件与环境来达到提高劳动生产率的目的,但结果表明影响生产率的根本因素不是外部工作条件,而是工人自身因素和被团体接受的融洽感和安全感。梅奥的"人际关系理论"指出:工人是"社会人",不是单纯意义上的"经济人";企业中存在着非正式组织,必须注意与正式组织保持平衡;提高工人满意度是提高劳动生产率的首要条件,高满意度来源于物质和精神两种需求的合理满足。

10.1.2 近年来的发展

从学科演进的内在逻辑来看,人力资源管理研究的发展经历了三个阶段:第一阶段是传统人事管理阶段;第二阶段是现代人力资源管理;第三阶段是战略性人力资源管理(Strategic Human Resource Management,SHRM)阶段。SHRM研究有两种不同的观点:一种是主导SHRM初期理论的以战略适应论为基础的SHRM观,另一种是主导SHRM后期理论的以资源基础论为基础的SHRM观。以适应论为基础的SHRM观主要研究的是与不同企业战略相适应的人力资源类型,其最大的缺点在于不能从理论上说明为什么人力资源能成为企业持续优势的源泉之一,而以资源基础论为基础的SHRM观弥补了这一缺陷。以资源基础论为基础的SHRM观,其主要理论依据是基于资源观的企业战略论,它把人力资源作为企业竞争优势的源泉,其代表人物主要包括休斯里德(Huselid)、赖特(Wright)等。他们认为能为企业创造持续竞争优势的是企业总体的人力资源管理系统,而不是某些单个人力资源管理实践,因此他们特别重视人力资源管理系统的内部契合性和外部契合性,认为单个实践活动容易复制,整合性很强的人力资源管理系统才具有特质化、复杂性、难模仿和路径依赖的特点。他们对以上问题的关注和研究开拓了SHRM研究的一个全新方向,即高绩效工作系统。

大部分关于人力资源和绩效间关系的研究都关注于单个人力资源策略如工资,暗含的假设是不同的人力资源决策间的影响是可以相加的。系统性观点则认为资源是互补的,强调单个决策或方法对产生竞争优势作用很小,只有集合策略才能发挥作用。这种观点认为人力资源策略的系统作用可能比各个部分的和要多(或者少),但不会简单地相等,这主要取决于协同作用、内外部配合、群、全面策略、结构等因素的制约。与之对应的是非系统性观点更倾向于认为存在一个普遍适用的、可加的、对组织绩效有正面影响的最佳组合,而中间派则认为这两种观点其实是互补的。

菲佛尔(Pfeffer)认为这种最佳策略观点的实证支持十分薄弱,但是,即使在最佳策略方法中,研究者需要更多的研究什么组成了高绩效的人力资源战略①。比如,亚瑟(Arthur)的高绩效雇用系统("承诺"系统)未着重强调变动工资②,然而休斯里德(Huselid)和马克杜菲(MacDuffie)定义的高绩效雇用系统却重点强调了变动工资。另一个例子是人力资源战略依赖于内部晋升并提供员工抱怨程序,休斯里德(Huselid)和马克杜菲(MacDuffie)将这样的策略描述为高绩效,但其他研究将这些策略归于更严格的 HRM 系统的因素,与低效率的未工会化环境相关③。休斯里德(Huselid)和贝克尔(Becker)将这两种策略称为"官僚政治"④。

10.2 高绩效管理系统

上一节关于人力资源管理与员工绩效的研究中区分了系统性观点、非系统性观点以及中间派的观点。20 世纪 80 年代以来,将人力资源管理当作一个系统,研究其与员工绩效和组织绩效的关系的做法逐渐出现,并且占据了当今的主流位置。我们将这些研究统称为高绩效管理系统。下述介绍高绩效管理系统的定义与结构,高绩效管理系统与员工绩效的相关研究。

10.2.1 高绩效管理系统的定义与结构

目前西方学术界对"高绩效工作系统"(High Performance Work Systems,HPWS)还没有形成严格的定义,因为它涉及的内容太广泛,而且有许多不同的提法如高绩效工作系统、高参与工作系统、高承诺工作系统、"最佳人力资源管理活动"和弹性工作系统等。

"高绩效工作系统"强调工作系统所带来的不一般的业绩表现。"高参与工作系统"强调员工的自我推进与自我管理的本质。"高承诺型工作系统"强调了工作系统能够提升员工的承诺的事实。"最佳人力资源管理活动"则是强调工作系统中所使用的最佳的人力资源工具。尽管这些概念间存在细微的区别,但在关键的方面是相似的,那就是认为整套被设计出来的人力资源实践能够发展和保留忠诚员工,能够赋予员工

---

① Pfeffer,J,1994,*Competitive Advantage through People*,Boston,MA:Harvard Business School Press.

② Arthur J,1994,"Effects of Human Resource Systems on Manufacturing Performance and Turnover",*Academy of Management Journal*,Vol. 37,No. 3,pp. 670-687.

③ J. P. MacDuffie,1995,"Human Resource Bundles and Manufacturing Performance:Organizational Logic and Flexible Productions Systems in the World Auto Industry",*Academy of Management Journal*,Vol. 48,No. 2,pp. 197-221.

④ Brian E Becker,Mark A Huselid,2006,"Strategic Human Resources Management:Where do we go From Here",*Journal of Management*,Vol. 32,No. 6,pp. 898-925.

更多判断力来完成任务。而且,这些概念的内涵包括了很多共同的人力资源策略,因此能够交换地使用这些概念。

纳德尔(Nadler)、格施泰因(Gerstein)和肖(Shaw)认为,高绩效工作系统是"一种能充分配置组织的各种资源,有效地满足市场和顾客需求,并实现高绩效的组织系统"[1]。休斯里德(Huselid)、杰克逊(Jackson)和舒勒(Schuler)则把高绩效工作系统定义为"公司内部高度一致的确保人力资源服务于企业战略目标的系列政策和活动"[2]。拉齐尔(Lazear)和赖特(Wright)认为,高绩效工作系统蕴涵的理论假设是,组织善待自己的成员,员工会改进工作态度,并不断增加满意感和承诺感;这种态度会不断影响到行为,反过来就能促进组织绩效的改善[3]。

我们这里将根据戈达尔(Godard)的观点,将高绩效工作系统定义为高绩效、高承诺或者高参与的人力资源系统[4]。而与之相近的是,根据贝利(Bailey)的研究,休斯里德(Huselid)认为所谓的高绩效工作系统可由员工技能、激励、工作组织等三方面实践达到增进组织绩效的效果[5]:取得或发展人力资本以增进员工技能;鼓励员工更努力且更有效率地工作;提供鼓励员工参与和工作改善的机会,以改进组织与工作结构。

贝利(Bailey)和梅利特(Merritt)认为高绩效工作系统由员工能力、员工激励和员工参与决策的机会三部分组成[6]。后来,马克杜菲(MacDuffie)也提出人力资源管理实践系统要能改善组织绩效,必须具备三个要素:(1)员工必须具备相当的知识和技能;(2)人力资源管理实践活动必须能激励员工充分发挥他们的知识和技能;(3)必须能让员工自主地帮助组织实现目标[7]。阿普尔鲍姆(Appelbaum)在此基础上提出了著名的高绩效工作系统"AOM"模型,把组织绩效看作是组织核心要素结构的派生功能,而该组织结构则是由员工能力(Employee Ability)、动机(Motivation)和参与机会(Opportunity to Participate)三要素构成,任何组织要提高自己的绩效,必须致力于对

---

[1] C. Ichniowski, K. Shaw, G. Prennushi, 1997, "The Effects of Human Resource Management Practices on Productivity: A Study of Steel Finishing Lines", *American Economic Review*, Vol. 87, No. 3, pp. 291–313.

[2] Brown. Schuler, R. S. & Jackson, S. E, 1987, "Linking Competitive Strategies with Human Resource Management Practices", *Academy of Management Executive*, Vol. 1, No. 3, 207–219.

[3] Edwards P, Wright M, 2001, "High-involvement Work Systems and Performance Outcomes: The Strength of Variable, Contingent and Context-bound Relation-ships", *International Journal of Human Resource Management*, Vol. 12, No. 4, pp. 568–585.

[4] Godard, J, A, 2004, "Critieal Assessment of the High-performance Paradigm", *British Journal of Industrial Relations*, Vol. 42, No. 2, pp. 349–378.

[5] Huselid, M. A, 1995, "The Impact of Human Resource Management Practices on Turnover, Productivity, and Corporate Financial Performance", *Academy of Management Journal*, Vol. 38, No. 3, pp. 635–672.

[6] Appelbaum, E., Bailey, T., Berg, P., Kalleberg, A, 2000, *Manufacturing Advantage: Why High-Performance Work systems Payoff*, Ithaca, NY: ILR Press.

[7] J. P. MacDuffie, 1995, "Human Resource Bundles and Manufacturing Performance: Organizational Logic and Flexible Productions Systems in the World Auto Industry", *Academy of Management Journal*, Vol. 48, No. 2, pp. 197–221.

三要素构成的改善[1]。

高绩效工作系统由一系列人力资源管理实践活动构成,如基于绩效的薪酬体系、多样化的员工沟通机制、员工参与、持续的员工培训和开发、员工稳定和团队合作等,这些实践活动致力于提升员工能力,激励员工并加强员工参与从而实现组织绩效提升。在支持以资源基础论为基础的SHRM理论的学者中存在着两种不同的观点:一种观点只强调最佳实践,认为没有证据表明存在能给组织带来高绩效的人力资源管理实践活动的内、外契合性。例如菲佛而(Pfeffer)认为,在那么多有关人力资源管理实践与组织绩效关系的实证研究中,没有明显的证据表明人力资源管理实践系统的内、外契合性能够有效地改善组织绩效,但却证明了最佳实践的存在。菲佛而(Pfeffer)后来提出了16种人力资源管理实践,如就业安全、招聘时的挑选、高工资、激励薪金、员工所有权、信息共享、参与和授权、团队和工作再设计、培训和技能开发、轮岗和交叉培训、缩小工资差别、内部晋升等[2]。

另一种观点认为,能创造持续竞争优势的必然是内、外高度契合的人力资源管理实践系统。如休斯里德(Huselid)认为,人力资源管理实践活动的最佳组合是人员挑选、绩效评估、激励系统、工作分析、晋升系统、就业安全、信息共享、态度调查和员工参与管理[3]。凯西(Casey Ichniowski)也认为,只有极个别人力资源管理实践活动单独对绩效产生有限的影响,高绩效工作系统中的人力资源管理实践活动具有高度的互补性和一致性。按照休斯里德的思路,迪兰(Delanney)确定了7种最佳人力资源管理实践:提供内部职业机会、正规培训、系统评价方法、利益共享、就业安全、申诉机制和工作定义[4]。格思里(Guthrie)研究得出的人力资源管理实践系统包括12个方面,即内部提升、与资历相对的基于业绩的提升、基于技能的工资制度、基于团队的薪酬、员工持股、跨部门培训、提供培训的平均次数、配合未来发展方向的技能培训、员工参与计划、信息共享、员工满意度调查以及团队建设。

国内学者刘善仕等将人力资源管理实践大致分为四大类:第一是旨在吸引员工和开发员工潜质的技能发展类实践,如严格的选拔制度、内部提拔、技能多元化、跨职能培训和工作轮换等;第二是旨在诱发高积极性的员工激励类实践,如就业安全、员工满意度调查、基于贡献的报酬制度、多样化的薪酬制度,以及工作多样化和丰富化等;第

---

[1] Appelbaum, E., Bailey, T., Berg, P., Kalleberg, A, 2000, *Manufacturing Advantage: Why High-Performance Work Systems Payoff*, Ithaca, NY: ILR Press.

[2] Pfeffer, J, 1994, *Competitive Advantage through People*, Boston, MA: Harvard Business School Press.

[3] Huselid, M. A, 1995, "The Impact of Human Resource Management Practices on Turnover, Productivity, and Corporate Financial Performance", *Academy of Management Journal*, Vol. 38, No. 3, pp. 635 - 672.

[4] Delaney, J. M. & Huselid, M. A., 2006, "The Impact of Human Resource Management Practices on Perceptions of Organizational Performance", *Academy of Management Journal*, Vol. 39, No. 4, pp. 949 - 949.

三是旨在发挥员工影响和作用的授权与参与类实践,如工作团队、员工参与、合理化建议和问题解决小组等;第四是与正式人力资源管理系统有关的工作组织与沟通类实践,如信息共享、申诉机制、沟通机制和工会制度等①。

10.2.2　高绩效工作体系与员工绩效

不同于传统的人力资源管理理论集中研究某个人力资源管理实践对于个体层面的影响,如今更为宏观的战略人力资源管理的理论集中探索了具体的人力资源管理制度的结构或系统对于个体或者组织层面产生的影响。国外开始致力于寻找一个最优的人力资源管理实践或者最为契合的人力资源实践包,并致力于通过实证证明其对于个人层面或者组织层面绩效的影响。这是关于HPWS研究中的核心问题,也是学者们争论和分歧的焦点。高绩效工作体系是否有效需要根据其对组织的影响来评价,而对组织是否产生影响以及影响大小的衡量方法方面,不同的研究中存在很大的差异。找到有效的检验高绩效工作体系功效的途径不仅具有重要的理论意义,对于我国企业还具有很强的现实意义。

高绩效工作体系对绩效影响的评价由于研究者选择的研究层次、绩效指标、样本区间等都有所不同,所以得到的结论也有很大的差别。在研究层次的选择方面有些学者倾向于将员工作为分析对象,而另一种视角是关注组织整体绩效,将企业看作是高绩效工作体系作用的对象。这里首先谈一下人力资源管理实践对于员工绩效的作用。上述谈到高绩效工作系统的结构,把组织绩效看作是组织核心要素结构的派生函数,而该组织结构则是由能力(Ability)、激励(Motivation)和参与机会(Opportunity)三要素构成(见图10.1)。

图10.1　高绩效工作系统 AOM 模型

资料来源: E. Appelbaum, T. Bailey, P. Berg, A. Kalleberg, 2000, *Manufacturing Advantage: Why High Performance Work Systems Pay off*, Ithaca, N Y: Cornell University Press.

阿普尔鲍姆(Appelbaum)等认为激发员工的自主努力是人力资源管理积极影响企业绩效的关键,自主努力指员工超出工作描述的行为②。通过对钢铁、服装和医疗电子器械与成像等三个行业中的高绩效工作系统进行深入调查,以及收集分析经理与员工的数据,发现任何组织要提高自己的绩效,必须致力于三要素构成的改善。也就是说,组织要想诱发员工的自主努力,则必须取得或发展人力资本以增进员工技能;鼓励员工更努力且更有效率的工作;提供鼓励员工参与工作决策和工作改善的机会,以改进组织与工作结构,从而积极地影响员工绩效。除了增加

---

① 刘善仕、周巧笑:《高绩效工作系统与绩效关系研究》,《外国经济与管理》,2004年第26期。
② E. Appelbaum, T. Bailey, P. Berg, A. Kalleberg., 2000, *Manufacturing Advantage: Why High Performance Work Systems Payoff*, Ithaca, N Y: Cornell University Press.

员工工资,高绩效工作系统还会增强员工的信任与内在回报,从而导致组织承诺与工作满意,并减少工作压力。

巴丝特(Boxall)提出了高绩效工作系统理论假设模型(见图10.2)。他认为高绩效工作系统意味着组织对人力资源进行高投入且持续的投入,为的是获取高生产率,令企业变得更为灵活①。他又指出高绩效工作系统各项实践得到改进或提升,员工的潜力和自主行为都会得到增强,结果就是组织与员工都有着更好的结局。该模型是建立在AOM模型之上的,即绩效是员工能力(A)、动机(M)和参与机会(O)的函数。

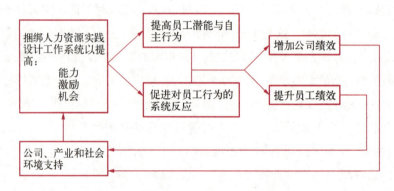

图10.2 高绩效工作系统理论假设

资料来源:Boxall P.,2003,"HR Strategy and Competitive Advantage in the Service Sector",*Human Resource Management Journal*,Vol. 13, No. 3, pp. 5-20.

拉姆齐(Ramsya)等提出高绩效工作系统(高承诺管理、高参与管理和劳动过程)与组织绩效的三种竞争模式(见图10.3)。高承诺管理(High-Commtiment Management,HCM)强调获得情感承诺和规范承诺,而不仅是持续承诺,从而减少离职、旷工和控制监督成本。高参与管理(High-Involvement Management,HIM)关注员工主动与授权生产决策,信息共享、培训、申诉程序、平等、绩效薪酬与利润共享。基于新福特主义的劳动过程理论(Neo-Fordist Labour Process,LP)则认为高绩效工作系统克服了泰勒式的去技能化和直接控制的缺陷,是最大化员工生产贡献的另一种方式。HCM强调员工承诺对绩效的贡献;HIM强调员工自主性;LP认为高绩效工作系统会提高自主性,但又导致工作加重与工作压力,后者才是绩效提高的关键因素。但是,他的研究结论并没有支持上述三种模型,因此他指出必须对高绩效工作系统产生积极绩效的原因和机制进行反思②。

---

① Bxoall,P.,2003,"Achieving Competitive Advantage through Human Resource Strategy:Towards a Theory of Industry Dynamics",*Human Resource Management Review*,Vol. 8, No. 3, pp. 265-288.

② Ramsya H,Scholarios D,Harley B,2000,"Employees and High Performance Work Systems:Testing inside the Black Box",*British Journal of Industrial Relations*,Vol. 38, No. 4, pp. 501-531.

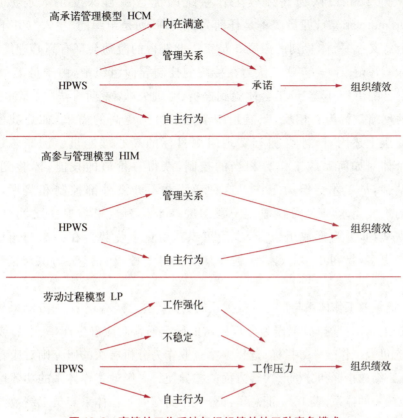

图 10.3 高绩效工作系统与组织绩效的三种竞争模式

资料来源：Ramsya H, Scholarios D, Harley B, 2000, "Employees and High Performance Work Systems: Testing inside the Black Box", *British Journal of Industrial Relations*, Vol. 38, No. 4, pp. 501-531.

凯西等（Casey Ichniowski et al.）认为组织采用创新的工作实践可以获得更高的生产率，令员工更有效率地工作。因为员工比上级拥有更多的信息，知道如何使工作更有效率。更多的参与令各种观点得以发表，加强了员工的合作。群体工作鼓励员工更加敏捷的工作，交叉培训与灵活工作设计减少了沟通成本。团队工作减少了监督人员和沟通成本。通过问题解决、统计过程控制与计算机技能培训提高了信息技术的效能。最后，员工与工会的参与决策减少了冲突源与申诉，从而提高了运营效率[1]。

拉齐尔（Lazear）和赖特（Wright）认为高参与工作系统产生绩效的理论假设是：组织善待自己的成员，员工会改进工作态度，并不断增加满意感和承诺感；这种态度会不断影响到行为，反过来就能促进组织绩效的改善[2]。

---

[1] C. Ichniowski, K. Shaw, G. Prennushi, 1997, "The Effects of Human Resource Management Practices on Productivity: A Study of Steel Finishing Lines", *American Economic Review*, Vol. 87, No. 3, pp. 291-313.

[2] D. K. Datta, J. P. Guthrie, P. M. Wright, 2005, "Human Resource Management and Labor Productivity: Does Industry Matter?", *Academy of Management Journal*, Vol. 48, No. 1, pp. 135-145.

汤摩尔(Tomer)认为高绩效工作系统的优点源自深度主人翁激励(deep ownership motivation),即员工不是任何人的代理,而是组织的"主人"(并不是财务或法律上意义上)所体验到的激励。员工以此获得的激励会享有高心理能量(high psychological energy)。该观点认为在传统的控制导向组织中,由于员工很少有机会控制自己的工作环境,员工会体验到挫折、心理失败、短期看法、内部冲突,会有非正式的反绩效行为。相反,只有组织满足了员工更高的需求,如自我实现,员工才会克服上述困难,才会拥有实现组织目标的高心理能量。汤摩尔还指出,只有让个体对如何完成工作有相当的控制,获得有价值的技能,体验到显著的主人翁精神,员工才会努力工作。这种激励并不涉及外部控制和奖惩,涉及的是更高的人类需求与人性心理。汤摩尔进一步认为员工与雇主之间会形成内隐的心理契约,并且形成组织资本,为组织获得竞争优势。在高参与组织中,员工了解得更多,做得更多,贡献就越多。员工得到授权、信息、知识与报酬,就会全力工作[1]。

关于高绩效工作体系与员工绩效关系的实证研究已经有很多,研究结果显示两者有很强的相关性。选择员工作为分析层次的研究通常对应着生产率、产品或服务质量、员工态度及工作效率等指标;选择整个企业作为分析层次的研究则对应着企业的财务指标。绩效指标和分析层次等方面的差异使得高绩效工作体系的功效检验一直未能形成统一的体系,表10.1汇总了部分关于高绩效工作体系与员工绩效关系的研究结论。

表 10.1 高绩效工作体系与员工绩效的关系

研 究 课 题	选 择 指 标	研 究 结 论
Arthur (1994):小型钢铁企业人力资源控制模式与承诺模式调查[2]	绩效系统;劳动时间;废品率;产量	人力资源政策和活动的不同组合能有效预测绩效和离职率;高承诺系统有较高的生产率、较低的废品率和产量
Sean A. Way (2002)[3]	劳动生产率和员工离职率	HPWSs对降低离职率显著的作用但并未表现出对劳动生产率的影响

---

[1] Tomer. J. F, 2001, "Understanding High Performance Work Systems: the Joint Contribution of Economics and Human Resource Management", *Journal of Social Economics*, Vol. 30, No. 1, pp. 63–73.

[2] J. B. Arthur, 1994, "Effects of Human Resource Systems on Manufacturing Performance and Turnover", *Academy of Management Journal*, Vol. 37, No. 3, pp. 670–687.

[3] Sean A. Way, 2002, "High Performance Work Systems and Intermediate Indicators of Firm Performance within the Us Small Business Sector", *Journal of Management*, Vol. 28, No. 6, pp. 765–785.

续 表

研 究 课 题	选 择 指 标	研 究 结 论
MacDuffie（1995）：汽车行业①	劳动生产率；质量；生产体系；公司战略	创新的人力资源管理实践对组织成功产生显著影响
Morely Gunderson（2002）②	劳动生产率	融洽的员工—管理层关系导致工作满意感
Pao-Long Chang, Wei-Ling Chen③	劳动生产率和员工流动率	研究发现人力资源管理方法对员工的劳动生产率有显著的影响。并且，福利和人力资源计划与员工流动率负相关。研究显示竞争性战略，比如成本战略和差异化战略起到了调和人力资源管理和企业绩效间关系的作用
Guthrie（2000）：对多种行业164家新西兰公司的调查④	员工保持率；生产率	高工作参与系统与员工保持率、生产率正相关
C. Ichniowski, K. Shaw, G. Prennushi.（1997）⑤	生产率	创新型HR与生产率正相关；HR"系统"起作用

　　学者们试图从不同的角度来检验高绩效工作体系的效果，但正如前述提到的在分析层次和指标选择上的差异造成了交流的困难。并且，对于选择相同分析层次和类似检验指标的研究也会得到迥异的结论，这是由于研究选择的样本空间和高绩效工作体系包含的措施变量也是有所差别的。回顾对高绩效工作体系效果检验的研究可以发现，一部分研究结论证实了高绩效工作体系对绩效的积极影响，而同时又有其他的研究结论与之完全相悖。所以，我们认为有效评估高绩效工作体系的前提应当是对其作用机理和传导机制的研究，这有助于我们将工作单元绩效与组织绩效联系起来分析高绩效工作体系的效果，找到适合不同组织背景的高绩效工作体系构成以及相应的评估方式。

---

① J. P. MacDuffie, 1995, "Human Resource Bundles and Manufacturing Performance: Organizational Logic and Flexible Productions Systems in the World Auto Industry", *Academy of Management Journal*, Vol. 48, No. 2, pp. 197-221.

② Morely Gunderson, 2002, "Workplace Practices and Productivity Growth", *The Worklife Report*.

③ Pao-Long Chang, Wei-Ling Chen, 2002, "The Effect of Human Resource Management Practices on Firm Performance: Empirical Evidence from High-tech Firms in Taiwan", *International Journal of Management*. Vol. 19, No. 4, pp. 622-631.

④ J. P. Guthrie, "High Involvement Work Practices, Turnovers, and Productivity: Evidence from New Zealand", *Academy of Management Journal*, Vol. 44, No. 1, pp. 180-190.

⑤ C. Ichniowski, K. Shaw, G. Prennushi, 1997, "The Effects of Human Resource Management Practices on Productivity: A Study of Steel Finishing Lines", *American Economic Review*, Vol. 87, No. 3, pp. 291-313.

10.3 人力资源管理与组织绩效

上面谈到了人力资源管理与员工绩效的关系,尤其重点讨论了高绩效管理系统与员工绩效的关系。但是,如果要进一步论证人力资源是企业竞争优势的来源,人力资源的学者和从业人员必须从实证上证明人力资源管理与组织绩效的关系。其中,高绩效管理系统的相关研究作出了很大的贡献。

在员工分析层面上,生产效率和产品质量等作为绩效指标,高绩效工作体系对其的影响路径比较明显,通常更容易得出积极的结论,例如张一驰等人对照美国20世纪90年代中期的研究结果,运用中国样本检验国外高绩效人力资源管理体系得到的结论,证实了高绩效工作体系与产品和服务质量以及企业生产效率的正向联系[1]。以整体绩效为对象利用财务指标评估高绩效工作体系功效的方法则通常比较容易受到怀疑,因为企业的财务结果同时受到很多因素的影响,而高绩效工作体系只是其中一部分,不能简单地将财务绩效的变化全部归功于高绩效人力资源活动。

表 10.2　高绩效工作体系与组织绩效关系

研 究 课 题	选 择 指 标	研 究 结 论
Lawler、Mohrman 和 Ledford (1995):对 3 个时间段《财富》100 强的调查[2]	员工参与;全面质量管理	显著改善财务绩效;HPWS 的整体性
Verma、Beatty、Schneier 和 Ulrich (1999):对 39 家服务公司的调查文献	财务绩效;运营绩效;工作文化变革、人力资源管理实践;团队建设	组织财务绩效显著改善;团队对产出无显著影响
Huselid (1995):968 家美国贸易公司[3]	人均销售额;利润/市场价值	HPWS 的关联性;统计上对人均销售额、公司绩效有显著影响
Casey Ichniowski(1997)[4]	生产率	更具创新性的系统与更高的生产率相关联

---

[1] 张一驰、黄涛、李琦:《高绩效工作体系人力资源管理措施的结构整合与内涵回归》,《经济科学》,2004 年第 3 期。

[2] Susan Albers Mohrman, Ramkrishnan V. Tenkasi, Edward E. Lawler III, Gerald E., 1995, "Total Quality Management: Practice and Outcomes in the Largest US Firms", *Employee Relations*, Vol. 17, No. 3, pp. 26-41.

[3] M. A. Huselid, 1995, "The Impact of Human Resource Management Practices on Turnover, Productivity and Corporate Financial Performance", *Academy of Management Journal*, Vol. 38, No 3, pp. 635-672.

[4] Casey Ichniowski, Kathryn Shaw, Giovanna Prennushi, 1997, "The Effects of Human Resource Management Practice on Productivity: A Study of Steel Finishing Lines", *The American Economic Review*, Vol. 87, No. 3, pp. 291-313.

续表

研究课题	选择指标	研究结论
刘善仕等：中国华南地区83家连锁店①	利润率、市场份额和销售增长	人力资源实践与公司利润率之间存在显著的相关性
M. A. Youndt, S. A. Snell, J. W. Jr Dena, D. P. Lepak. (1996)②	运作类主观绩效	制造战略对人力资源管理和企业绩效起调节作用
R. Batt. (2002)③	离职率；销售增长率	人力资源管理实践与企业绩效正相关；客户类型存在调节作用
P. M. Wright, T. Gardner, T. Moynihan. (2003)④	服务质量；生产率等	人力资源实践与员工的组织承诺以及事业部绩效正相关；员工的组织承诺与事业部绩效正相关
M. A. Youndt, S. A. Snell. (2004)⑤	ROA；ROE	HR与企业绩效正相关；智力资本起中介作用
D. K. Datta, J. P. Guthrie, P. M. Wright. (2005)⑥	劳动生产率	高绩效工作系统与劳动生产率正相关；行业特征起调节作用
C. J. Colins, K. G. Smith (2006)⑦	新产品开发利润；销售增长	承诺型HR与绩效正相关；企业的社会气氛、知识交换和整合能力起中介作用

越来越多的证据显示，高绩效工作系统中的人力资源管理实践与组织绩效和财务投资回报相关联。凯西(Casey Ichniowski,1997)等使用一个来自17个工厂的36条同类钢铁产品线的样本数据调查创新性的工作方法对劳动生产率的影响，发现更具创新

---

① 刘善仕、周巧笑：《高绩效工作系统与组织绩效：中国连锁行业的实证研究》，《中国管理科学》，2005年第1期。
② M. A. Youndt, S. A. Snell, J. W. Jr Dena, D. P. Lepak, 1996, "Human Resource Management, Manufacturing Strategy and Firm Performance", *Academy of Management Journal*, Vol. 39, No. 4, pp. 836–866.
③ R. Batt, 2002, "Managing Customer Services: Human Resources Practices, Quit Rates, and Sales Growth", *Academy of Management Journal*, Vol. 45, No. 3, pp. 587–597.
④ P. M. Wright, T. Gardner, T. Moynihan, 2003, "The Impact of Human Resource Practices on Business Unit Operating and Financial Performance", *Human Resource Management Journal*, Vol. 13, No 3, pp. 21–36.
⑤ M. A. Youndt, S. A. Snell, 2004, "Human Resource Configurations, Intellectual Capital, and Organizational Performance", *Journal of Managerial Issues*, Vol. 16, No. 3, pp. 337–360.
⑥ D. K. Datta, J. P. Guthrie, P. M. Wright, 2005, "Human Resource Management and Labor Productivity: Does Industry Matter?", *Academy of Management Journal*, Vol. 48, No. 1, pp. 135–145.
⑦ C. J. Colins, K. G. Smith, 2006, "Knowledge Exchange and Combination: The Role of Human Resource Practices in the Performance of High Technology Firms", *Academy of Management Journal*, Vol. 49, No. 3, pp. 544–560.

性的系统与更高的生产率相关联。劳动生产率回归模型显示使用一套创新性的工作方法包括激励工资、团队、弹性工作设置、工作保障等,比遵循保守的生产线,包括狭窄的工作定义、严格的工作章程和严密监视下的小时工资制等传统做法,具有更高的劳动生产率。此外,创新性的人力资源管理方法系统对产品工人的绩效有明显的影响,而单个方法改变的影响很小或几乎没有。就像近期最佳激励结构方面的理论工作所建议的一样,创新性的工作方法应该是互补的。也就是说,在与激励工资计划配套的创新工作方法下,工人的绩效会比在传统工作方法下的更好,创新性的工作方法如弹性工作设计,问题解决团队中的员工参与,为员工提供多样化技能的培训,广泛的浏览式招聘和沟通,还有工作保障等。

在制造型企业,阿普尔鲍姆(Applebaum,2000)等发现高绩效工作系统的运用与更高的股票市场价值以及劳动生产率相关联。在对运用高绩效工作系统的服务部门的评估中也发现了相似的结果。同时休斯里德(Huselid,1995)发现,在各种行业的公共组织中,高绩效工作系统导致了周转率的不断降低、生产力的提高和公司财务绩效的改善。劳勒(Lawler,1995)等调查了《财富》杂志上的1 000家企业,都发现员工参与和全面质量管理的运用导致更显著的投资回报。当这些实践作为一个系统来实施时,这些影响是最明确的。这将使相互补充的人力资源实践活动联合成为一个内部一致的系统,并直接与价值创造相关联。在对高绩效工作系统与组织绩效两者关系的探索中,学者们较一致的看法是,高绩效工作系统能促进生产率、产量、人均销售额等的提高,同时对离职率、员工保持率、工作满意感等重要人力资源指标有影响(如表10.2所示)。

国内目前几乎没有人力资源管理对劳动生产率直接影响研究的文章,邝英强和范中志通过对劳动生产率的分解,提出一个可操作的现场测定劳动生产率的方法,同时根据劳动生产率的分解及劳动生产率的指数,分析提高劳动生产率的有关因素[①]。白暴力在《劳动生产率与科学、技术、管理等在生产中的作用》一文中提出生产过程生产的产品数量取决于劳动量与劳动生产率,而劳动生产率又取决于科学、技术、管理水平、生产资料的数量和劳动者的熟练程度这些因素,这些因素的变化使劳动生产率发生变化,从而使劳动生产的产品数量发生变化[②]。

虽然大量研究表明,有效的人力资源管理系统与企业绩效正相关。但是,在两者之间一直缺乏一个能被广泛接受的理论框架。近年来,西方战略人力资源管理研究的重点开始转向人力资源管理系统的运作机制,即人力资源管理如何提高企业绩效。从实证研究的角度看,这是一个寻找并确认中介变量的过程。比如,

---

[①] 邝英强、范中志:《生产率管理——劳动生产率的测定与分析》,《华南理工大学学报》(自然科学版),1997年第5期。

[②] 白暴力:《劳动生产率与科学、技术、管理等在生产中的作用》,《教学与研究》,2003年第1期。

赖特等人（Wright, et al.）对同一食品企业集团内部 50 个独立的经营单位的研究表明，人力资源管理能够影响员工对组织的承诺，而组织承诺和企业绩效之间存在正相关[1]。扬特和斯内尔（Youndt & Snell）把智力资本（包括人力资本、组织资本和社会资本）作为人力资源管理系统与企业绩效的中介变量，结果证实了智力资本的中介作用[2]。柯林斯和史密斯（Collins & Smith）对高科技企业的研究表明，基于承诺的人力资源管理实践能够培养企业内部相互信任和合作的社会氛围，这种氛围促进了企业知识交换和整合能力的提高，从而提高了企业销售增长和新产品开发的利润[3]。

目前，理论界虽然对高绩效工作系统与组织绩效之间的关系进行了大量研究，但现有的研究存在以下几方面的缺憾：（1）对"什么是 HPWS"以及"是否存在不同环境下普遍适用的 HPWS"等问题意见不一；（2）目前的研究对"最佳实践"尚无定论，因为不同的实证研究得出了不同的人力资源管理实践，而且关于人力资源管理实践对组织绩效影响的研究结论相互矛盾；（3）在高绩效工作系统与组织绩效关系的研究中，对应该使用哪些测量工具和方法意见不一致；（4）还不能提供有力的证据，表明人力资源与其他资源一样，是企业获取竞争优势的源泉；（5）对于人力资源管理系统与企业绩效的中介机制，仍然是一个有待揭开的黑箱，目前还没有被广泛接受的理论框架和实证成果。

本 章 小 结

人力资源管理与员工绩效以及企业绩效的关系是西方自 20 世纪 80 年代以后关于人力资源管理方面最热门的话题，从理论和实证上获得了为数不少的成果。其中，高绩效工作体系的相关研究对这个问题的解决影响最大。

高绩效工作系统由一系列人力资源管理实践活动构成，如基于绩效的薪酬体系、多样化的员工沟通机制、员工参与、持续的员工培训和开发、员工稳定和团队合作等，这些实践活动致力于提升员工能力，激励员工并加强员工参与从而实现组织绩效提升。

---

[1] P. M. Wright, T. Gardner, T. Moynihan, 2003, "The Impact of Human Resource Practices on Business Unit Operating and Financial Performance", *Human Resource Management Journal*, Vol. 13, No. 3, pp. 21-36.

[2] M. A. Youndt, S. A. Snell, 2004, "Human Resource Configurations, Intellectual Capital, and Organizational Performance", *Journal of Managerial Issues*, Vol. 16. No. 3, pp. 337-360.

[3] C. J. Collins, K. G. Smith, 2006, "Knowledge Exchange and Combination: The Role of Human Resource Practices in the Performance of High Technology Firms", *Academy of Management Journal*, Vol. 49, No. 3, pp. 544-560.

高绩效工作体系的相关研究认为，一个最优的人力资源管理实践或者最为契合的人力资源实践包，对于个人层面或者组织层面绩效能够施加影响。其中，个人层面的影响容易通过实证检测，而人力资源管理和组织层面绩效的关系还未能得到充分的研究和证明。

复习思考题

1. 简述高绩效工作体系的定义和结构。
2. 简述高绩效工作体系的理论假设。
3. 你认为单个人力资源管理实践和人力资源管理实践包哪个更有可能影响组织绩效。
4. 介绍几种最优的人力资源管理实践，并思考是否存在最优的实践活动。

案例分析

走出破产的丰田：什么是真正的人力资源

一、破产逼出来的丰田管理哲学

20世纪40年代，刚刚成立的丰田经历了历史上最严重的一次危机，负债经营的丰田维持不下去，被拖欠工资的工人愤怒地走上街头罢工，银行建议丰田，要么裁员减轻负担，要么干脆关门。

为什么员工会罢工？危机之中，丰田确立了几项对未来起到至关重要的原则：

1. 丰田不会放弃为国家强盛而经营的精神。
2. 丰田的员工与管理者之间的关系，应当是相互信任而不是相互对抗。
3. 员工与管理者应当合作，致力于产品的改善，从而成为一家世界级的公司。
4. 应当谨慎注意过快增加员工，启用临时工制度，以缓解经济波动的压力。

这四点确立了丰田模式的基本文化，那就是员工与企业之间是信任与合作关系，减少浪费或者改善不是对人的实施，而是由人来实施，人力价值永远是最重要的价值源泉！

丰田对管理体系最大的突破，在于他们突破了产品价值流，而在产品价值流的背后看到了人力价值流。想象一下，如果编制了一个从员工进入到离开的"职业生涯价值流"，那会如何？

丰田自己的《丰田模式2001》中，这样解释这一切：

我们将错误视为学习的机会,不但不会归咎于个人,公司还会采取纠正措施,并将从每次经历中获得的经验在公司推广!

在丰田,你会发现这样令人吃惊的事,那就是一个人因为承认了一个工作中的失误而受表扬。但按丰田的逻辑,我们不难理解,因为员工给公司提供了"问题",而解决这个问题成为公司的"经验源"!公司当然要奖励他。

要做到这一点,挑选合适的员工就变得异常重要,丰田的招聘与培训是丰田最重要的人力资源机制,丰田在此下重金投资这一系统,以保证它的理念与价值观能够传承!

二、"公司多久为我增加一次价值?"——丰田人力资源的价值流

在产品价值流中,我们需要从消费者入手了解消费者需要什么,然后根据消费者的需求,整合整个生产过程。同样,丰田在人力资源价值流中同样从员工的需求入手,然后从员工的角度问:在我的职业生涯中,公司多久为我增值一次价值?

从人力资源的这种价值看,如果不为员工的价值增值,那么,一切都将是浪费。这一切行动中,可能产品的价值流增加了很多,但如果员工的价值流没有增加,那么,员工作为"经营自己的CEO",处于亏损状态,那这一切又如何继续?

丰田为什么能够打败对手,成为世界一流的公司?原因就在于此。丰田的员工价值流远比其他公司高,而这些并不仅仅是一种理念;在丰田,这些是一系列的机制:

1. 清洁安全的工作场所(这会让员工建立起安全感)
2. 团队解决问题的机制
3. 可视化与双向交流
4. 领导就是服务与牺牲

在丰田,人力资源经理大多是其他部门轮换到HR的,因此他们懂得生产过程与员工增值过程,在丰田甚至有这样的惯例:如果没有人力资源部门的同意,任何人都不能够得到提拔。因此,丰田的人力资源被视为每个人的工作,而人力资源经理也通常在一线配合经营部门的工作。

由此,丰田的员工与公司之间的雇用关系就可以稳固进行,反过来,薪酬上的回报就是一个缓慢的提升过程。在丰田,成为领导人不是一件容易的事。丰田将员工与公司之间的关系视为长期关系,为此,丰田可以慢慢地等。丰田更重视团队的贡献,而不是单个员工个人的贡献。

人力资源另一个重要的工作,就是与员工一起确定改善的目标,丰田称之为"方针管理"(Hoshin Kanri),这是一种现地现物的管理方式。在丰田,员工总能够看到HR人员,所有的改善与进步,都有HR人员的参与,唯有如此,员工的付出才能够得到及时高效的回报!

资料来源:"走出破产的丰田:什么是真正的人力资源",商业评论网,http://www.ebusinessreview.cn,2009年10月25日下载。

结合本案例,通过本章的学习,请对丰田的成功的原因进行总结。你认为是否存在最优的人力资源管理的实践?

推荐阅读资料

1. 〔美〕罗纳德·G·伊兰伯格、罗伯特·S·史密斯:《现代劳动经济学:理论与公共政策》(第八版),北京:中国人民大学出版社,2007年。
2. 〔美〕爱德华·拉齐尔:《人事管理经济学》,北京:生活·读书·新知三联书店、北京大学出版社,2000年,第8—65页。
3. 〔美〕贝赞可、德雷诺夫、尚利、谢弗:《战略经济学》(第三版),中国人民大学出版社,2002年。

网上资料

1. 中国人力资源学习网,http://www.hrlearner.com/
2. 美国管理协会 AMA(American Management Association),http://www.amanet.org/

图书在版编目(CIP)数据

人事管理经济学/杨伟国,唐鑛主编. —上海:复旦大学出版社,2012.1(2021.12 重印)
(复旦博学·21 世纪人力资源经济学前沿)
ISBN 978-7-309-08543-3

Ⅰ. 人… Ⅱ. ①杨…②唐… Ⅲ. 人事管理学:管理经济学-高等学校-教材
Ⅳ. D035.2-05

中国版本图书馆 CIP 数据核字(2011)第 217968 号

人事管理经济学
杨伟国　唐　鑛　主编
责任编辑/岑品杰

复旦大学出版社有限公司出版发行
上海市国权路 579 号　邮编:200433
网址: fupnet@fudanpress.com　　http://www.fudanpress.com
门市零售: 86-21-65102580　　团体订购: 86-21-65104505
出版部电话: 86-21-65642845
大丰市科星印刷有限责任公司

开本 787×1092　1/16　印张 14　字数 260 千
2021 年 12 月第 1 版第 3 次印刷
印数 5 111—6 120

ISBN 978-7-309-08543-3/D·534
定价:32.00 元

如有印装质量问题,请向复旦大学出版社有限公司出版部调换。
版权所有　　侵权必究